到達度評価の研究

その方法と技術

付・到達度評価用語解説

橋本重治著

新装版

到達度評価の研究——その方法と技術——

「新装版」の刊行にあたって

　近年，教育評価では，心理測定的モデルから教育測定的モデルへとパラダイムの転換が起こっているといわれているが，このことは，平成11年12月に公表された中央教育審議会の答申にも現れている。

　この答申では，「初等中等教育段階においては，基礎・基本の確実な習得を図ることにより，自ら学び自ら考える力などの生きる力を育成することが必要と考える」と提案し，さらに「各学校段階において児童・生徒が当該学校段階の教育目標を達成しているかどうか，修了時等において評価することは，各学校が教育上の責務として適切に行うべきものであり，また，上級の学校段階の教育との円滑な接続に資する観点からも重要である」と述べている。しかも，「我が国では，必ずしも各学校における評価の参考とできるような客観的な評価基準や評価方法に関する研究が進んでいないことから，このような評価基準等について国立教育研究所，都道府県の教育研究所，大学等において積極的な研究，開発を行うことが必要である」と述べている。この答申では，基礎・基本の到達度評価を重視し，しかもこれを学校の教育上の責務とまで述べている。このように到達度評価を重視し，その研究，開発を求めていることは，これまでにないことである。

　もちろん，到達度評価は，すでに戦前からも行われているが，昭和55(1980)年の小・中学校の指導要録において「観点別学習状況」の欄が設けられ，観点ごとに，目標を十分に達成したか，おおむね達成したか，達成不十分か，の3段階で評価するようになったことが到達度評価への関心を高めた。さらに平成3(1991)年の改訂で「観点別学習状況」の欄がいっそう重視され，目標の実現の状況が十分満足か，おおむね満足か，努力を要するか，の3段階で評価することになった。

そこで，到達度評価に対する関心はますます高まり，各方面で研究が進められてきた。そして，その評価を正しく行うためには，何を，どのような方法で測定し，何を基準にしてその到達度を測定するかが問題になり，指導目標の分類と具体化，テスト問題の構成，評価基準や尺度の具体的設定が研究されるようになった。その一環として，教研式・観点別到達度学力検査(CRT)も作成され，活用されてきた。

　本書は，到達度評価に関するこのような諸問題に答えるため，いちはやく到達度評価の意義，特質，方法について従来の研究を概観し，体系づけを行っている。具体的には，前述の評価目標の分類と具体化，テスト項目の選定の考え方と選択の方法(作問の技術)，基準の設定について述べ，さらに教師自作の到達度テスト，標準化された到達度学力検査，到達度評価と相対評価の役割，到達度評価の問題点などについて体系的に述べている。それは，当時としてはまさに画期的なものであり，その後もこのように体系的に研究したものは見当たらない。著者が教育評価に関係して長年研究してこられた成果の集大成であり，今日においてもなお十分に学問的価値のある書であり，到達度評価の研究や実践に欠くことのできないものである。

　今日，到達度評価が中央教育審議会答申で提案されているような役割を果たすためには，本書によりその基本を理解することが必要である。本書が今回，装いを新たにして再び刊行されることは，誠に時宜を得ており，有意義であり，到達度評価の研究と実践に携わる方々に活用していただきたい書物である。

　なお，到達基準設定の詳細については「続・到達度評価の研究」を参考にしていただきたい。

　　平成12年2月

　　　　　　　　　　　　　(財) 応用教育研究所所長　辰　野　千　壽

到達度評価の研究——その方法と技術——

はしがき

　近年，わが国でも，いわゆる到達度評価なるものが，授業中の形成的評価においてのみでなく，通信簿やさらに指導要録にまで取り入れられるようになってきた。われわれは，今，到達度評価はどんな評価法であり，どのように行えばよいものかその方法について十分研究し，理解する必要に迫られてきている。正しい方法論を欠いた主観的な到達度評価には，弊害が伴うおそれがある。今日，到達度評価の正しいあり方，その方法と技術の研究は，焦眉の急を要しているといえよう。

　到達度評価法は，いうまでもなく生徒の学習評価法の一種であるが，それはいわゆる相対的評価法が準拠しているところの例の集団基準を捨てるというのであるから，残るところの解釈基準は，教育目標それ自体の絶対的な到達度にこれを求めるほかはないことになる。教育目標をどれだけ達成し，習得したか，その達成や習得の度合いを基準や尺度としてこれを評価するほかには途はない。

　そのためには，生徒に指導した内容と目標を明確に限定し，できることならば，その全部について一つ一つ達成したか否かを決めていけば，これこそ真の到達状況 (true mastery state) が判明するわけであるが，しかし現実には，そんな時間のかかることはできないし，またその必要もない。そこで，その教えた領域全体を見事に代表するような項目をサンプリングして，それについてテストしたり観察したりして，その結果に基づいて上記の真の到達状況を推定することになる。ここに，到達度評価は，項目選択や到達度テスト作成等に関する技術を必要としている。

　さらに進んで，到達度評価は，文字どおり生徒の目標の達成や到達の度合いを判別しなければならない。たとえば「到達している」「到達していない」

の2区分か，あるいは，指導要録の観点別学習状況のように，「十分に達成」「おおむね達成」「達成が不十分」というような3区分で，生徒の到達や達成の程度を判定しなければならない。するとここに，到達度評価ではいわゆる到達基準なるものが必要となる。この基準を，高すぎないよう，また低すぎないようにどう設定したらよいか，ここにもこの評価法の死命を制するほどの重要な技術問題が潜んでいる。

到達度評価の実践は，たとえばこのような方法的・技術的問題を詰めてかからないと，ただかけ声だけでは，にっちもさっちも進まない。もし，これらの技術問題を明確にしないままで漫然と臨んだら，おそらくそれは，主観的到達度評価に堕落してしまうであろう。

顧みて，わが国の到達度評価の現状を見ると，こうした方法的・技術的側面があまりにも軽視されているように見受けられる。なるほど，この評価法の一つの重要問題であるところの，到達目標の具体化に関する方法論だけは，すでにわが国でもかなり浸透している。それは，確かに到達度評価の実践における最も重要な最初の段階の手続きであるには相違ないが，しかし決してこれだけでは到達度評価は行えない。目標の分析と具体化だったら，程度の差こそあれ相対的評価法だって重要な関心事としている。

到達度評価になるためには，この目標の行動化やリスト・アップの手続きに引き続いて，さらにその具体化表を代表するテストや観察項目のサンプリング，到達度テストや観察票の作成，適正な到達基準の設定と，それによる生徒の到達度の判定など，こうした一連の操作を順々に正確にふんで進まなければならない。

これを要するに，到達度評価や絶対評価を主張するのに，その対極にある相対評価を非難や攻撃の目標にしたりなどして，徒らに評価の路線問題や哲学問題として論議した時代はもう過ぎた。もはや議論ではなくて実践の時期であり，そのテクノロジーの研究・開発と実践の時期である。テクノロジーをもたない到達度評価は，安易な心情論や平等主義の犠牲となるおそれさえある。

本書は，こうした認識と考え方からまとめられたものであって，著者の研究不足のために不十分な点も少なからずあると思うが，ともかく到達度評価なるものの方法と技術を体系化してみようとの意図から出たものである。これからのわが国における到達度評価の実践と，その方法学の発展のために，本書が少しでも貢献できるならば幸いである。

1981年1月

　　　　　　　　　　　　　　　　　　　　　　　　橋　本　重　治

到達度評価の研究――その方法と技術――

も く じ

第1章 到達度評価の意義と目的 (13〜38)

(一) 到達度評価の意義 …………………………………………13
    1 「到達度評価」の用語について ……………………………13
    2 到達度評価に関するいろいろの定義と概念……………16
        (1) クライテリオンとは何か
        (2) 到達度測定に関するいろいろの定義
        (3) 相対評価との違い
    3 「到達」あるいは「達成」とは ……………………………21

(二) 到達度評価の測定学的特質 ……………………………24
    1 心理測定と教育測定……………………………………24
    2 「教育測定」としての到達度評価の特質 ………………27
        (1) 測定の目的から
        (2) 測定目標の具体性や明瞭度から
        (3) テスト・アイテムの選び方から
        (4) 妥当性の考え方から
        (5) 信頼性の考え方から
    3 到達度評価における測定学的研究の現状………………31

(三) 到達度評価の目的と前提 ………………………………32
    1 到達度評価の目的………………………………………32
        (1) 今日における到達度評価重視の背景
        (2) 到達度評価の目的
    2 到達度評価実践の前提…………………………………36
        (1) 教育学的前提
        (2) 測定学的前提

第2章　到達度評価の分類 (39〜49)

（一）実施の時期による分類 …………………………………39
　　1　単元学習における到達度評価…………………………40
　　　(1) 診断的評価
　　　(2) 形成的評価
　　　(3) 単元終了時における総括的評価
　　2　学期の中間および学期末における到達度評価…………42
　　3　学年末における到達度評価……………………………43
（二）教育目標の層別による区別 ……………………………43
　　1　基礎的目標における到達度評価………………………45
　　2　発展的目標における到達度評価………………………46
（三）教師自作と標準化された到達度評価 …………………48

第3章　到達度評価の一般的手続き (51〜66)

（一）評価の対象となる目標領域の限定と分類 ……………53
（二）領域における目標の具体化と表示 ……………………54
　　1　目標の具体化（行動的目標）…………………………54
　　2　目標のリスト・アップ（具体化表の作成）…………55
（三）各目標領域の具体化表全体を代表するサンプルの抽出
　　　とテスト・アイテムの作成 ……………………………56
（四）到達度の判定のための基準の設定 ……………………58
　　1　質的な規準（クライテリオン）と
　　　　量的な基準（スタンダード）…………………………58
　　2　到達基準の性格とあり方………………………………60
（五）到達度テストや観察の実施と生徒の到達度の判定
　　　および結果の利用 ………………………………………63

1　到達度の判定……………………………………………63
　　2　関心・態度の目標領域における到達度評価……………64
　　3　結果の利用……………………………………………65

第4章　目標の具体化表の作成 (67〜83)

(一) 教育目標の分類と具体化……………………………………67
　　1　教育目標の分類………………………………………67
　　2　目標の具体化…………………………………………71
　　3　同質的な目標領域の形成……………………………73
(二) 基礎的目標と発展的目標における具体化の相違……………73
(三) 実施時期による目標の具体化の相違………………………75
　　1　単元学習における目標の具体化……………………75
　　　　(1)　形成的評価における具体化表
　　　　(2)　単元末評価における具体化表
　　2　学期の中間・学期末および学年末における到達度テスト
　　　　のための目標の具体化………………………………79
(四) 関心・態度の目標の具体化…………………………………80

第5章　到達度測定における項目の選択 (85〜100)

(一) 到達度測定におけるテスト項目の選択の考え方と技術……86
　　1　テスト項目選択の基本的考え方……………………86
　　2　テスト項目の困難度について………………………88
　　　　(1)　主として基礎的目標について
　　　　(2)　発展的目標について
　　3　テスト項目の良否の弁別法（項目分析）……………90
　　　　(1)　経験的・統計的方法
　　　　(2)　ジャッジの判断による方法
(二) 到達度テストにおける項目の数量……………………………93

1　アイテム数に関する専門的研究……………………………………94
　　　　(1)　ミルマンの研究
　　　　(2)　ノビックたちの研究
　　2　各種到達度テストにおけるアイテム数………………………………98

第6章　到達度テストの作問法と関心・態度の評定の方法（101～122）

(一)　到達度テストの作問の技術 ……………………………………… 101
　　1　テスト技術の分類と目標との妥当関係……………………… 102
　　　　(1)　テスト技術の分類
　　　　(2)　テスト法と目標との妥当関係
　　2　各目標別作問の方法………………………………………… 105
　　　　(1)　知識のテスト問題のつくり方
　　　　(2)　理解のテスト問題のつくり方
　　　　(3)　技能のテスト問題のつくり方
　　　　(4)　応用・思考のテスト問題のつくり方
　　3　到達度テストと相対的評価テストにおけるテスト時間…… 116
(二)　関心・態度の評定の方法 ………………………………………… 117
　　1　観察・評定による方法……………………………………… 117
　　2　生徒の自己診断法による方法……………………………… 119
　　3　ゲス・フー・テストによる方法…………………………… 120

第7章　到達度判定のための基準の設定の方法（123～157）

(一)　到達度の区分とその表示の仕方………………………………… 124
　　1　一般的考え方………………………………………………… 124
　　2　到達段階数とその表示法に関する調査…………………… 125
(二)　到達基準と分割点 ………………………………………………… 127
　　1　到達基準の意義と必要性…………………………………… 127

2　到達基準は分割点の形をとること……………………………… 129
　　3　到達基準は観点別の下位テストごとに設定されるべ
　　　　きで，テスト全体には設定されるべきではないこと……… 130
　　4　分割点の設定は不要または不可能とする意見……………… 131
　(三)　到達基準設定の視点と方法 ……………………………………… 133
　　1　教育学，心理学等の視点から先験的に任意に設定す
　　　　る方法……………………………………………………………… 134
　　2　経験的資料をも利用して設定する方法……………………… 137
　　3　総合的判断に基づいて設定する方法………………………… 140
　(四)　到達基準設定に関する研究と提案 ……………………………… 141
　　1　エムリックおよびバークの研究……………………………… 141
　　　(1)　エムリックの研究
　　　(2)　バークの研究
　　2　対照群法………………………………………………………… 144
　　3　個々のテスト・アイテムの分析・判断に基づく方法……… 145
　　　(1)　ネデルスキーの方法
　　　(2)　アンゴフの方法
　　　(3)　エーベルの方法
　　　(4)　ネデルスキー法とエーベル法の比較研究
　　4　学識経験者へのアンケート調査による方法………………… 148
　(五)　標準的な到達基準の程度 ………………………………………… 150
　(六)　到達度の判定誤りとその弊害 …………………………………… 153
　　1　2種の判定誤りとその弊害…………………………………… 153
　　2　到達度判定における2種の誤りのもたらす弊害…………… 155

第8章　到達度評価テストの妥当性・信頼性 (159〜171)

　(一)　妥当性 ……………………………………………………………… 159
　　1　内容的妥当性…………………………………………………… 160

　　　　(1) クライテリオンとなる目標具体化表の妥当性（記述
　　　　　 的妥当性）
　　　　(2) テスト・アイテムのサンプリングと作問法の妥当性
　　　　(3) 折半相関係数法
　　2 機能的妥当性，構成的妥当性その他………………………… 162
　　　　(1) 機能的妥当性
　　　　(2) 構成的妥当性
　　　　(3) カリキュラム妥当性

(二) 信頼性 ………………………………………………………………… 166
　　1 到達度判定の一致度による検定法………………………… 167
　　　　(1) 合・否の2段階区分の場合
　　　　(2) 3段階以上の到達区分による場合
　　2 平行テストを利用する検定法……………………………… 169
　　3 内部均一性の検定…………………………………………… 169

第9章　教師自作の到達度評価テスト (173〜198)

(一) 単元学習における到達度評価テスト ……………………………… 174
　　1 指導前の診断的評価テスト………………………………… 175
　　　　(1) 前提条件テスト
　　　　(2) 事前テスト
　　2 指導過程における形成的評価テスト……………………… 180
　　　　(1) 形成的テストのアイテム数
　　　　(2) 形成的テストにおける到達基準
　　3 単元指導終了時の総括的評価テスト……………………… 184
　　　　(1) 測定目標とアイテムの選択
　　　　(2) 到達基準の設定
　　　　(3) 到達度判定の具体例

(二) 単元学習における到達度評価の効果 ……………………………… 187
　　1 効果に関する実験的研究…………………………………… 188
　　　　(1) SRAの研究
　　　　(2) アンダーソンらの研究

　　　　(3)　スミスらの研究
　　　　(4)　金豪権の研究
　　　　(5)　韓国の行動科学研究所の研究
　　　　(6)　ブロックの研究
　　2　形成的テストの頻度の効果……………………………………… 191
（三）学期の中間，学期末および学年末における教師
　　　自作の到達度評価テスト ……………………………………… 192
　　1　この段階における到達度評価の必要性……………………… 192
　　2　目標領域の具体化とアイテムの選択ならびに作問………… 193
　　　　(1)　目標領域の適当な分類と具体化
　　　　(2)　テスト・アイテムの選択
　　　　(3)　テスト問題の作成と編集
　　3　到達基準の設定………………………………………………… 196
　　4　到達度判定の具体例…………………………………………… 197

第10章　標準化された到達度学力検査 (199〜215)

（一）到達度テストの標準化とその特異性 ……………………… 199
　　1　到達度テストの標準化は可能か……………………………… 199
　　2　到達度テストの標準化の特異点……………………………… 200
　　　　(1)　必ず目標領域別（観点別）のテストであること
　　　　(2)　特定の教科書に対応する必要があると同時に，それ
　　　　　　に密着しすぎていてもいけないこと
　　　　(3)　結果の解釈基準が全く異なっていること
　　　　(4)　結果の解釈と利用の補助手段としての参考資料を準
　　　　　　備すること
　　　　(5)　アイテムの選択と分析，妥当性・信頼性の検定等の
　　　　　　方法が異なっていること
（二）標準化された到達度学力検査作成の現状 ………………… 204
　　1　アメリカの状況………………………………………………… 204
　　2　わが国の状況…………………………………………………… 206
（三）到達度学力検査の標準化の方法……………………………… 208

```
         1  標準化の手順と手続き ……………………………… 208
         2  標準化到達度学力検査の批判の視点 ……………… 212
  (四) 標準化到達度学力検査の利用法 ……………………………… 213
         1  一人ひとりの生徒についての利用 ………………… 213
         2  学級・学校等集団についての利用 ………………… 214
```

第11章　到達度評価と指導要録・通信簿 (217〜233)

(一) 到達度評価と指導要録 ……………………………………… 217
　　1　観点別学習状況と到達度評価………………………… 217
　　　　(1)　観点別学習状況の語義
　　　　(2)　指導要録の観点とその到達度評価の特質
　　　　(3)　三つの達成段階の意味の解釈法
　　2　観点別学習状況の評価の方法………………………… 221

(二) 到達度評価と通信簿 ………………………………………… 223
　　1　到達度評価は通信簿のどこに利用されるか……… 223
　　2　観点別到達度評価の問題と方法……………………… 226
　　　　(1)　通信簿における観点の分け方と選び方
　　　　(2)　観点としての基礎的目標と発展的目標
　　　　(3)　通信簿の観点別到達度評価の資料のとり方
　　3　教科の総合評定の必要性とその方法……………… 230
　　　　(1)　観点別達成度だけで総合評定は必要ないか
　　　　(2)　各教科の総合評定にはどんな評価法が適切か

第12章　到達度評価の発展の歴史と問題点 (235〜256)

(一) 到達度評価の発展の歴史 …………………………………… 235
　　1　20世紀初期における到達度評価……………………… 235
　　2　教育測定学の発生と到達度評価……………………… 237
　　3　図画，書字等作品の到達度評価の試み……………… 238

4　ボストン市およびモリソンの試み……………………………240
　　　5　1950年ころよりの相対評価への疑問と到達度評価思
　　　　　想の台頭……………………………………………………240
　　　6　近年の到達度評価重視の背景………………………………242
　（二）到達度評価の問題点と批判……………………………………246
　　　1　測定学上の問題点と批判……………………………………246
　　　　(1)　目標の分析とリスト・アップの作業の困難さ
　　　　(2)　具体化表を代表するテスト・アイテムの選択の困難
　　　　　　性
　　　　(3)　到達基準の設定が教師の主観に陥りやすいこと
　　　　(4)　多量のテストや採点の時間を必要としていること
　　　2　教育学上の問題点と批判……………………………………249
　　　　(1)　すべての目標の完全習得はできないことと基礎的目
　　　　　　標の偏重のきらい
　　　　(2)　授業を形式的なものにし，生徒の自由な伸びを束縛
　　　　　　するおそれ
　　　　(3)　到達していないと判定された者への治療法がはっき
　　　　　　りしていないこと
　　　　(4)　教師の負担上の問題
　（三）到達度評価と相対評価の併用の必要性…………………………252
　　　1　二つの評価法の独自性………………………………………252
　　　2　相対的評価法による到達度評価の補完……………………254
　　　　(1)　到達度判定の信頼性のチェックに
　　　　(2)　発展的目標についてその利用が限定されていること
　　　　　　の救済
　　　　(3)　地域のカリキュラム評価や学力調査への相対評価の
　　　　　　利用
　　　　(4)　知能・適性・性格等の個人差の測定のために
　　　　(5)　質を異にした能力や目標間の比較診断のために
　　　　(6)　総括的評価の方法としても
参考文献…………………………………………………………………257
事項索引…………………………………………………………………263

　　　　　　　　　　　　　　　　　装幀　藤川喜也

到達度評価の研究
―― その方法と技術 ――

図書文化

第 1 章　到達度評価の意義と目的

(一)　到達度評価の意義

　まず最初に，はっきりことわっておかなければならないことは，本書が問題としているところの到達度評価というのは，教育目標についての学習成果に関する測定・評価のことであって，知能・適性・性格等に関する評価のことではないということである。またやや詳しくは(二)で述べようと思うが，今日学習成果に関する測定・評価の考え方として，人間の能力あるいは傾向の主として個人差を明らかにすることを目的とする心理測定的（psychometric）な考え方と，主として指導・学習による習得や発達を明らかにすることをねらいとする教育測定的（edumetric）な考え方とに分けて考える必要が次第に高まりつつある。そして，本書の主題とする到達度評価というのは，まさしくこの後者の代表である。

1　「到達度評価」の用語について

　わが国では，こうした教育における子どもの目標達成度とか習得度とかを測定・評価することを志した評価を，一般に，「絶対評価」とか「到達度評価」とかのことばで呼んできている。いうまでもなく，絶対評価は，他人と比べてその個人差を明らかにすることを目的としたいわゆる相対評価に対する用語であって，評価解釈の仕方に関する一般的な分類概念であるが，この「絶対評価」と「到達度評価」とはどんな概念上の異同があるのであろうか。
　簡単にいえば，結局はそれは同じものを指しているのであるが，しいて違いをいえば，絶対評価は一般的・抽象的な評価の分類概念にとどまっている

のに対し，到達度評価といえば，その絶対評価の方法——教育目標の習得や達成の有無あるいは度合いを明らかにするというような方法概念などもすでに含んでいる表現であるということである。つまり，到達度評価は絶対評価を具体的な形で表現したものである，というぐらいにここでは理解していただいておこう。

こうして到達度評価の語は，その意味内容をわりあいよく伝える用語であるので，今日，教育界と社会一般とを問わずほとんど日常の教育用語となっている。著者もこの用語を使用することにしたのであるが，外国ではこれをどんなことばで表現しているのであろうか。その意味内容からいって，わが国の「到達度評価」の語に該当する用語は，"Criterion-Referenced Measurement"（目標準拠測定）あるいは"Criterion-Referenced Test"（目標準拠テスト）である。それぞれ略してCRM，CRTとも呼ぶ。ここでの目標準拠の「目標」は具体化された行動的目標の意であり，単なる目標でないことに注意を要する。外国でときどき使用される"mastery test"（到達度テストあるいは習得テスト）の語が，感じの上ではいっそう日本の到達度評価の語に近いようにもみえるが，ただしこれは向こうの概念ではCriterion-Referenced Test（CRT）の中の一つの用具にすぎないもので，一般的なものではない。とにかく，向こうの著書・論文で正式に使用される用語は，国語に直訳して「目標準拠測定」と，「目標準拠テスト」がその主体であるように見受けられる（Glaser 1963；Popham 1969, 1978；Block 1971；Ebel 1971；Gronlund 1973；Hambleton and Novick 1973；Swaminathan et al. 1974；Meskauskas 1976；Hambleton and Swaminathan et al. 1978）。

このほか，アメリカでは，たとえば巻末の参考文献に示したミルマン（Millman, J. 1973）のように，Domain-Referenced Measurement（領域準拠測定）の用語もすぐれているとして用いられる。これは目標準拠測定やテストでは，そのもとになる具体化された目標領域全体を見事に代表するようなテスト・アイテムを選んで測定しなければならないというこの種の測定評価の特質を強調しての名称であって Criterion-Referenced Measurement

の "Criterion" と，Domain-Referenced Measurement の "Domain" とは実質的には同じ内容を指していると考えてよい。"Criterion" の意義については，次項で取り上げるが，単なる目標ではなくて，具体的にはっきりと具体化され，定義された行動（目標）領域を指すものである。これが一般的抽象的な単なる目標であるならば，伝統的な他人と比較して解釈するところの相対評価や測定だって目標準拠であって，それと違うところがないことになる。こういう意味から，アメリカで，われわれの目下考えている到達度評価のことを "Objectives-Referenced Measurement or Test" と呼ぶことも稀にはあったが，この用語は混乱の危険があるというので，今日はあまり適切な用語とは考えられていない（Hambleton *et al.* 1978）。

　以上いささかことばの意義のせん索に深入りしすぎた感があるかもしれないが，しかし，案外このことが外国と日本のこの問題に対する基本的構えの違い，絶対的評価法へのアプローチの仕方の根本的違いを暗示しているようにも考えられる。わが国では到達度評価というように，「評価」の語を常に使用して，到達度測定というような使い方は一般にされていない。ところが，外国では目標準拠にせよ領域準拠にせよ，常に「測定」とか「テスト」の語を用いて，たとえば「目標（あるいは領域）準拠評価」というような評価（evaluation or assessment）の語を用いた著書・論文は絶無ではないが，きわめて少ないようにみえる。それであるのに，この CRM や CRT で求めた情報の治療教育やカリキュラム改善への利用の意志と目的はきわめてはっきりしていて，決して目標達成の有無やレベルの単なる測定に終わってはいない。

　すなわち，このことは，すでに約20年も前グレーサー（Glaser, 1963）の論文以来，この問題の重要性に気づいたアメリカでは，一人ひとりの子どもの学習をぜひ成立させ，習得させるのだとの教育的意図から出発しながらも，しかしこの問題は理想や哲学の問題にとどまっていてはどうしようもない問題であって，結局は測定やテストの問題として技術的（technological）にアプローチしなければならない問題として考えられてきているということを示

唆するであろう。

顧みてわが国はどうか。どうも到達度評価を観念論的あるいは政治論的に論ずる傾向が強くて，技術的あるいは測定的に研究する風潮が弱いように感じられる。方法論的研究としては，わが国では目標の分析と具体化への貢献を除いては他にほとんど見るべきものがない。

こういう状態であるから，アメリカの到達度測定の上述の傾向は，われわれにとっては一つの教訓を含んでいるようにも思われるのである。

2　到達度評価に関するいろいろの定義と概念
(1)　クライテリオンとは何か

ここで到達度評価——国際的用語でいえば，Criterion-Referenced Measurement——の定義や概念を明らかにしようと思うが，そのためにはこの術語の中心概念である「クライテリオン」が何であるかを明確にしておかなければならない。ポファム（Popham, W.J. 1975）によるとクライテリオンには，

① 教育目標
② 学習者の習熟（proficiency）の望ましいレベル
③ 社会生活にうまく適応するために必要な能力

といったいろいろの受け取り方があるが，第１の意義が最も一般的な意義である。第２の考え方はすでに量的意味まで含んでいるが，そして後にだんだん述べるように到達度評価は結局は量的基準を必要とするに至るのであるが，ここではまだそこまでは考えられなくてもよい。第３の考え方は，クライテリオンの社会的・常識的とらえ方であって確かに意義はあるが，測定と評価のクライテリオンとしてはあまり適切ではない。

こうしてクライテリオンは，グレーサー（1963），ポファムとハスク（1969）など今日の到達度測定を提案し発展させた中心的学者の意見によると，教育目標のある状態を指すものとして用いられている。すなわち，すでに少し触れておいたように，それは教育目標をその内容と目標との関係で具体化した

ところのいわゆる行動的目標の一定領域であり，はっきりと限定され定義された行動的目標の一領域のことである。こういう明確に限定され記述された行動領域（domain of behaviors）を到達度評価の質的規準（criterion）として，生徒のテスト結果その他の業績が解釈されるのである。これに基づき，あるいは照合して，生徒が何はでき，何はできないかについての情報が求められるのである。

こうして到達度評価におけるクライテリオン（criterion）は，質的・絶対的な行動（目標）領域そのものである。それはまだ質的規準であって量的基準（standard）ではない。しかしながら，こうしたクライテリオンに従って，その行動領域をりっぱに代表するようなアイテムを選んで多数の問題をつくり，それを実施して求めた各生徒の得点について到達度評価をするという段になると，当然そこに何点以上は到達，何点以下は失敗ということを判定するための量的尺度すなわち基準（standard）を決定する必要が生じる。それがいわゆる分割点（cutting score）の問題である。このことについては，後の第7章で詳説する。

(2) 到達度測定に関するいろいろの定義

何が到達度測定あるいはテストであるか，その定義は，学者によって種々様々である（ハンブルトン，スワミナサンその他，1978）。この測定・テストの意義と概念をつかむには，その諸家の定義を見渡してみることは決してむだではないから，労を惜しまずに文献中から探して，以下にいくつか掲げてみよう。

> グレーサー（1963）
> 　目標準拠測定（CRM）は，生徒の達成した能力の度合いを，他人の成績と比較することなく，それとは独立した目標基準（criterion standard）の概念で測るものである。
> グレーサーおよびニトコ（1971）
> 　到達度テストとは具体化された到達基準の概念で，生徒の業績を直接に解釈することのできるような測度をつくり出すように注意深く作成されたテストで

ある。

ポファムおよびハスク（1969）
　それは，個人が他人との比較でどんな位置にいるかを知るためのものではなく，その個人が何をなし得るかを知るためのものである。たとえていえば，犬の飼主が，柵を飛び越して逃げ出さないようにするには柵の高さをどのくらいの高さにすればよいかを決定するために，犬のジャンプ力を測定しようとするようなもので，他の犬のジャンプ力と比べることを目的とする測定ではない。

ポファム（1975, 1978）
　到達度測定とは，りっぱに定義された行動的領域についての個人の地位（status）を確かめる目的で用いられる測定である。

ブロック（1971）
　定められた到達基準によって絶対的に解釈される測定であって，他の測定との比較で解釈する必要のない測定である。それによって，生徒が一定の学習内容を学習し得たか否かを示すことができる。なぜならばそれは指導した内容・目標の領域全体を十分代表することのできるようなサンプルに基づいて測定されるからである。

ミルマン（1973）
　生徒のテストの成績を他人の成績と関係づけることなく，絶対的基準（absolute standard）に関係づけて解釈するテストである。

ミルマン（1974）
　到達度テストとは，りっぱに具体化された目標領域についての生徒のマスタリー（到達）の程度を，そのテスト得点によって数個の段階に分割するテストである。

ハンブルトンおよびノビック（1973）
　CRTとは，あらかじめ設定された到達基準に対して，どの目標では到達し，どの目標では到達していないかという生徒の教授目標の到達状況（mastery state）を決定して，生徒を次段の学習での適当な位置におくためのテストである。

ハリスおよびステワルト（1971）
　純粋のCRTは，見事に定義された行動の母集団から抽出されたサンプル，すなわち，その母集団の行動中，生徒がどのくらいの割合で成功するかを推定

するに使用するためのそのサンプルに基づいて構成されたところのテストである (Hambleton and Novick, 1973 より)。

これらの定義から，外国で目標準拠測定とか目標準拠テストと呼ばれ，わが国では到達度評価と呼ばれているものが，どんな性格のものであるかを理解するのに，すぐれた手がかりを得ることができる。これらの定義の全部あるいは一部に共通する特質を抽象してみれば，以下のようなことになるであろう。

① 生徒の成績を評価するのに，他人と比較することをしないで，本人の成績だけでその絶対的位置を決めようとする。そのために評価の基準を集団の成績にはおかないで，絶対的な，生徒に学習させた目標（あるいは行動）それ自体におく。

② その評価解釈の根元的な規準すなわちクライテリオンは，生徒に学習させたところのりっぱに具体化され定義された目標領域それ自体である。

③ 生徒の到達度を測定するには，そのりっぱに具体化された目標領域を質量ともに見事に代表するようなアイテムを選んでテストし，観察しなければならない。

④ こうした到達度テストにおける得点に基づいて，たとえばこの程度の得点以上は「十分到達」，この程度の得点以下は「到達が不十分」というような目標到達の有無や程度を判定するための量的な基準（standard）の設定をも必要としている。

だいたいこういうことであろう。これらがいわゆる到達度評価とか到達度測定とかいわれる評価法の特質であり，本質である。*

(3) 相対評価との違い

到達度評価や測定が今日のように強調され始めたのは，第2次世界大戦後

---

* アメリカの名高いテスト研究機関 ETS の定期刊行物 ERLC の，1976年12月号で，Kosecoff, J. and Fink, A. は，ここに掲げた4項目中の②③④の三つを，すべての目標準拠テスト（CRT）の共有すべき特質としている。

の1960年代以降のことであり，それまでの学力評価における支配的考え方はいわゆる相対評価であり相対評価的測定あるいはテストであった。今日，国際的用語としてはこれを "Norm-Referenced Measurement" 略して NRM（集団準拠測定）と呼び，われわれの目下の主題である目標準拠測定（CRM）と対照的に用いられている。むろんこの相対評価的測定やテストは，今日も，また将来も，学力評価においてりっぱに役割をもった重要な評価法である。

この相対的評価法が到達度評価に先行して長い間支配的評価法であったので，到達度評価の意義と特質を理解するのに，この相対評価の特質との比較がよく用いられており，またそれは確かに事態を明らかにするのに便利である。

すると，この二つの評価法は共通点もあるけれども，いろいろの視点においてかなりの違いをもっている。その2，3の違いをあげてみると，一つの重要な違いは評価基準の違いである。相対評価の基準——この場合の基準は英語では "Norm" で示す——は相対的基準であって当人が所属する集団（基準集団）の成績分布——平均点，順位，偏差値で示す——であるのに対し，到達度評価における基準は絶対的基準（absolute standard）であって，具体化された目標それ自体ならびにその到達度（degree of mastery）である。したがってこの両評価法の評価結果の意味するところに著しい違いが生じる。

相対評価は，「A児はB児よりできる」「C児は偏差値40で普通以下である」というようなことを意味する結果をつくり出すのに対し，絶対評価の結果は，それが何を意味するかについてのもっと明確な，そのものずばりの目標達成に関する記述を示す。たとえば「A児はどの目標は十分達成しているが，どの目標は達成していない」というように，目標を到達（あるいは達成）したかしないか，どの程度到達（達成）したかを示そうとする。これに対し，相対評価は他人あるいは集団と比較しての生徒の成績の相対的位置（relative status）を教えるだけにとどまって，その生徒の成績に含まれる価値の程度という観点での絶対的位置（absolute status）を示さないし，生徒が実際に所有し，あるいは所有していないところの能力あるいは価値それ自体の程度を示さない。

第1章 到達度評価の意義と目的 21

したがって，その結果の利用価値からいえば，選抜や成績評定には相対評価がより有用であるが，その後の学習指導のためには到達度評価がすぐれていることになる。しかし，この到達度評価のメリットは，それが測定学的・技術的に正しく実施された場合のことであって，無条件ではない。この点については後の節で改めて取り上げる。

以上をまとめる意味で，相対評価と到達度評価（絶対評価）の特質の比較を表にしてみよう。

表1 到達度評価と相対評価の比較

	評価の基準	その基準の性格	結果のあらわし方	結果の意味
到達度評価	教育目標とその到達の程度	・教育目標に直接的に関連 ・生徒に外在的	1. 正答率 2. 到達の有無 3. 3，4個の到達段階	生徒の成績の絶対的位置を示す
相対評価	他人または集団の成績状況	・教育目標には間接的に関連 ・生徒に外在的	1. 順位 2. 段階評定（各段の％を考える） 3. 偏差値 4. パーセント	生徒の成績の相対的位置を示す

3 「到達」あるいは「達成」とは

到達度評価ということの意義と概念を真に理解するために最後に突き当たる問題は，「到達」とは何であるか，どんな状態であるかとか，あるいは，「到達度」「到達度」というが，それは何についての到達度であるのか，到達度の奥にある本体は何であるかということであり，さらに，その本体を測るための尺度はどんな性質の存在であるのか，というような問題であろうと考えられる。ここまで徹底して考えておかないと，到達度とか達成度とかあるいは到達基準という概念がいつまでもはっきりしないし，また到達度評価の意義がいつまでも明確にならないのである。

その前に，少しばかり，「到達」（これは英語では mastery を当てればよいであろう）と「達成」（これには attainment が相当する）の二つの用語に

ついて考えておこう。わが国ではここ10年以上も一般に到達のことばが使われてきたが，1980年より指導要録が改訂されて，その学習の記録の一部に到達度評価法によるところの「観点別学習状況」欄が新設されるにあたって「達成」とか「達成状況」という用語が使用されている。この二つの用語は意味が同じなのか異なるのか。「教育目標の到達」とか「教育目標の達成」という意味であるから，結局同じ意味であると考えてもべつだん支障はなさそうであるし，以下の著者の考察でもこれをしいて区別はしないつもりである。しかし区別しようと考えれば区別することができるし，また，その区別は有意義な区別であるともいえないことはない。

　それはこういうように区別するのである。「到達（mastery）」の語は，たとえば，文字・計算・各教科の基礎概念のようにその目標領域の範囲がはっきり限定されていて，その全体の到達あるいは習得がだいたいにおいて可能である目標・内容に関する測定・評価の場合に用いる。またたとえば，高度の理解・思考・応用・創造・態度のように，ほとんど無限の深さがあって，何人も完全にはこれをマスターすることができないでせいぜい目標達成の程度，その方向への接近の程度しかいえない目標の場合には「達成（attainment）」の語が適切である，というように区別するのである。「達成」の語は基礎的と発展的の両種の目標に共通に使用してもおかしくないが，「到達」の語は基礎的目標にはきわめて適切であるが発展的目標にはやや不適切であるとする区別である。この意味で指導要録が用いている「達成」の用語は当を得ているといえよう。しかし，子細に考えると問題もあるが，詳細は第11章で述べよう。また，次章で述べようと思うが，到達度評価の考え方は，基礎的目標群と発展的目標群の場合とで，多少異なった考え方をとらねばならないのであるが，そういう場合もこのような区別はりっぱに意味をもつことになる。

　本論にもどろう。到達度とか達成度とかいう場合，もちろんそれはいずれかの教育内容と目標についての到達度であり達成度であって，その本体は，生徒がその内容・目標を習得している状態の中に含まれているところの能力的な価値（value）である。この価値の程度を測定しようとするのが到達度

測定である。いずれかの教育内容についての，知識・理解・技能・思考・創造等の目標中のいずれかの目標が生徒の身についた場合，その中に含まれている能力的価値の程度が到達度であり，達成度である。この価値は，人の学習や生活において発揮される能力とか熟達としての価値であり，英語での proficiency とか competency というのがこれに当たるであろう。物の価値は経済的効用

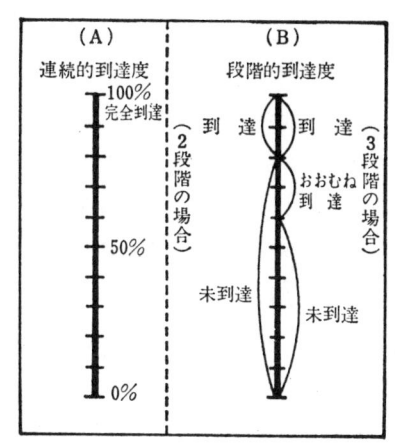

図1　目標の到達状況

であるが，今日それは，物々交換のような間接的（相対的）方法によっては測られないで，円やドルといった貨幣尺度によって直接的に絶対的に測られる。到達度測定やテストは，どこかこれに似ているところがある。

　生徒が学習によって得た成績の中に含まれる価値がいかなる存在であるかに関して，今日の到達度測定の提唱者であるグレーサー（1963）は，連続体（continuum）の考え方をとった。生徒の教育目標の習得程度は，何も習得しなかったという0％から完全習得という100％の価値程度までに及ぶとし，CRM はこの達成の連続体（continuum of attainment）を尺度として，個人の成績がその価値尺度のどの点に位置するかを決定することであると考えた（図1の(A)参照）。

　また，近年，メスコースカス（Meskauskas, J.A. 1976）は，到達や達成の考え方について，①連続モデル（continuum model），②状態モデル（state model)の二つのモデルをあげている。連続モデルというのは，上記グレーサーの考え方のままであって，「到達」は，連続的に分布しているこの能力あるいは能力群の連続体に沿って，その上のほうに位置する一つの領域または範囲である。そして個人の能力がその到達の範囲の下端と同一またはそれより上に位置する場合，その生徒は「到達している」と評価され，その到達範

囲の下端に達しない生徒はすべて「到達していない」と評価される。しかし，これは到達状況（mastery state）を到達と未到達（失敗）に二分する場合（図1，(B)の左側参照）であって，授業過程の形成的評価における基礎的目標の到達度決定の場合はこれで足りるが，学期末や学年末における総括的到達度評価では，3あるいは4段階の到達度判定も必要とされることになる。今の指導要録中の観点別学習状況欄の達成度評価はその例である（図1，(B)の右側参照）。

第2の状態モデルの考え方は，目標の到達あるいは達成を量的な連続体として考えないで，質的存在として考える立場である。それは特に最小必要レベルの基礎学力に関しての例の完全習得の思想にマッチする考え方であって，「到達」の概念をオール・オア・ナッシング式に，100％の目標達成の状態のみを到達として，部分的到達──たとえば「おおむね到達」というようなことを認めない考え方である。完全主義的な到達論である。この考え方も，たとえば学習過程において，後の学習のために完全習得を必要とするような目標に関して，わずかに2〜3個の問題数でテストしようとするような場合には十分意味があるが，一般的にはこの考え方は現実的ではないであろう。

(二) 到達度評価の測定学的特質

1 心理測定と教育測定

本章の冒頭において，近年，学力に関する測定の考え方として，心理測定的（psychometric）な考え方と教育測定的（edumetric）な考え方の区別の必要が次第に高まってきつつあることを述べたが，それは他人と比較して個人の成績の個人差を明らかにしようとする伝統的な相対評価（集団準拠測定）に対して，学習の結果の個人の知識・技能等の絶対的な習得や伸びを明らかにすることを志したところの，いわゆる到達度評価（目標準拠測定）の思想の台頭にあるのである。それは今からおよそ20年前ごろからのことであって，一人ひとりを大事にし，一人ひとりの特性に応じた個別化教授法をと

って，なるべくこれを伸ばすという第2次世界大戦後の人間尊重思想に根ざしていた。

　ウィトロックたち（Wittrock, M.C. and Wiley, D.E. 1970）は，「心理測定の考え方に立つ個人差測定は，その関心を生徒間の差異の測定に集中することによって，生徒が何をどれだけ学習したかを忘れがちにさせ，また，もし教師が異なる生徒に異なる方法で教授したならば，全部あるいは大部分の生徒にそれをマスターさせることができるかもしれないということを忘れがちにした。われわれが，個人差を追求してかえって個別化教授から遠ざかってしまったことは，皮肉であった」——と述べているのは，このへんの事情を雄弁に物語っている。ウィトロックたちがいわんとすることは，学習評価の焦点は一人ひとりの生徒の学習の到達度を明らかにすることにあるのであって，個人と個人の間の差異——たとえば序列——ではないということである。伝統的な心理測定的考え方は個人差心理学に立脚していたのに対し，教育測定的考え方はむしろ学習心理学に立脚している。

　しかしながら，伝統的な相対評価すなわち集団準拠測定——その起源はダーウィンの個人差思想に基づくといわれる——も，到達度評価すなわち目標準拠測定も，その技術論としてはともに測定論であり，テスト論である。技術的にはどちらも測定やテストの問題であることには違いはないのである。到達度評価は，歴史的に相対的な集団準拠測定にはるかに遅れて出発し，ときには相対評価を非難攻撃することによって自分の存在価値を鮮明にしようとさえしてきたので，評価に関する一つの思想や哲学のようにもみえるが，決してそれにとどまってはならない。りっぱに技術論にまで堀り下げられねばならない。メスコースカス（Meskauskas, J.A. 1976）は，アメリカにおける到達度評価は，1960年代は主として教育的あるいは哲学的見地から論じられていたが，70年代になると，若き世代の測定専門家がこのテーマに取り組み始めて，研究が著しく数学的になってきた。分割点（cutting score）の問題や，これに関連したアイテムの選択や数量のような問題についての決定のために，数学的なテクニックが発展させられた，といっている。顧みて，

わが国の現状はどうであろうか。ちょうどアメリカの60年代の状況に停止しているのではなかろうか。こういう意味において、以下で測定学としての到達度評価の特質を分析してみよう。これによって、本章の目的とする到達度評価の意義と目的がいっそう鮮明になるであろう。

カーヴァー（Carver, R. P.）は、1974年に、「テストの二つの次元：心理測定的と教育測定的と」の論文を発表しているが（巻末文献参照），たいへんよくまとまっているので，主としてこの論文によることにしよう。ここでいうところの心理測定的次元（psychometric dimention）のテストというのは，人為的にその得点分布がいわゆる正規分布的分散をするように作成されて，それによって個人の相対的位置（個人差）を明らかにすることができるように作成されたテストである。この次元のテストが従来，学力のみでなく知能・適性・性格等について作成され，利用された。しかし，本書は学力すなわち学習成果の評価を主題にしているので，以下この分野だけに限って論じる。

これに対し，教育測定的次元（edumetric dimention）のテストというのは，一つ一つの教育目標あるいは目標領域に対して満足な程度として受け入れられる成績水準（到達基準）が事前に設定され，個人の業績をこれに照合してその習得度や学習量を明らかにしようとするテストであって，われわれが本書で取り上げている到達度評価こそがこの次元の測定・テストによるのである。

学習の評価においては，この二つの次元の測定は，互いに排斥し合う関係にあるのではなく，ともに必要である。個人間の差異（between-individual differences）の測定に焦点づける心理測定的次元のものも，個人個人の習得と発達（within-individual gain or growth）に焦点づけられた教育測定的次元のものも，ともに教育の場では有用である。さらに，また，すべてのテストは，程度の差こそあれこの二つの次元の性格を併有してさえいる。ただ，そのどちらの次元に重点をおいて作成するかの違いであるといえばいえないこともない。そのテスト作成の技術には共通するものが多いし，結果の解釈にさえも通ずるところがある。そういうことを含んだ上で，学習の測定・評

価においてのこの二つの区別は，今日きわめて重要な意義をもってきた。この二つの学力測定の立場によって，測定の目的，テスト・アイテムの選び方，妥当性や信頼性の考え方，評価基準の設定の考え方と技術に違いが生じる。このことが到達度評価の意義と特質を明らかにすることに役立つと考えられるので，以下簡単にそれを述べてみよう。

2 「教育測定」としての到達度評価の特質
(1) 測定の目的から

もし，学力検査の目的が，たとえば知能検査などと同様に一種の適性検査として，主としてその個人の将来の業績を予測するために，その現在における能力の個人差を明らかにすることにあるのであれば，それは心理測定的な学力検査となる。伝統的な相対評価方式による標準化学力検査やレディネス・テストや数学適性検査等は，部分的には教育測定的な要素も含んではいるが，基本的にはこのような心理測定的な目的のものである。

これに対し，教育測定の次元に立つ到達度評価の目的は，一定の指導計画のもとに現在まで指導されてきたその結果に焦点づけ，知識・理解・技能・思考等の教育目標の現時点における習得（gain）や成長発達を測ることを主なる目的とする。しかも基本的には一人ひとりの生徒の習得度や到達度を測定することに焦点づけ，個別化指導の資料としようとする。この場合，その一人ひとりの到達度の個人間差異に目を転ずることは可能で，時にまたそれは必要であるが，しかし，それは到達度評価における測定としては第2義的な目的であり，基本はあくまで一人ひとりの個人の目標到達度の測定である。

ただ，ここで一言付け加えておきたいことは，いずれにしてもその目的はクロンバックたち（Cronbach, L. J. and Gleser, G. C. 1965）のいわゆる決定理論に基づく決定を下すことにある点は共通である。心理測定が，他人と比べ集団内における相対的位置をパーセンタイル，偏差値等で決定するのに対し，教育測定的考え方に立つ到達度評価は，目標の達成度によって絶対的

にその位置を決定するだけである。到達度測定でも,「到達している」「到達していない」の2クラスか,あるいは「十分到達している」「おおむね到達している」「到達が不十分」の3クラスかあるいは4クラスに,その目標の到達度や習得度を分類(classify)するのである。到達度評価は決して甘い幻ではなくて,きびしい分類決定(classification decision)なのである。

(2) 測定目標の具体性や明瞭度から

個人差を明らかにすることを志す心理測定も絶対的な到達度を明らかにすることを志す教育測定も,言語とか数学とか社会等におけるある種の内容についての教育目標を測定することは共通であるが,その目標の具体化・行動化の程度やその目標領域の一義的限定と明確化の程度に大きな違いがある。心理測定的考え方に立つ学力検査では,その測定目標の分析と具体化はそれほど神経質に考えなくて一般的な分析・限定でもよいが,絶対的な到達度の測定の場合は,なるべく行動的目標としてりっぱに限定されたその目標の領域そのものがクライテリオンとなるのであるから,いい加減な目標設定ではすまなくなる。相対評価に比して到達度評価が困難であるといわれる第1の理由はこの点にある。

(3) テスト・アイテムの選び方から

心理測定的考え方のテストにおいてはすぐれたアイテム(小問)として選ばれるものは,その通過率(passing proportion)が0.5(50%)のものである。伝統的な相対評価的標準化学力検査では,これに多少の幅をもたせて通過率0.4～0.6程度のアイテムを中心に選ばれている。そして,たとえそれがいかに重要な目標(行動)に関するアイテムであっても,ほとんど全部の生徒が正答したり,あるいは逆に誤答するようなアイテムは,不適切なアイテムとして捨てられる。なぜならば,こうしないと,そのテストを多数の生徒に実施した結果の得点の分散(variance)が大きく広がらないからである。得点分散が大きいテストでないと,生徒の個人差を拡大して測定することができなくなるからである。こういうわけであるから,心理測定的な考え方によった学力テストは,むしろIQテストのような適性検査として機能するよ

うになる。

これに対し，教育測定的立場のテストでの有効なアイテムの選び方は，全く考え方を異にして，得点分散を拡大させるようなアイテムではなくて，生徒の学習の結果による習得や進歩を敏感に反映することのできるようなアイテムである。指導する前の通過率に比して指導後の通過率が顕著に高まるようなアイテムは，理論的には指導前の通過率はおよそ0に近く，指導後の通過率はおよそ1.0に近くなるようなアイテムであるとされる。

(4) 妥当性の考え方から

心理的測定と，到達度測定がその代表であるところの**教育的測定**とでは，その妥当性・信頼性の考え方や検定法に質的相違が出てくる。

まず妥当性（validity）であるが，学力の個人差測定を主なる目的とした心理測定的テストでは，従来，併存的妥当性（concurrent validity）と予測的妥当性（predictive validity）——この二つを一括して規準関連的妥当性（criterion-related validity）という——を重視し，相関係数法によってこれを数量的に検定してきた。すなわち，併存的妥当性では，その測定目標に関して，高度に関係していると考えられるところの教師の付点や他の定評のあるテストなどによってすでに求められている個人差と，目下のテストが測定した個人差と比較して，類似の傾向であるなら目下のテストは妥当性があるとする。予測的妥当性は，たとえば一群の生徒の小学校6年修了時における算数能力の個人差を一定の算数テストで測定し，それが3年後の中学校卒業時の数学能力の個人差の状況と高い相関があるかどうかによって，その算数テストの妥当性を決める考え方である。いずれにしても，個人差すなわち集団内における生徒の相対的位置の一致度を問題とするのであるから，このような妥当性の考え方は結局において前のアイテムの選択のところで述べたところのテスト得点の分散が大きいことに基づいていることになる。

これに対し到達度測定の妥当性としてはいわゆる内容的妥当性（content validity）こそが最も重視されなければならない。すなわち，そのテストのアイテム（小問）の内容ならびに数量が，クライテリオンとなるところの原

本の目標群（母集団）あるいは目標領域をいかに見事に代表しているか，その度合いがこの種の測定の妥当性を決することになる。

さらに，また，到達度測定の妥当性を経験的に調べようとする場合は，たとえば，一群の生徒にある教科の内容（目標）を指導した場合，当然そこに一定の知識・理解・技能等の習得や進歩が期待されるが，こういう場面でそのテストを実施してみて，それが確かに生徒の能力の習得や伸びを敏感に示し得たなら，そのテストは到達度テストとして妥当性をもつと考えられ，それを示さないならそのテストは妥当性がない，というように考えられるのである。

(5) 信頼性の考え方から

テストや測定の信頼性（reliability）というのは，測定の一貫性，恒常性および安定性の意味であるが，伝統的な心理測定における信頼度は，それで何回測定しても一貫して類似の個人間差異の傾向を示すことができるという意味である。この考え方も，また，得点の分散の仮定の上に立ち，もし全部の生徒が目標をマスターしていて，その得点に分散がないということになると，こういう信頼性の考え方は成り立たなくなる。

そこで，到達度のような教育測定における信頼性は，これとは全く異質の考え方に立たなければならない。この場合も，信頼性という以上決定の一貫性や安定性の意味であることは同じであるが，その一貫性が，心理測定的信頼性におけるように個人間差異の弁別の一貫性ではなく，測定された個人内習得（gain）や成長（growth）についての弁別の一貫性である。たとえば，指導後にテストを2回行って，「目標に到達した」にせよ「到達しない」にせよ，両回どのくらいその判定が一致（一貫）しているのかその比率によってその信頼度が検定される。ここでの信頼度は，特にすべての生徒にマスターさせておくべき基礎的目標領域においてそうであるが，本来得点の分散があまり生じないのが理想であるから，得点の分散には依存しない。この点は心理測定と教育測定の二つの測定次元の最も大切な違いである。

到達度測定の妥当性・信頼性の実際の検定の方法については，後の第8章で改めて取り上げることにする。

3 到達度評価における測定学的研究の現状

以上，カーヴァーの論文を中心に，その他の論文を参考にしながら，到達度評価の測定学的特質を心理測定との比較において述べたが，しからば到達度評価の今後の発展の中核となるべきその測定学的基礎研究の現状はどう評価されるべきであろうか。

この点についてカーヴァーは (1974) は，心理測定 (psychometrics) は長い証明された歴史と，活発な学会と専門誌と，テストに対する圧倒的影響をもち，さらにまた，多量の統計的技術と手続きを有している。これに対し教育測定 (edumetrics) はまだアイデアであるにすぎない。しかしながら，この教育測定を考えないことには，教育における習得 (gain)，変化，成長および成績 (achievement) の測定がいっこうに進歩しないであろう，と述べている。

また，アメリカにおける到達度測定運動の先頭に立つ一人と目されるポファム (1978) は，われわれは今教育測定における新しい導入の門口に立っているとして，それを到達度測定時代 (Criterion-Referenced Measurement Era) と表現しながらも，なおこの新しい測定は成長した測定方略とは考えられないで，思春期またはたかだか青年前期にある。青年前期が不安定な時であるように，この測定も安心して使えるようになるには，もっともっとうんと成長する必要があろう，と述べている (p2)。

わが国における中内敏夫，村越邦男 (1979) も，到達度評価に傾倒しながら，これらと似たような感想を述べ，——具体的な問題となると，到達度評価論は，相対評価法の骨格をなしていた正常分配曲線利用という方法をしりぞけたのだから，それに代るもうひとつの測定と評価の科学的方法をみつけださなければならない。ここで科学的ということ，つまり，だれがどこでやっても同じ結果が出，それゆえだれによってもマスターされ得る方法であるということが大切になってくる。相対評価があれこれの非難をうけながら，なお日本の教育評価の主坐の地位をおりないのは，この方法が，それなりに

この条件をみたしてきたからである（p 288）と述べ，さらに，到達目標論を基礎とした評価研究は，まだ未開拓の科学である。それは広い意味での発達の科学の中で，評価の研究を発展させる切り口を与えたにすぎないのである（p 290）といっている。むろん，相対評価には相対評価としての意義と目的がりっぱに存在していると思うが，これははなはだ適切な所見であると考えられる。

とにかく到達度評価は単なる論や思想ではなく，測定学的技術が必要であり，その研究がなくてはとうてい科学にはなり得ない。特にわが国におけるその技術的問題の研究は立ち遅れているように思われる。到達度測定の研究において少なくとも10年ぐらいは先行していると思われるアメリカでさえも，ハンブルトン，スワミナサンその他（1978）は，これまでの目標準拠テストと測定における技術的問題の研究の跡をレヴューして，「測定専門家にとって最も早急な問題の一つは，目標到達度測定のテクノロジーや用具の開発を急ぐことの必要である。早く早く！」と叫んでいる。そして，また，「多くの個人，組織および機関の，到達度テスト（CRT）を使いたいとの願望が先行して，不幸にも専門家たちのこうしたニーズに応じるようなテスト作成の基準やすぐれた質の用具の作成能力がはるかに遅れている。その結果教師たちは，教授上の決定に質の疑わしい CRT を使用しつつある……」と嘆いている。

（三） 到達度評価の目的と前提

1　到達度評価の目的
(1)　今日における到達度評価重視の背景

詳細は，後の第12章の到達度評価の歴史のところで述べるが，この種の評価の考え方はかなり古くから当然存在していたものと考えられ，文献上も，今日の教育測定学の父と呼ばれるソーンダイク（Thorndike, E.L.）の1918年における歴史的論文中にもそれがあらわれている。また，実際的にも，平常の授業中に生徒の学習の評価において，また通信簿において，主観的方法では

あるがこのような絶対評価を行ったのであった。決して相対評価ばかりをやってきたわけではなかった。

しかしながら，今日のように世界的規模において，意図的・組織的にこの評価の考え方が重視され始めたのは近々20年来のことである。その背景はどこにあるか，いろいろの背

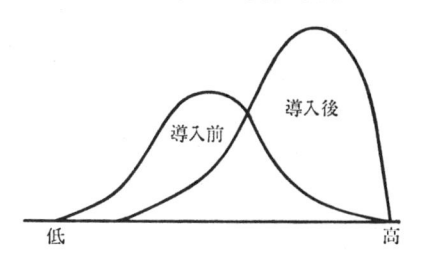

図2 効果的な教授法を導入した場合の前と後の成績分布

景と理由があるようであるが，その主要なものを橋本（1976上，P 291-294），ポフアム（1978, chap. 1），タイラー（Tyler, R. W. 1974）等によって掲げてみよう。これが到達度評価の目的を考えるための基礎となるからである。

第1の背景は，1950年代から1960年代にかけて，ティーチング・マシンやプログラム学習が導入され，大多数の生徒に完全学習させることに成功して，生徒の能力に関する過去の正常分配曲線的信仰が崩されたということである。たとえば，図2に示すように，導入前は生徒の能力が正規分布をしていたとしても，プログラム学習等の効果的方法を導入すれば，その成績分布を高いほうに大きく押し上げることができた。こうした事実が，人々をして伝統的な正規分布的な個人差の考え方に立脚した集団準拠テスト（NRT）では，生徒の学習状況を正しくあるがままに測定することができないと考えさせ，そこから全く考え方を変えた目標準拠テスト（CRT）が要求されるに至った。また，これと関連して，テレビ，コンピューター等の新しい教育機器の導入や，いろいろの新しい教育プログラムが開発され，それらがどれだけの効果をもつものであるかの評価が必要となったが，そのためにも目標達成度を敏感に示すようなエデュメトリックな評価が必要とされるに至った。

第2に，第2次大戦後殊に1960年前後からの人権運動の高まりにつれて，教育の機会均等思想や学習権の保障の思想が高まってきた。その結果として，教育の個別化を求めるとともに，評価に対しても他人と比べてどうということではなく，一人ひとりが教育目標を達成しているかどうか，何はできて何

はできないでいるかについての明確な情報を提供し，それに基づいて治療教授や深化教授等の一人ひとりに最適な処遇ができるようにする——そういう評価法が要求されるに至ったことである。こうした評価法としては，伝統的な個人差を拡大してみる心理測定的原理に立つ評価法は不適切で，その教授計画に鍵を合わせ，目標到達度を率直に反映するところの到達度評価こそが適切であると考えられるに至った。

第3の背景は，いわゆるアカウンタビリティー（accountability）思想の影響である。これはアメリカを中心とした運動であって，学校・教育委員会等教育当事者に対する納税者としての市民の要求であるが，スプートニク以来公教育の成果に対する疑惑の念から，納税者として学校・地域の教育成果についての知る権利を主張してきた。そして教育当事者にその教育成果の決算報告を要求し，生徒の学力の欠陥の保障やカリキュラムの改善を求める動きが生じた。この動きは，見方によっては，評価の重点が生徒を評価することから，教師や学校の指導の質の評価へと移ってきたことを意味する。もちろん生徒の成績評価を通してではあるが，教育計画それ自体の質の良否や教師の指導法の適切さの評価である。こういう目的の評価には，伝統的な個人差に焦点づけた相対評価では，全く不適切とはいえないが，しかし最適ではなくて，むしろ指導の成果を絶対的に示す到達度測定のほうがより適切と考えられるに至った。

第4の背景として，今日の先進諸国においての，一部エリートだけではなくて国民全体の教育水準を高めねばならないという産業と社会生活の要請がある。社会生活と技術的職業に適応するのに必要な基礎的知識・理解・技能，あるいは生涯教育の素地となる学力をすべての国民にマスターさせておくことが要求される。これが到達度評価の必要を生んだことも見逃せない。

さらに，また，1960年代における教育目標の具体化と行動目標の考え方の高まりと広がりが，到達度評価を援助し，著しくその可能性を高めてきた。どの点を援助したかというと，まさしくこの評価のクライテリオンとなるところの目標の具体化表の作成の途を開いてくれたのである。

以上のような背景から，目標の達成度に準拠した絶対評価が登場してきたのである。そしてこの新しい考え方の学力評価の必要を最初に宣言したのは，グレーサー (1963) であるといわれる。

(2) 到達度評価の目的

　こうした今日の到達度評価の重視を招いた背景の中に，それが何を目的とする評価法であるかをはっきりと見ることができる。煎じ詰めていえば，それは人間尊重の精神に立ち，一人ひとりの学力の成長発達を保障して落ちこぼれを防ぐことにあるのであるが，分けて考えれば次の二方面の目的をもち，そのために利用される評価である。

　第1は，一人ひとりの学習を成功させ，これをできるだけ伸ばすことへの利用であり，目的である。すなわち，指導した内容と目標について生徒の学習の到達状況 (mastery state) をこの評価でモニターし，だれは到達してだれは到達していないかとか，あるいは同一生徒であっても，どこは目標を達成しどこは達成していないかについての情報をフィードバックし，到達していない生徒あるいは到達していない部分については治療指導に付し，到達しているものについては次の深化学習に進めるのである。治療指導といっても，到達がやや不十分な者は簡単な復習を行わせる程度でよいが，重症の生徒には計画的な治療を施すことを必要とする。こういう目的は事前に十分具体化された教育目標に基づき，教育的内容と十分マッチした到達度テストによってこそ果たすことができるので，相対評価では十分には対応できない。

　到達度評価のもつこのような目的について，ブロック (Block, J.H. 1971) は次のように述べている。「アメリカの教育の歴史の中で，今日ほどよりよく教育された生徒をつくり出すように教師たちの責任を問われている時代はなかろう。こういう要求に直面して，われわれは，今日すでに，積極的に生徒の学習成果を高めることに役立つような測定法が存在しているというのに，従来の成績評価法だけを使用し続けることはできない。到達度測定のもつ底力は，一人ひとりすべての生徒の学習を推進させることができるというその能力に横たわっている」。

第2の目的は，教師の指導法の効果の評価と改善，あるいは教育計画・カリキュラムの評価とそれに基づく改善の目的である。もちろんこうした到達度評価の目的は，学級，学校あるいは一市一県といった集団について求めた到達度評価資料の解釈によって果たされる。たとえば，一定の指導法やカリキュラムによって一定期間指導された集団について，各観点目標ごとに，適切に設定された到達基準（standard）に達している生徒（逆に達していない生徒）の出現率を調べ，どの観点は成功し，どの観点では成功していないかを知り，今後の改善の手がかりとするのである。他の学校と比較したり，他の観点と比較したりなどしないで，一つ一つの観点や目標領域自体で絶対的に成功・失敗を決定するのに利用することができる。

2　到達度評価実践の前提

　これまで述べてきたことで，いわゆる到達度評価なるものの意義と目的がおよそ理解していただけたであろう。しかし，何事も言うは易く行うは難しで，こうした意義と目的とを十分発揮できるように到達度評価を実践するのには，非常に大きな前提が横たわっているように考えられ，もしこの前提を乗り越えないで安易にこれに取り組んだならば，それは無益あるいは有害な評価法となりかねないであろう。その大きな前提の一つは教育学的前提，他は測定学的前提と名づけておこう。

(1)　教育学的前提

　この前提は，前述した到達度評価の目的を受けての前提であり，当たり前といえば当たり前のことであるが，ややともすると忘れ去られる危険があるような気がする。それは，到達度評価なるものを実施して，一部の生徒たちがある学習内容と目標を達成していない（落ちこぼれている）と判定（classify）されたならば，それに対応して必ず治療指導その他の適切な処置を講ずるということである。もしこの条件が満たされないとすれば，それは全く到達度評価のための到達度評価に堕してしまう。

　ところが，この前提条件を満たすことは，教師にとっては容易なことでは

なく，非常な覚悟と努力がいることである。殊にわが国の小・中・高校の授業形態は顕著に一斉指導形態であって，欧米におけるほど個別指導に慣らされていない。到達度評価は，集団指導の形態でも利用できるけれども，しかし一人ひとりの生徒の到達度とリンクした個別指導や小集団指導の方式において，最もその効果を発揮できるのであるが，それを実践するには相当骨が折れる。心情論や観念論や，単なるゼスチュアーから到達度評価をうたう程度では，この前提条件は満たすことができないかもしれない。通信簿や指導要録の観点別学習状況欄に＋印と－印とつけることで終わるのでは，到達度評価の意味が全然ないことになる。

(2) **測定学的前提**

この前提は，これまで述べたところの，到達度評価も測定であって，妥当性・信頼性・客観性をもたなければならないということに対応している。というのは，到達度評価の長所や価値として，たとえば，生徒の学習の絶対的な到達状況を知って適切な処遇策を立てることができるとか，他の生徒との無用の競争をなくすことができるとか，指導法や教育計画の絶対的な効果を知って改善に役立つとか，いろいろあげられるが，これらの到達度評価の効能は，あげて「・それ・が・正・し・く・行・わ・れ・る・な・ら・ば」という仮定や前提の上に立っているのである。

ところが，困ったことに，多数の測定学者の意見によると，この点がこの評価法の最大の弱点である。ソーンダイク（1918）によると，今日の絶対評価がもし正しく実行できたならすでに60年も前から広く実践されていたであろうと想像されるのであるが，その信頼のおける測定技術——特に客観的な測定基準（尺度）——が考えつかなかったので，それに代わって集団準拠測定が発展させられたという経緯がある。

今日は，1970年代以降のアメリカの研究者たちの到達度測定の技術的研究の成果により，かなりその測定法が進んできたとはいえ，まだ十分ではない。特にわが国においては到達度評価の測定学的・技術的部面への関心と研究が著しく遅れている。これを開拓して，できるだけ信頼おける到達度測定を行

わないと，メリットどころかかえって危険が伴うであろう。

たとえば，多数の問題よりなるテスト得点に基づいて，どれか適当な段階に生徒の到達度を判定するためには，妥当な量的到達基準（standard）——具体的には正答率による分割点（cutting score）——を設定して臨む必要があるが，この基準をいい加減に低く設定すると，実際は「到達していない」生徒を「到達している」と判定し，いろいろの害毒を流す。この判定誤りには「偽到達の誤り」（false-positive error）という名称が与えられている。反対に，その基準があまり高すぎると，実際は目標に「到達している」生徒を「到達していない」と誤った判定をし，これも悪影響をもつ。この誤りを学者は「偽未到達の誤り」（false-negative error）と呼ぶ。これらの問題は到達度評価ではきわめて重要問題であるが，ここではまだ早いので，後の第7章でもっと詳しく説明しよう。

とにかく到達度評価は，測定学的に正しく行わないと，かえってけがのもとになる危険のあることを肝に銘じておく必要がある。

第2章　到達度評価の分類

(一)　実施の時期による分類

到達度テストや評価は，それをいつ，学習のどんな段階で実施するかによって，その考え方や実施の方法に異なるところが生じると考えられる。それゆえにまずこの点を明らかにして，その具体的な手続きと方法はその分類に従って分けて考えておく必要があるように思われる。それは次の三つである。

① 単元学習における到達度評価
② 学期の中間，学期末における到達度評価
③ 学年末（次学年始め）における到達度評価

この区別は，だいたいにおいて，図3に示すところの学習評価の年間の流れに対応して分けたものである。年間の評価計画には，このほか知能，適性，性格その他の測定評価も含まれることはいうまでもないことである。

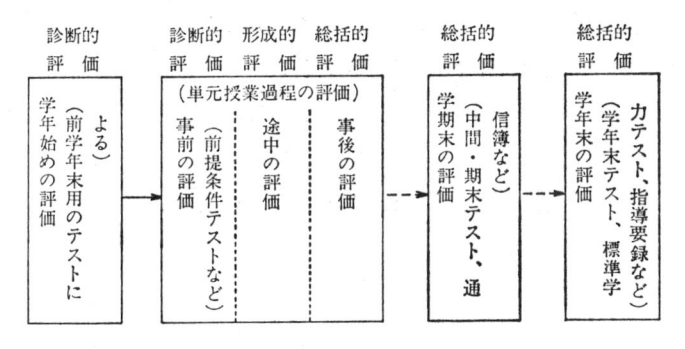

診断的評価	診断的評価	形成的評価	総括的評価	総括的評価	総括的評価
（前学年末用のテストによる）学年始めの評価	（前提条件テストなど）事前の評価	（単元授業過程の評価）途中の評価	事後の評価	（中間・期末テスト，通信簿など）学期末の評価	（学年末テスト，標準学力テスト，指導要録など）学年末の評価

図3　学習評価の年間の流れ

1 単元学習における到達度評価

　なんといっても，最も基本的で，最も回数多く行われる到達度評価は，単元学習過程における評価である。それだけ到達度評価のもつフィードバックと矯正効果，たとえばいわゆる落ちこぼしを防止する効果が大きい。これからの教育で，教師たちが研究し実践すべき第1の到達度評価はこの仲間のものである。

　この単元学習における到達度評価にも，さらに①事前の診断的評価，②その単元全体をいくつかの小単元（学習単位）に分けて行う形成的評価，③全単元の学習の終了後に行う総括的評価に分けて考えるのが便利であり（図3参照），そのそれぞれの評価のために行うテストを，診断的テスト（diagnostic test），形成的テスト（formative test）および総括的テスト（summative test）と呼び，いずれも到達度テストとして行われる。ただ，ここに一言加えておくべきことは，総括的評価には，図3に示すように学期末や学年末に行うもっと長期的な総括的評価があるということである。それらに比すればここでの単元末総括的評価は短期的総括的評価である。

(1) 診断的評価

　単元指導に入る前に，その単元学習に成功するための前提条件となるような既習の基礎的知識・理解・技能等が現在どのくらい所有されているかを診断する評価で，到達度評価法によって行われる。そして，その前提条件となる能力が欠如あるいは到達度が不十分な場合は，まずそれを補充する指導をし，全部の生徒を同一のスタート・ラインに立たせてから出発するようにする。ただしこの場合の到達の有無の判定のための基準はあまり高くは設定しないほうがよいといわれる。

(2) 形成的評価

　これが単元学習における到達度評価の中核である。普通，単元といえば，10時間から20時間以上もかけて指導する長いものが多いので，これを金豪権（1976 梶田監訳，p 149）がいうように，5～6時間程度で取り扱う小単元

に分け，それについて形成的テストを作成して実施する。グロンランド(Gronlund, N.E. 1973, p9-10)も，授業時数で5時間内外，期間で1～2週間の間に学習された内容ぐらいについての到達度評価が最も効果的であろうといっている。その理由は，この程度の比較的狭い指導範囲で行えば，テストする内容・目標の領域をはっきり限定することが容易であり，その全領域をりっぱに代表するに足る質と量のテスト・アイテムを選び出すことも容易であるからである。また，こうすると，全体として到達度テストの実施回数もしぜんと多くなり，したがって，また，それに基づくところの個々の生徒の到達度に応じた適正な指導をすることが可能となるからである。

途中の形成的評価における到達度評価の方法についてであるが，合・否すなわち「到達している」と「到達していない」の二分法が普通であろう。そしてそれを判別するための基準(スタンダード)——正答率による分割点——は，後に述べる学期末や学年末における総括的な到達度評価の場合よりも高く（きびしく）する。殊に後の学習にとって真に必須な基礎的・基本的目標については，「到達」と判定するためには正答率90%あるいはそれ以上も要求されよう。

また，この種類の到達度評価で評価される目標は，応用・創造といった高度の目標よりも，基礎的な知識・理解・技能等が主体となるであろう。

(3) **単元終了時における総括的評価**

10時間も20時間もかけて指導した一つの単元全体についての総括的到達度評価であって，ここでは基礎的目標に関してのみでなく，その単元学習を通して養われた思考・応用・創造等の発展的目標についても評価されよう（単元終了時における評価には相対的評価法も用いられるが，ここではこの問題には触れない）。

この場合の到達度の段階は「合」と「否」の2段階でもよいが，通信簿に3段階による観点別到達度評価を採用している学校では，ここでも3段階の到達度判定をすることもよいであろう。

知識・技能など基礎的目標と高次の発展的目標とでは，ひとしく到達度評

価といってもかなり考え方を変える必要があるが、この点については次節で詳説する。

単元終了時における総括的な到達度評価も、形成的評価と同様、生徒の欠陥の発見とその矯正とを重要な目的としているが、しかしこの段階になると、上述したように通信簿など生徒の成績評定の意味も有し、また相対的評価法さえも併せ用いられる。

2 学期の中間および学期末における到達度評価

学期の中間のテストや学期末テストによる総括的評価は、従来多くの学校では相対的評価法によって行われていたかもしれないが、これを到達度評価法で行うこともできる。この場合は評価されるべき内容と目標の領域が広いのであるから、その目標の具体化とその全体をりっぱに代表することのできるような中間テストや期末テストの問題の選び方、数量等が大きな問題となる。到達度の段階は、小学校1、2年はともかくとして、高学年になると3段階ぐらいを必要とし、それに対応する到達基準——分割点——を設定しなければならない。そしてその到達基準は上記形成的テストにおける場合よりも低めに、たとえば、基礎的目標では正答率80〜85％以上は「到達」、高次目標では70〜75％以上は「到達」と判定する程度にすることを考えねばならない。

単元段階、学期末、学年末等すべての時点における到達度評価の行い方の手続き・方法はおよそ共通しているので、次章でまとめて説明する。

学期末の通信簿の評価に到達度評価法を採用する場合の方法は、指導要録の「観点別学習状況」欄を念頭におき、その観点を学年別にもっと小さくかつ具体化して、それについて到達度がどの程度であるかを判定するとよいであろう。その具体的な行い方としては、前項で述べた単元終了時における結果の集積と、ここでの中間・学期末における到達度テスト、その他教師の観察所見等に基づいて総合的に行うことにするとよいであろう。もっと詳しくは第9章で述べる。

3 学年末における到達度評価

過去一年間に及ぶ指導範囲について，①教師自作の観点別到達度テストによるか，②あるいは標準化された観点別到達度テストによって行われる到達度評価である。この到達度テストは，これを次学年の始期に実施することもできるが，このような用い方をすると，次学年の指導計画の立案への資料を求める目的が主体となって，図3（39ページ）に示したようにむしろ診断的評価の性格をおびてくる。

この場合も，到達段階は3段階程度が普通となろうし，またその判定のための到達基準——3段階の場合は2本，4段階の場合は3本設定しなければならない——は，なにぶんにも1年間にもわたる総括的評価であって，忘却もあるので，一般に低めに設定するのが常識であろう。指導要録の「観点別学習状況」の到達度は，「十分達成」「おおむね達成」「達成が不十分」の3段階に評価することにされている。それは，各学期末における観点別到達度評価の結果や学年末に行った教師自作または標準化された観点別到達度テストの結果等を総合して行えばよいであろう。

到達度評価の手順としてふむべき目標の具体化以下の諸手続き，ならびに到達基準の設定の方法等については，次章以下で詳説する。

（二） 教育目標の層別による区別

すべての教育評価，なかでも特に到達度評価においては，教育における内容（contents）の概念に劣らず目標（objectives）の概念が重要な軸となるのであるが，その教育目標を，①たとえば後の学習の基礎となるような知識・理解・技能——いわゆる3Rsと各教科における基礎的知識・技能のごときもの——②これらの基礎の上に立って習得された高度の理解・思考・応用・創造および態度・鑑賞等の二つのグループに分けて考えることがきわめて重要なことになる。グロンランド（1970）は，これを最小必要的レベル（minimum

表2 教育目標の二層の比較

	その性格	教授との関係	テスト法との関係	到達度評価の基準の設定の可能性
最小必要的目標（基礎学力）	はっきり限定され，定義され，具体化され得る行動内容。	その具体的な学力内容が一つ一つ，1対1の関係で教えられる。	個々の具体的学力が一つ一つ，1対1の関係でテストされる。記憶で答えられる。	任意的ではあるが，到達度評価の基準が設定できる。
発展的目標	一般的な方向目標であって，その具体的なサンプルを示し得るだけである。	その一つ一つの学力そのものを教えるのではなく，サンプルの指導を通して一般化を志す。	学習したときと異なった新しい場面で，前の学習で学んだことが要求される。	到達基準の設定は困難で試み的であり，普通その成績は集団内の相対的位置で示される。

essential level）の目標と発展的レベル（developmental level）の目標との二層に分けて，表2に示すように，その性格，教授との関係，テスト法との関係および到達度評価の基準の設定の可能性について比較している。

アイズナー（Eisner, E. W. 1969）も，一種の二層構造論をとり，教育目標を，①文化の習得のための用具的な目標である基礎的知識・技能のごときものを教授目標（instructional objectives）——教授によって一つ一つ教え込むことのできる目標の意——と名づけ，②それに基づいて生徒が自由に発展深化させ，創造し，表現する目標に表現的目標（expressive objectives）と名づけた。そして前の教授目標ならば，これを行動的目標として具体化することが容易であるが，後の表現的目標はいわば方向目標であって，事前にこれを行動的目標の形で分析することはできがたいとした。

わが国にも，教育委員会の指針として，こうした教育目標の二層構造論をとっているところがある。それは京都府教育委員会（1975）であって，学力を，①基本性，②発展性の二面に分けている。

さて，到達度評価であるが，この教育目標の二層の区別によって，目標の

分析と具体化から，テスト・アイテムの選択，到達基準の設定など，一つ一つの手続きを違えて考えなければならないのである。どうしても一律に考えることができない理由があるのである。たとえば，基礎的目標では，その評価領域の限定がしやすく，具体的目標の設定や到達基準の設定，代表的なテスト・アイテムの選択などが比較的容易にできるが，発展的目標になると，それがそううまくはいかない。その到達度判定のための基準の設定などはとても困難であって，仮にそれを設定するとしても全くの試み的性格のものとなる。発展的目標に関しての到達度評価は，むしろその相対評価の補足的目的のものとして考えるのが穏当かもしれない。こういう意味で，グロンランド（1973）がそうしているように，到達度評価をこの2種の目標に分けて考えることにしたい。

1　基礎的目標における到達度評価

これまで，読み・書き・計算とか各教科における知識・理解・技能を基礎的目標のグループとしてきたが，しかし細かく見るとこれらの中にもかなり複雑で高度の知識や技能も含むので，厳密に区別することは困難であろう。同様にして，応用・思考・創造・鑑賞等は発展的目標であるといっても，ここでもまた比較的基礎的なものと高次のものとの区別があるであろうから，目標における基礎と発展との区別はある程度の区別であって，どこにその境界線を引くかを明確にいうことは困難であるということを含んでおかなければならない。だいたいのことであるが，基礎的目標というのは以下のような性格をもつ目標のことである。

① すべての学習領域における今後の学習のための前提条件となる読み・書き・計算および言語的技能。

② 同一目標領域において，今後すすんでの学習に対し前提条件となるような知識・理解・技能。

③ ある特定の活動における安全操作に必要とされる最小必要技能。たとえば実験装置の使用技能のごとき。

④ 職業生活に必要とされる最低限の知識・技能。
⑤ 社会生活上必要とされる最低限の知識・技能。

このような基礎的目標領域においては，到達度評価が最もやりやすく，また有用でもある。その理由は，

① その目標領域が比較的限定されているから，テストの範囲がはっきりし，テスト・アイテムのサンプルがとりやすい。
② 多くはその目標が比較的簡単で，しかも階層的に構造化されている。
③ したがって生徒の学習の到達度を判定するための基準の設定も比較的客観的に行える。

このような理由である。ブロック（1971）もいうように，このような基礎的目標領域は，学校教育における目標の単なる一部分ではなくて，学校教育における成功のみでなく生涯にわたる学習と発達のベースとなるものであるから，この領域に落ちこぼし防止のメリットの大きい到達度評価が非常によく適合するということは，幸いなことといわなければならない。

2 発展的目標における到達度評価

すでに述べたように，この領域では到達度評価は，基礎的目標領域ほどにはうまく適合しない。全く適用できないというわけではないが，どうしても妥当性・信頼性が欠如しやすくなる。その理由は次のようなことである。

① 発展的目標は，それを十分マスターできる目標というよりも，むしろその方向に向かって接近するだけで，何人からも完全にはマスターされ得ないところの際限のない目標である。その到達点をあらかじめ決めることはできない。また特定の単元で習得できるものでもなく，長期にわたり，生徒の能力に応じて継続的に発展する性格の目標である。
② 評価しようとする目標領域の範囲が，基礎的目標のようにはっきり限定され得ないで，その範囲が拡散し，ぼかされている。
③ したがって，到達度評価のためのテストを行うにしても，その目標領域を見事に代表できるような適切なテスト・アイテムを選び出すことが

第2章 到達度評価の分類

著しく困難となる。

④ したがって，また，その到達度を判定するための基準（スタンダード）を設定するとしても，基礎的目標の場合よりはるかに自信がもてないことになる。設定するとしても全く任意的，試案的なものである。

こういうわけで，グロンランドのように，この目標領域では到達度評価の利用にはかなり制限があると考えるほかはないであろう。制限はあるが，しかし到達度評価がこの目標に全く不適切であると考える必要はない。たとえ試案的なものであっても，なるべくその目標を代表するようなアイテムについて作問し，できるだけ適正な到達基準を立てて，それで生徒のこの目標領域についての3段階等の到達度を判定することは，任意的ながらも可能であるし，指導上相対評価のもたない利用価値をもっている。狭義での厳密な到達度評価ではなく，広義での到達度評価であると考えればよい。

また，このような発展的目標に関しては，伝統的な相対評価をも大切にして利用することにし，到達度評価の信頼性の不足はこれで補うようにするとよい。基礎的目標の領域においてもそうであるが，発展的目標領域ではいっそう両評価法の併用が望ましいことになる。

わが国の小・中学校の指導要録の「観点別学習状況」では，基礎的目標に関するとみられる観点のみでなく，こうした発展的目標に関連すると目される観点についても，同じく達成度評価を行うことになっている。この見地からも，われわれはこの目標領域における広義での到達度評価の研究にも目を向ける必要が生じている。

最後にグロンランド（1973, p 22-23）の意見を中心に多少これを修正して，両目標レベルにおける到達度評価がどう違っているかの比較一覧表を表3として示しておこう。

表3 基礎的目標と発展的目標における到達度評価の相違の比較

	基礎的目標での到達度評価	発展的目標での到達度評価
評価する目標	進んでの学習の前提となる基礎的知識・技能や，仕事を安全かつ効果的に行うに必要な最小必要の技能。	基礎的知識・技能に基づいて，発展的・継続的に統合された複雑高度の理解・思考・応用等。
その目標の性格	その目標の学習は多くは系統的であり，しかも一つ一つ学習され，十分マスターできる。	多くの異なる学習で形成され，決して十分には達成することのできない方向的性格のもの。
目標の具体化	その目標領域をはっきり限定することができ，その各目標について比較的多くの具体的目標を明示できる。	その目標領域を十分には限定することが困難。各目標についての具体的目標も少ししか示し得ない。
目標の具体化表の作成	一つの教授単元の中にほとんどすべての内容・目標が包含される。	完全な具体化表の作成は困難で，一部の代表的な内容・目標のサンプルが含まれる。
テスト・アイテムの作成	具体化表に含まれる内容・目標の困難度をすなおに映した困難度のアイテムをつくる。	困難度の幅を広げ，いろいろの困難度のアイテムをつくる。
到達基準の設定	良識的判断に基づき，結局は任意にたとえば80〜85％の正答率基準を設定する。	試み的なおよその到達基準を設定する。相対的解釈も併用する。
評価結果の表示法	各目標の到達度は，正答率および「達成している」「達成していない」等の段階で示す。	正答率やおおまかな到達段階で示し，さらに集団内での相対的位置も示す。

（三） 教師自作と標準化された到達度評価

さらに，到達度評価のためのテストとしては，①教師自作のCRT,②標準化されたCRTの区別も今後重要になってくるであろう。というのは，学力標準検査は，従来は相対的評価法によったいわゆる集団準拠テスト（Norm-Referenced Test, NRT）であったが，到達度評価の考え方が注目されるに

つれて，単に教師自作テスト（teacher-made test）だけではなく，テスト専門家の手によって標準化（standardized）された到達度テストが広く利用されるようになることが考えられるからである。

現に，アメリカにおいては，特に，読み・書き・計算の基礎的知識・技能の領域を中心にしてではあるが，多数の目標準拠テスト（CRT）が標準化されて発売されている。学校や教師がそれを要求しているのである。たとえば，カリフォルニア・テスト・ビューロウ（CTB）が，1976年に，全国の教師に対して「今後どんなテスト（標準化テスト）を希望するか」についてアンケート調査をした結果は次のようであった。

- もっと目標準拠テストを……………58%
- もっと進路指導用テストを……………43%
- もっと情意領域のテストを……………38%
- もっと幼児用テストを………………27%
- もっと認知領域のテストを……………15%
- もっと集団準拠テストを……………14%
- もっと特殊教育用テストを…………13.5%

これでわかるように，今日アメリカの標準化検査に対しては，目標準拠テストすなわち到達度テストへの要求が最も高いように見受けられる。アメリカのテスト会社が発行している学力関係テストの中で，CRTが全体のどのくらいの割合を占めるかははっきりしないが，現状でもかなり作成されていることは事実のようである（第10章）。ただしその質についてはなお改善の余地が多いとみられている。

たぶん，すでに述べた実施の時期による分類中，学年末や学期末において実施するための標準化された観点別標準化到達度テストへの要求が，今後わが国においても高くなるであろう。

いったい，到達度テストの標準化が可能かどうか，伝統的なNRTの標準化とどう違い，どのような手続きによってそれは標準化されるのか等の問題については，後の第10章で詳説することにする。

第3章 到達度評価の一般的手続き

　第1章でしばしば強調したように，到達度評価は単なる哲学や思想ではなくて，技術であり，測定である。今日，学力評価において最も急がれていることは，到達度測定のテクノロジーや用具の開発であった。本章では，到達度評価はどんな手順を経て行われるものであるか，その一般的あるいは標準的な手続きについて述べよう。

　到達度評価の行い方には，前章で述べたところのどの分類の評価にしても，そこにはおよそ共通するステップが考えられる。もちろん子細に見ればその間に異なる点もある。殊に第10章で詳説するように，標準化された到達度テストの場合などでは，他の場合には必要としない新しい手続きをも必要としているが，一般的にはすべての分類におよそ共通した手順がある。こういう手続きは，グレーサーが1960年初頭に初めてこの評価法の意義と必要性を強調した当時はまだはっきりしないで，集団準拠テスト（NRT）と同じ方法で作成されたりしていたが，今日では両者ははっきりと区別されるようになってきた。そこには共通点もあるが，大きな違いがあるのである。

　今，グロンランド（1973），エーラシアンとメーダス（1974），コゼコフとフィンク（1976），ハンブルトン，スワミナサンその他（1978），ポファム（1978）など多くの人々の所説によって，まずその手続き・段階を時間的順序に列挙してみよう。それは，細かに分けて列挙することも，おおまかに分けてあげることもできるわけであるが，ここではかなり細かに分けてみよう。

① 生徒の目標到達の有無や程度を明らかにするなんらかの必要と目的がある。
② そのために測定・評価すべき内容・目標の領域を限定し、なるべく同質的な数個の領域（観点）を立てる。
③ 各領域（観点）における目標の具体化とリスト・アップ（目標具体化表の作成）をする。
④ テストや観察のための、その各目標具体化表の全体を見事に代表することのできるようなサンプルを選択する。
⑤ その全体を代表するサンプル目標についてのテスト・アイテム（小問）または観察評定表等の準備をする。
⑥ 上の②で立てられた一つ一つの領域（観点）ごとに、生徒の目標到達度（達成度）を判定（classify）するための到達基準（standard）を事前に設定する。普通それは正答率の形で分割点として設定される。
⑦ 上の⑤で作成したテスト等を実施し、求めた得点を⑥で設定した基準に照合して、その到達度を判定する。
　結果は①で考えられていた目的に利用する。

以上のような手順で行われるが、標準化到達度テストの場合にはさらに⑧として、そのテストを全国的に広く実施した結果から比較資料（comparative data or normative data）なるものをつくって、到達度の相対評価的な比較解釈に資する（ポファム、1978、p 169-174）。ポファムによれば、このことは決して到達度評価の変質などと考える必要はないという。

以上の到達度評価の手続きを図示すれば図4のように示すことができよう。

| 評価の目的 | → | 領域の限定 | → | 目標の具体化と表示 | → | 全体を代表する見本の選出 | → | 見本についての作問等 | → | 到達基準の設定 | → | テスト等の実施と到達度の判定 |

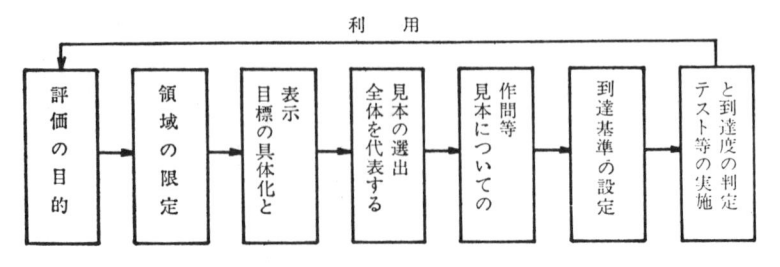

利用

図4　到達度評価の実施手順

そして，本書の目的は，要するにこれらの手続きをいちいち正しく操作することができるようにするために，そこに含まれる理論，考え方，これまでの研究結果等を解説することにあるので，詳細は次章以下で問題ごとに述べよう。その前に，これらの手続きの輪郭についてもう少し説明する必要があろう。

（一） 評価の対象となる目標領域の限定と分類

ここでの仕事は，どの範囲の学習内容についての目標を評価するかの領域・範囲を限定し，さらに，それをなるべく同種同質の数個の目標領域に分類することである。この仕事が一番うまく，理想的に行えるのは，単元またはその中の小単元の学習領域について行う場合であって，このような場合は1～2週間の比較的短期間の学習における比較的少量の内容・目標であるから，その限定も数個の目標領域（観点領域）への分類も容易である。しかしながら，第2章の（一）で述べたように，到達度評価にはもっと学習範囲が広く，学習した内容・目標の多い学期末評価とか，学年末評価——標準化された到達度テストのごとき——も含まれている。こういう場合は，この段階の仕事は単元領域の場合ほど簡単にはいかなくなる。

またこの段階の仕事の難易は，教科の違いや目標の違いによっても異なってこよう。算数・数学や言語・読解のような系統的で基礎的目標に多く関係している教科では比較的容易であるが，社会科や理科のような教科になると内容構造がルーズで拡散しているから，限定がむずかしい。また，どの教科にしても，一般に知識・理解・技能といった基礎的目標の領域では，その限定が比較的容易であるが，高度の理解，原理の応用，思考，創造のような発展的目標領域になると，どの範囲に限定するかその線引きがむずかしい。

目標領域の限定ということで次に大切なことは，到達度評価はできるだけ同質の目標別に分けて行うべきであるとする原則である。たとえば知識と理解は連続しているので合わせて一つの領域とし，技能に関する領域，思考・

応用に関する領域,態度的目標に関する領域というように分類し,それぞれを到達度評価のいわゆる観点とする。到達度テストの作成も,また,この一つ一つの目標領域をそれぞれ独立の小テスト(sub-test)とするのである。わが国の指導要録の,「観点別学習状況」の観点も,こうした互いに他とは異質の目標領域の意味に解してよいであろう。ただ,指導要録に示された観点は,あまりに大きすぎて,その中にかなり異質のものが含まれているので,さらに小観点に分ける必要があるであろう。

　従来の相対評価であるならば,教材内容に基づいた領域で,その中に知識・技能・思考など異質的ないろいろの目標をいっしょに含んでいても,それほど支障はないし,実際にもこうした方法がとられてきているが——たとえば標準化された領域別学力検査がこれである——到達度評価では,どうしてもこれが同質的な目標(観点)の領域でなければならない。その理由は,これが同質でないと,後の全領域を代表するサンプルの選出や到達基準の設定などが一義的に行えなくなり,何ができて何ができないかといった目標達成に関して一義的な解釈をすることができなくなるからである。結局,到達度テストは,それぞれ同質の単一次元の目標領域に関する下位テストから成り立つところの,多次元的テストなのである (Hambleton, R. K. and Novick, M. R. 1973)。

(二) 領域における目標の具体化と表示

1　目標の具体化(行動的目標)

　評価の目標領域が限定されたならば,次にその目標を行動的概念で具体的にくだかなければならない。単に「知識」とか「理解」とか「技能」といった抽象的ないいあらわし方による目標ではなく,「言える」「記述する」「見いだす」「区別する」「書く」「描く」「作る」「動かす」というような動詞を用いて記述しなければならない。換言すれば,生徒がその学習を達成したならば,当然表明するであろうと期待される行動の形で叙述することである。そ

のままが評価やテストのガイドとなり，生徒のテストへの反応が適切であるかどうかを見分ける手がかりとなるようなものである。こういうように具体化された目標を行動的目標ということは，すでに広く理解されている。

2 目標のリスト・アップ（具体化表の作成）

　領域目標を具体化したならば，次にそれを組織的に書き出して目標具体化表（specification table）あるいは目標細目表を作成することが最も重要な仕事となる。この目標具体化表こそが学習指導と到達度評価の原本となり，拠点となり，規準（criterion）となる。到達度評価は国際用語としてはCriterion-Referenced Measurement (Test) と呼ばれることは第１章で述べたが，この中の"Criterion"とはいったい何を指すのかといえば結局それは，この具体化された目標の全体（母集団）であるというほかはなかった。それは，到達度評価が拠って立つところの規準——それもいまだ量的性格のものではない質的規準であった。金井達蔵（1977）は，ワレン（Warren, H. C.）の辞書を引用して，スタンダード（standard）は量的比較の場合に用いられ，クライテリオンは質的な比較の場合に用いられるとし，スタンダードはテストや測定などの量の尺度に用いられ，クライテリオンはもっと広く，たとえばテストの妥当性の規準など質的な面をも含めた用い方をする，と説明し，さらに，結局クライテリオンは教育目標に当たると思われる，と述べている。クライテリオンは，こうした質的規準であって，まだ量的な到達基準ではない。量的な到達基準には，⑥の仕事（52ページ参照）として述べたところの正答率として示される例の到達基準（standard）こそがこれに当たるであろう。

　むろん相対的評価テストでも，その評価目標を分析し限定するということは，やはり大切な仕事ではあるが，その重要度がまるで違うのである。相対的評価テストでは，それで求めた得点の解釈は他人の成績と比較して相対的に解釈することにねらいがあるので，その目標自体が解釈のクライテリオン（規準）となるわけではない。しかし到達度評価では，この具体的にリスト・

アップされた目標細目表こそが，到達度評価の拠って立つ基本となる。それだけ，この段階の手続きが重視されるわけである。そして，また，わが国の到達度評価の研究でも，この段階の仕事には京都府その他の地方の学校などを中心としてすでにかなり熱心に取り組まれ，また業績を上げている。そして，一部には，この仕事さえうまくやれば，それで到達度評価はすべてうまくゆくかのように考えられている節もまたなくもないように思われるが，それは大きな誤解である。まだ以下述べるような，いくつもの重要な技術的研究問題が残されている。

(三) 各目標領域の具体化表全体を代表するサンプルの抽出とテスト・アイテムの作成

52ページの到達度評価の手順として列挙した④と⑤を一体にして説明することにする。結局このことがいわゆる到達度テスト（mastery test）のつくり方の問題となる。

例をあげて述べよう。これまで述べた(一)の目標領域の限定の段階で，なんらかの内容についての単元学習かあるいは学期中間における到達度評価で，「知識・理解」「技能」「応用・思考」の三つの目標領域を立て，さらに(二)のその領域目標の具体化と表示のところで，この三つの目標領域それぞれに25，20，15の合計60個の具体化された行動的目標をリスト・アップしたとしよう。すると，もしこの60個全体の目標を問題に仕込んでテストしたとすれば，それは完璧に近い到達度評価になり，生徒の「真の到達状況」を知ることができるわけであるが，実際問題としてそんなことはできない。そこでこの60個の具体的目標群を母集団として，この母集団を見事に代表するような少数の行動的目標を抽出し，それについてのテスト得点からその生徒の「観察された到達状況（observed mastery state）」を判定する。そして，この「観察された到達状況」から全部の項目（母集団）をテストした場合の「真の到達状況（true mastery state）」をなるべく正確に推定しようとするのが，

ここでのアイテム・サンプリングの問題である。

こうして，たとえば，この三つの目標領域からそれぞれ約4分の1の6，5，4，合計15個の目標を選び，それについて15個のテスト・アイテムをつくるのである。こういう仕事がここでの仕事である。

この場合，もし，その母集団である60個の行動的目標全部について，あたかもアイテム・バンクのようなものがどこかの機関ですでに用意されたものがあるなら，自分で作問することはしないで初めからそのアイテムの母集団から，必要とするアイテム数だけを抽出してよいわけであるが，普通，こういう便宜はないであろう。普通は前述したように，目標を抽出して，それについてテスト・アイテムを自作しなければならないことになる。

いったい母集団の目標群を見事に代表するテスト目標のサンプリングとはどういうことであり，なぜそのことが重要なのであろうか。

それは，いってしまえば，母集団であるその領域全体の目標に関する生徒の「真の到達状況」を少数の選んだ見本によってなるべく正しく推定したり，あるいは一般化したいがためである。上記の例でいうと，具体化表の全体60個の目標群についての生徒の学習の到達状況を，選び出した合計15個についてのテストで推定し，一般化したいためである。

母集団としての目標あるいは行動の全体から抽出されたサンプルについての測定結果から，その目標全体についての到達度を推定し，そこまで一般化するということは，今日の推測統計学の基礎であるのみでなく，到達度測定の考え方の基礎でもある（Fremer, J. et al. 1974, p 47）。

すると，次のようにもいえることになるわけである。リスト・アップされた具体的目標の母集団が到達度評価の原本のクライテリオンであるが，操作的・現実的には，そこから抽出された見本こそがクライテリオンの役割を果たすことになるのだ，と考えてよい。金豪権（1976, p151）は，このことを「教授・学習目標を，学習者の具体的な学習成果という水準において，操作的定義に変換させよ」と表現している。このことはきわめて重要な認識である。

目標の母集団を見事に代表するサンプルを選び，それを正しく問題化するためには，アイテムの良否の弁別法，アイテムの困難度の問題，アイテムの数（テストの長さ），作問技術などの技術的問題が考察されなければならない。これらは改めて後の第5，6章で取り扱うことにする。

（四） 到達度の判定のための基準の設定

1 質的な規準（クライテリオン）と量的な基準（スタンダード）

これまで述べたように，この種の評価法での生徒の到達状況の解釈のための第1のクライテリオン（規準）は，具体的にリスト・アップされ，そして実際に指導された目標具体化表であり，第2の実際の操作上のクライテリオン（規準）は，それを代表するように選択された見本であった。そしてそれがそのままテスト・アイテムとされる。ところが，到達度評価における評価（解釈）規準は，これだけではまだ間に合わないのである。なるほど，一つ一つの具体的目標，一つ一つのテスト問題についての生徒の到達度評価ならば，その具体的目標自体を到達規準として，これに直接生徒の答えを照合して正答か誤答かを決めることができる。たとえば「6×9＝54」の計算とか，「橋」という文字が書けるとか，「公倍数」の意味がいえるという一つ一つの目標に関してならば，直接生徒の答えをこれ（目標規準）に合わせてその正・誤が評価される。つまりこれは一問一問についての採点の問題であって，この範囲なら具体的目標それ自体を評価のクライテリオン——これは質的規準である——として解釈することですむのである。また，ここまでならば相対評価の場合も全く共通である。

ところが実際には，テストは一つの目標（観点）領域で4，5問から20問ぐらい，テスト全体では50も60ものアイテムにより，たとえば1問の正答を1点として得点の形でその成績が示される。すると到達度評価の到達度の解釈規準は，上述の行動的目標の見本群それ自体としての質的なクライテリオンにとどまり得ないで，必然的に数量的に示された到達基準（standard）の

設定を必要とすることになる。だいたい，到達度評価という以上，それは文字どおり到達の度合い（level of mastery）を評価するものであるはずである。

こうしてわたくしは，ひとしく到達度評価の規準ではあるが，結局は具体的目標それ自体であるところの質的なクライテリオンには「規準」の語を当て，これから述べる量的なスタンダードには「基準」の語を当てて区別しようと思う。この使い方は人によって異なり，わが国ではどちらにも「基準」の語を当てる人が多いようであるが，ここでは区別して混同を防ぎたい。一般にスタンダードとか基準とかいう場合には，なんらかの能力についての，量的な，望ましさの程度や水準の意味を含んでいて，質的規準とは異質だからである。*

すると，到達度評価の解釈の準拠する枠組み（frame of reference）は質的なものから量的なものへと，以下のようになるわけである。すべての場合に，このように質的なクライテリオンを量的なスタンダードに転換する必要があるとはいえないが，ほとんどの場合そこまで進むほかはなかろう。わが国で出ている著書・論文で，よく「到達基準」の語が使用されるが，いったいこの中のどれを指しているのか，はなはだあいまいである。そして，到達度評価がこの量的基準を必要とするときは，それは到達度測定となる。

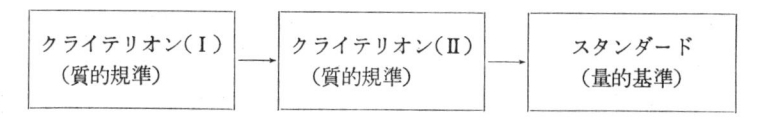

| クライテリオン（Ⅰ）
（質的規準） | → | クライテリオン（Ⅱ）
（質的規準） | → | スタンダード
（量的基準） |

メスコースカス（1976）は，目標準拠テストを評価に利用することになると，集団準拠テストでは問題にならないところの二つの測定問題を引き起こしたといって，「マスタリー（到達）とは何か」の問題——これはすでに第1章で取り扱った——と，先験的なスタンダードの設定の問題とをあげている。これまでは学習内容・目標の問題が熱心に取り上げられていたが，今は

---

* 相対的評価テストの結果の解釈に用いられる尺度であるノーム（norm）にもまた基準の語が当てられている。一種の量的尺度であることは，到達基準もノームも同じであるが，その性格と設定法が全く異なっている。

ようやくこのスタンダードの問題も取り上げられてきたようである。これを考えないと，単に目標分類学の枠組みに従って具体化された到達目標を規準とするというだけでは，「到達している」「到達していない」とか，あるいは「到達」「おおむね到達」「到達が不十分」とかの具体的な決定ができないことになるからである。

2 到達基準の性格とあり方

このように到達基準は，単にどんな教育目標あるいは行動を評価規準とするかといったいわば質的規準ではなく，教育目標や行動の達成や優秀さの一定の水準であり，それで測定できる量的基準の意である。そして今日は，この到達基準について漠然と考えておけばそれでよいといった時代——こういう時代では教育は確実な成果を上げることができない——は過ぎて，教師はもっと明確で測定可能な量的基準を設定すべき時代であるといわれる（ポファム，1978(2)，p 2)。

教師たちは，過去長い間，生徒の学業成績が所期の目標に達しているか否かについての漠然たる基準はもっていたであろうが，その基準は全く教師めいめいの主観に任されてきた。しかし，今日これを学校全体，地域全体，あるいは国全体で，公的に，オープンに論議し，設定すべき時代にきている，というのである（ポファム，1978(2)，p4-6)。

到達基準の設定の問題は，まさに到達度評価の心臓部に当たる問題である。一般に，到達度評価は児童・生徒の落ちこぼしを防止する手段として昨今重視されてきているが，その落ちこぼし防止の機能を最も具体的かつ端的に果たすものは，妥当に設定されたところのこの到達基準であることを忘れてはならない。

到達基準としての量的な尺度は，今日，一般に，生徒たちが何問中何問正答したかを比率で示したいわゆる正答率得点（proportion-correct score）で示されている。そして，第1章の「到達」あるいは「達成」の意義のところで述べたところの，到達の連続説に従って，到達度を2段階あるいは3～4

段階に分けるのであるが，それをたとえば正答率80％以上は「到達」，60〜79％は「おおむね到達」というように，正答率でもって到達基準が示されている。この正答率得点で示されるところの到達基準のことを，普通は分割点（cutting score）と呼んでいる。分割点は，二つまたは三つ以上の到達段階——到達のカテゴリー——に生徒の到達度を振り分けるのに用いる境界線の意である。

到達基準または分割点の設定の方法に関する理論と研究については，この問題は目標の具体化と並んで今日の到達度評価の最重要問題の一つであるから，後に一章（第7章）を設けて詳述するので，ここではその性格やあり方について要約的に列挙しておこう。

第1に，到達基準すなわち分割点をどう設定するか。その設定の方法については，それを左右する教育学的，心理学的，測定学的あるいは経済効率的ないろいろな条件が考えられ，今日までいろいろ研究もされてはいるが，まだ決定的な方法は提案されてはいない。また，将来とてもそのすっきりした解決はむずかしいと想像されている。結局，これらのいろいろの観点を配慮した上での，人間の良識的判断によって，適宜設定するほかはないというのが現状である。

第2は，到達度測定における基準の設定は，テストを実施する以前に設定される性格のものであるということである。この点が相対的評価テストにおける基準（norm）とは根本的に違っている。相対的基準は，そのテストを実施した後，集団の成績の平均点や分散を計算し，それに基づいて設定される。すなわち，相対評価の解釈基準は，テストの実施に対して事後設定（post-set）されるが，到達基準は事前設定（pre-set）される。また，前者は経験的，統計的に設定されるが，後者はむしろ先験的，論理的に設定されるものである。経験的資料も副次的に参考にすることはさしつかえないが，根本的には先験的に設定されるべき性格のものである。

第3は，到達基準すなわち分割点は，各目標領域あるいは各観点ごとに別別に設定されるべきものであるということである（ポファム，1978(2)，P 32

-34)。複数の下位テストを含むテスト全体については設定すべきではない。実はこのような理由からも，一つの目標領域はできるだけ同質的目標の集合体である必要があるのである。次の第4で改めて取り上げるが，たとえば，ミニマム・エッセンシャルな知識や技能の目標と思考のような目標とでは，基準の立て方に違いがあるのである。

第4は，すでに第2章の到達度評価の分類で取り上げたことであるが，到達度評価の考え方は，基礎的目標領域と発展的目標領域とで考え方を変える必要があったが，この到達基準の問題もそうである。たとえば，キャロル (Carrol, J.A.) のような完全習得論者のいうような高い到達基準は最小必要学習領域では要求できても，複雑高度の目標では，現実的にもっと低い基準を立てるのが常識である。

第5に，到達度評価における基準あるいは分割点の設定数であるが，必ずしも一つとは限らないし，それは到達度をいくつのカテゴリー，すなわち到達段階に区分するかによって決まることである。到達段階数をNとすれば，($N-1$)個だけの分割点を定める必要が生じる。一般的にいって，学習過程における形成的評価の場合は，「到達」と「未到達」の2区分で一本の分割点を定めればよいが，学期末や学年末における総括的な到達度評価では，3〜4段階に増やして2〜3本の分割点の設定が必要となる場合が多くなるであろう。

第6に，アメリカでの今日のスタンダードの設定は，主として認知的領域に関し，ときには技能的領域に関して設定されるが，情意的領域には設定されてはいないという（ポファム，1978(2)，p3)。

さらに，また，到達基準は，一人ひとりの生徒個人に適用されるべきもので，直接に学級・学校・地域等の集団に適用されるものではない。

以上で到達基準の設定の問題を終わるが，最後にきわめて重要なことを注意しておかなければならない。それはエーラシアンとメーダス（1974，p 78-79）が警告していることであるが，前述のごとく到達度評価では正答率による基準の設定が必要であるが，しかし，このような量的な基準を適当に決

めて臨みさえすれば，評価はすべて到達度評価（目標準拠測定）といえるかといえば，それはいえないということである。到達基準の設定は，到達度評価のきわめて重要な要件ではあるが，その全部ではない。これまで，順を追って述べたところの，同質目標領域の作成──→目標の具体化と表示──→その代表的サンプルの抽出，といった手順を確実にふんだ上での「到達基準の設定」であって，これだけ切り離して設定しても決して到達度測定とはならないのである。もし，それで到達度評価になるなら，従来からよく80点以上は「優」，60点～79点は「良」……という成績評定をやってきたが，あれも到達度評価である，ということになるであろう。

（五）　到達度テストや観察の実施と生徒の到達度の判定および結果の利用

1　到達度の判定

　到達度評価の最終の段階の仕事は，上述の手続きで作成した到達テストを生徒に実施し，一人ひとりの生徒の得点の正答率を求めて，これにすでに設定されている正答率による到達基準（分割点）を適用して，その到達段階を判定するという仕事である（しかし，実際の手続きは，なにも一人ひとりの生徒の各領域での正答率得点を計算しなくても，たとえば「十分到達」を正答率80％以上との基準が設定されていれば，下位テスト20アイテムの場合は，20×0.80で16点以上が「十分到達」というように，素点で示すことができるわけである）。

　具体例で本段の仕事を説明してみよう。前記（三）の項であげた例であるが，いずれかの教科の学習内容について「知識・理解」と「技能」と「応用・思考」の三つの観点領域で，それぞれ6個，5個，4個の具体的目標を具体的目標の母集団の代表として選んでテスト・アイテム化し，その到達基準としては「知識・理解」と「技能」にはともに正答率0.80,「応用・思考」の領域には正答率0.75を設定し，これで「到達している」と「到達していない」

の到達度判定をするとする。このテストである生徒がそれぞれ5点，3点，3点をとったとすれば，下表のようにこの生徒の到達度が判定されることになる。

表4 到達基準による到達度判定の例

目標領域	アイテム数（満点）	到達基準	本人の成績		判　定
			正答数	正答率	
知識・理解	6	0.80	5	0.83	到達している（＋）
技　能	5	0.80	3	0.60	到達していない（－）
応用・思考	4	0.75	3	0.75	到達している（＋）

なお，表4では「応用・思考」という発展的目標についてまで，他の二つの基礎的目標領域と同様に，到達の有無を判別するための到達基準すなわち分割点を適用してみたが，これまでしばしば述べたようにそれは試みの程度においてのことである。グロンランド（1973, p33）は，こうした発展的目標の到達度評価においては，次の表5にその一部を示すように，単に正答率のみを示して到達段階の判定はさしひかえている。そして，相対評価情報であるところのパーセンタイルランクを示して，絶対・相対両様の解釈ができるようにしている。これは，発展的目標についての到達度評価に関する一つの考え方であるといえよう。

表5 発展的目標の領域における到達度の示し方の一例

目　標	正答数	正答率	パーセンタイル
原理の理解(20問)	16	0.80	74パーセンタイル
原理の応用(20問)	13	0.65	33パーセンタイル
方法の応用(20問)	12	0.60	27パーセンタイル

2 関心・態度の目標領域における到達度評価

テストの結果に基づく到達度判定はこれでよいが，態度的目標のような領域ではテストはそれほど有用ではないので観察・評定法によるのが普通であろう。その考え方としては，まず，それぞれの教科等における態度的目標を

具体的・行動的な形で列挙する。次に，その全部または一部の代表的目標数個について，平常の観察に基づいて評定する。この場合，その学年程度として，「目標に到達している」「到達していない」の2段階か，あるいは3段階の評定尺度を念頭において評定する。こういう評定を1年に数回行った結果に基づいて，適宜に各生徒の到達度の判定を下すようにするほかはないであろう。

これは教師の行う観察評定であるが，生徒の自己評価や生徒相互の観察に基づくところのゲス・フー・テストも利用しようと思えば利用できよう。

いずれにしても，測定的，技術的にいえば，到達度測定は基礎的目標において最も正確に行われやすく，思考・応用など複雑高度の目標ではかなりむつかしく，さらにいっそう困難でほんの試み的に行う程度に考えるほかはないのがこのような情意的な目標領域である。

3 結果の利用

以上，テストの結果に基づいた到達度評価にせよ，あるいは観察評定によった到達度評価にせよ，その成果はすでに第1章で記したように，初期の目的に利用されなければならない。すなわち，生徒の到達の程度による最適の指導方策を立案するためのグルーピングに利用し，達成していない生徒には治療指導や補充指導を講じ，達成している生徒には次の学習に進めるように，到達度の個人差に応じた指導方策を立てるのに利用する。

また，教師の指導法や指導計画の効果や，もっと広域な教育計画やカリキュラムあるいは教科書の効果の評価と改善のためにも利用されなければならない。たとえば，学級や学校では，目標を「到達している」ものと「到達していない」ものの数をかぞえ，どの目標領域では「到達している」ものが多く，どの目標領域では「到達していない」ものが多いかを調べてみれば，こうした教育計画の評価と改善に役立つであろう。標準化された到達度検査では，たとえば一定の正答率到達基準による「十分到達」「おおむね到達」「不十分」の，全国的出現比率や都市部と農山漁村部の層別出現比率を参考資料

(comparative data or normative data) として提供して，このような利用に資することが奨められている（ポファム，1978）。

第4章　目標の具体化表の作成

　第3章の一般的手続きで述べたように，到達度評価の最初で最も重要な仕事は，それが測定しようとする目標領域に包含されている目標を具体的な行動的目標の形でリスト・アップすることであった。そしてこのリスト・アップされた目標の具体化表が，到達度評価の結果の解釈のための第1のクライテリオン（規準）となるものであった。たとえどんなに後の手続きがりっぱに行われたとしても，この目標細目表が粗末であれば，それは到達度評価（目標準拠測定）とはいえないのであった。本章では，もう少しこの問題について述べようと思うが，この問題の研究と実践はわが国においてもすでにかなり進んでいるので，あまり紙面を割く必要はないかもしれない。また，多くの読者は，ここはとばして，次章に進んでもさしつかえなかろう。

（一）　教育目標の分類と具体化

1　教育目標の分類

　ベルギーのランドシアー（Landsheere, V.D. 1977）は，「世界的に教育界では，教育問題の研究において，たとえば教材の精選の問題のようにその内容（contents）については古くからこれを研究の中心問題としてきたが，その目標（objectives）の問題が重要視され出したのは，うんと遅れて，まだ20年ぐらいしかたっていない」と注目すべきことを述べている。なるほど，今日における教育目標論の重視の思想は，1956年のブルーム（Bloom, B. S.）の「教育目標分類学」以来のことである。

　すべての教育問題，たとえばカリキュラム作成にせよ，指導法にせよ，評

価にせよ，それを考える場合は常に「内容」と「目標」の二つの次元の枠組みにおいて考えることをまぬかれることはできない。どちらも重要な次元である。しかしながら，「内容」は具体的存在であるがゆえに他と独立した一つ一つ別々の存在であって，一般化してこれを考えることは困難である。たとえばA教科の各内容は，BやCの教科の内容に対してよりは相互に類似点を有しているが，しかし相互にかなり異なっている独立の内容である。これに対し，知識・理解・思考・技能といった用語であらわされる「目標」は，抽象的であって，上記「内容」ほど具象性は有しないが，しかし国語の読み・書きの内容にも，算数の計算にも，社会や理科や音楽の内容にも，すべての内容に共通に使用することができるという長所をもっている。さらに，その構造や目標相互間の階層や対立関係を明らかにすることができるという長所も有している。そして，教師が共通の意味概念で互いにコミュニケーションすることを援助してくれる。こうして，今日では，指導と評価において，内容よりもむしろ目標を主軸の位置にすえ，目標の分類によって評価が組織立てられるようになったのである。到達度評価においては，その評価領域を同質的なものに限定する必要上，特にこの必要度が高いのである。

いまさらの感もあるが，教育目標の分類について少し述べておこう。

ブルーム (1956)，クラスウォール (Krathwohl *et al.* 1964) の分類は，まず大きく①認知的領域 (cognitive domain)，②情意的領域 (affective domain)，③精神運動的領域 (psychomotor domain) の三つに分け，そのおのおのをさらに中分類，小分類してだんだん特殊的な目標に分類される，きわめて階層的な分け方である。

この中の認知的領域は，学習内容の再生・再認（知識）と知的な能力および知的技能の発達を取り扱うようなそうした目標を含み，その最も大きな分類は，①知識，②理解，③応用，④分析，⑤総合 (synthesis)，⑥評価 (evaluation) の六つである。このおのおのは，さらに下位目標に分けられる。

第2の大分類である情意的領域は，わが国で従来関心（興味）・態度・鑑賞などと分類されてきているのとはだいぶ趣きを異にして，①受容，②反応，

③価値づけ（valuing），④価値の組織化，⑤価値による性格化の五つに分類し，これをさらにそれぞれ下位目標に分類した。

第3の精神運動的領域は，技能的・運動的・実技的な教育目標の領域であるが，その分類の具体例をブルームたちはまだ公表していないので，ここではデイヴ（Dave, R.H. 1969）の試案を示しておこう。この分類を貫いているものは精神的・神経的・筋肉運動的な協応（協調）の発達であり学習者の動作の熟達度，精巧度，迅速度である。まず①模倣，②操作，③精確，④分節化，⑤自然化（自動化）に分け，さらに2，3の下位目標に分けるのである。

このブルームその他の外国人の目標分類は，わが国の分類にも大いに参考にはなるが，そこにことばの上の違いがあって，われわれ日本人にはその意味がよく理解できないものがある。特に情意的領域の分類などにそれが多い。アメリカにおいても，この分類にはいろいろの批判が出ている。また，単に言語の問題だけではなく，そもそも教育目標の考え方・分け方には伝統的な国情の違いがあり，わが国にはわが国独自の考え方があることも考慮しなければならない。こうして，橋本（1976, p265-267）は，わが国における目標分類を以下のようにすることを提案している。

A　主として認知的な目標
1　知　識
　1・1　記号・用語・具体的事実についての知識
　1・2　方法および手続きについての知識
　1・3　原理や概括についての知識
2　理　解
　因果関係その他の関係の把握が成立している状態である
3　思　考
　3・1　問題の認知・発見・構成（問題意識）
　3・2　知識原理の応用（演繹的思考）
　3・3　資料の解釈（帰納的思考）
4　創　造（拡散的思考）

5 評　　価
   認知領域における提案・理論・方法等についての価値判断で次の情意領域における鑑賞に対応するもの

B　主として技能的な目標
6 技　　能
   6・1　読み・書き・計算等の技能
   6・2　情報の探索・処理技能
   6・3　社会的技能
   6・4　機械・器具の使用技能
   6・5　観察・実験の技能
   6・6　制作・表現の技能
   6・7　運動・スポーツの技能等
7 作　　品
8 表　　現

C　主として情意的な目標
9 関心・興味
10 態　　度
   10・1　社会的態度・価値観
   10・2　科学的態度
   10・3　学習態度等
11 鑑　　賞
   11・1　文学の鑑賞
   11・2　美術の鑑賞
   11・3　音楽・演劇の鑑賞
   11・4　スポーツの鑑賞等
12 習　　慣
   12・1　健康・安全の習慣
   12・2　学習習慣
   12・3　社会的習慣等

2　目標の具体化

　第１章で指摘したように，今日の到達度評価の発展を促し，それを支えている一つの背景は，以上のような教育目標の分類に依拠しながらも，これを具体化して行動的目標の形で示すようになったことであった。

　上述したように，目標概念は抽象的であるので，これを具体化するには，どうしても内容と関連づけなければならない。たとえば理科での「天気の変化」とか，算数での「２位数×１位数」の計算とかの内容について，知識とか理解とか技能とか思考とかの目標が，生徒の身についた場合の具体的な行動として記述される。

　それは，図５に示すような教育内容と教育目標の２次元表――これを内容・目標マトリックスともいう――の各枠の中に設定されるものであって，「○○ができる」「○○が言える」「○○が書ける」というように動詞を用いて，なるべく外から観察できる，学習者の行動の形であらわされた目標であることが望ましい。こういう目標を行動的目標と呼ぶことはすでに述べた。たとえば，「理解」とか「鑑賞」という目標は単なる概念であって，見ることも触れることもできないので，これを「A児は○○を自分のことばでいい換えることができる」とか，「B児は美的にすぐれた絵とそうでない絵とを見分けることができる」というように行動的目標の形にするのである。こうして初めて目標が指導と評価に操作できるようになる。このような，教材内容に即して生徒の行動の形で具体化された目標は，これからその目標実現のための実際の指導計画を立てたり，それがどの程度

目標 内容	知識		理解		思考		技能	
	事実についての知識	概括・法則についての知識	因果関係についての理解	種類や性質関係の理解	知識・法則の応用力	資料解釈力	情報収集の技能	実験・観察の技能
………	○	○	○	○		○		
………		○	○		○			○
………	○			○		○		
………	○	○		○	○			
………		○	○		○			○

図５　内容・目標２次元表

達成されたかを実際に評価するための目標となるものである。たとえば，評価では，これがそのままテストの問題に仕込まれたり，観察されたりする目標である。

ところで，具体的な行動的目標への具体化といってもそこにはいろいろの程度がある。「時計の見方」と「平方根の計算」の二つで下に例示してみよう。a は具体化の程度が最も低く，c はそれが最も高いもので，b はその中間である。そして c では，①その行動の生起する条件，②期待される上達度（あるいは評価の基準）まで付されている。こういう詳細な目標は，CAI やプログラム学習などでのいわゆる完全学習における完全習得テスト「マスタリー・テスト）で要求される目標である。一般に，総括的評価での目標の具体化はその程度が低くてもよいが，単元学習における形成的評価での目標は，それよりいっそう細かに具体化される必要がある。

（例1） 時計の時間を読む技能
　　a．時計の時間を読むことができる。
　　b．時計の時間を，分単位まで読むことができる。
　　c．時計の時間を，分単位まで正しく10秒以内に読むことができる。
（例2） 平方根の計算技能
　　a．平方根の計算をすることができる。
　　b．69の平方根を計算することができる。
　　c．69の平方根を，2分以内に正確に計算する。

しかしながらここで注意すべきことは，すべての教科内容についてのすべての教育目標について，必ずしもこうした具体的な行動的目標を立てることはできないということである。それが最もできやすいのは基礎的知識・技能・理解のような目標であって，思考・応用・創造・鑑賞というような発展的な目標になると，あらかじめこれを行動的目標として詳細に具体化することには，一般に困難がある。したがってこれをいわゆる到達目標として立てることにも無理がある。できるだけその方向に接近できれば，それでよしとするほかはないであろう。

3 同質的な目標領域の形成

目標の具体化表が到達度評価の原本となり，これが解釈のクライテリオン（規準）となり，また，これから到達度テストをする場合のアイテムが抽出されることは，前章ですでに述べたとおりである。到達度評価における目標細目表がこのような性格と特質をもったものであるから——これもすでに示唆したことであるが——この目標細目表は，知識なら知識の領域，技能なら技能の領域，思考なら思考の領域というように，なるべく同質同種の目標領域——行動領域と呼んでもよい——に分けておく必要がある。もしこれが，知識も技能も思考もいっしょの目標領域であると，この領域を代表するアイテムを選ぶにしても，また，正答率による到達基準（スタンダード）を設定するにしても，すっきりいかなくなる。

同質的な目標領域の形成が最も理想的にできるのは，単元学習における形成的評価の場合のように，同じ教材内容についての知識とか技能とかの同一目標群をつくる場合である。これが学期末や学年末における到達度テストになると，複数の単元内容を含むのでこうはいかない。知識とか技能とかの同一領域内に，いろいろ異なる内容を含めるほかはないことになるであろう。目標のみが同質であって，その内容は異なった領域とするのである。

とにかくこの目標の具体化表は，到達度評価ではきわめて重要であって，これでその到達度テストが測定する目標あるいは行動領域が何であるかを，他人にコミュニケートする役割を担うものである。

（二） 基礎的目標と発展的目標における具体化の相違

到達度評価はいろいろの点において，低次の基礎的目標と高次の発展的目標とでその考え方を変える必要があることはすでに第2章で述べたが，目標の具体化についてもそうである。

第2章の表3（48ページ）に示したように，そもそも学習内容の範囲が，

読み・書き，計算や各教科での基礎概念のように，基礎的目標のほうは比較的はっきりしているが，応用・思考などの発展的目標になるとその範囲がぼんやりしている。

　基礎的目標は，たとえば文字の読み・書き，計算，ことばの意義・定義など，授業において一つ一つ教えることができ，その具体的目標をはっきり示すことができる。一つの単元内での基礎的目標を全部網羅することさえ不可能ではない。そしてそれは，どこの学校，どこの教科書でもおよそ共通に表示することができる。たとえば，整数加法の技能についての目標の具体化だけでも以下のように細かに分析される。

・たして10以下になる2個の1位数を加えることができる。
・たして10以上になる2個の1位数を加えることができる。
・たして10以下になる3個の1位数を加えることができる。
・たして10以上になる3個の1位数を加えることができる。
・繰り上がりのない2個の2位数を加えることができる。
・1回の繰り上がりのある2個の2位数を加えることができる。
・何回も繰り上がりのある2個の3位数を加えることができる。
・……………………………………………………………………

　これに対し，発展的目標は，どれか特定の単元の学習だけで達成されるような目標は少なく，多くは多くの単元学習で長期にわたって達成される方向的目標であり，その具体的目標といっても全部をあげることはとうていできなくて，少数のサンプルを示し得るにすぎない。したがって母集団的性格をもった具体化表を作成することはほとんど不可能である。たとえば，「空気の圧力」や「物体の運動」や「光合成」等の科学的原理や法則についての理解の具体的目標といえば，次のようなことであろうが，それは不完全な表示にしかならない。

・その法則を自分のことばで述べることができる。
・その法則の具体例をあげることができる。
・その法則が成り立つ仮説を列挙できる。
・その原理による現象の結果を予測できる。

・その原理を正しく適用したものと誤って適用したものとを区別する。

　これらの具体的目標例は，その原理や法則を理解していることの一部は示しているが，決して全部ではない。全部をあげることは不可能である。さらに，また，基礎的目標の場合と違ってこれらの具体的目標をそのまま生徒に教えもしない。もし教えていたら真の理解のテストにはならないで，単に記憶的知識のテストとなってしまう。

(三) 実施時期による目標の具体化の相違

　目標の具体化表は，第2章で述べた評価の実施時期——単元学習か，学期の中間・学期末か，あるいは学年末かによって，そこに包含される目標の分量，その分析と具体化の精粗および目標の種別に相違が出てくることになる。そこで，以下に分けて考えておこう。

1　単元学習における目標の具体化

　これまでにも示唆したように，到達度評価が最も有効に利用さるべき場所は単元学習過程においてである。ここにもいろいろの利用法があってそれは後の第9章で取り扱う予定であるが，一般的にいってここでの目標の具体化はその領域範囲が狭く，特に発展目標よりも基礎的目標に重点がおかれ，それだけ具体化もきめ細かに詳細に行われる。以下に分けて考えよう。

(1) 形成的評価における具体化表

　このレベルでの到達度評価のための目標は，一般に最も具体的かつ詳細に分析される。そして，また，この段階での目標としては，基礎的知識・技能・理解の範囲のものが主として取り上げられ，高度の発展的目標は後回しにされるのが普通であろう。

　中学校1年の数学の「文字と数」なる単元学習において，これを「文字を使った式」と「その式の計算」の二つの小単元に分けて形成的テストをするとした場合の，それぞれの具体的目標を例示してみよう。

〔小単元Ⅰ　文字を使った式〕
目標1　文字を使ってあらわされた文章を式であらわすことができる。
目標2　乗法記号（×）と除法記号（÷）を省略する仕方がわかる。
目標3　同じ文字の積を累乗の指数を用いてあらわすことができる。
目標4　文字を用いた式に文字の値を代入して，式の値を求めることができる。

〔小単元Ⅱ　式の計算〕
目標1　1次式とはどのような式であるかがいえる。
目標2　式の項と係数を指摘できる。
目標3　1次式の加法計算ができる。
目標4　1次式の減法計算ができる。
目標5　1次式と数をかけることができる。
目標6　1次式を数で割ることができる。

　このような目標は，その一つ一つが授業で直接に指導され，そしてそれが一つ一つテストされる。つまり指導とテスト（評価）の間に，1対1の対応関係が成立している。実際の形成的テストは，この一つ一つの具体的目標（あるいは行動）につき少なくとも3アイテム，できれば5アイテムぐらいは作問して実施したいものである。そして正答率80〜85％ぐらいの到達基準でその目標到達の有無が判定される。

　このようなきめの細かい目標の具体化とそれに基づく到達度テストは，このような形成的テストの段階であるからこそ可能であって，学期末テストなどではそれは不可能である。こういう場合は，その具体的目標自体がセレクションされ，さらに選んだ1目標に1問しか問題を用意することができなくなるであろう。

(2)　**単元末評価における具体化表**

　単元学習の終了時に行われる到達度評価はすでに一種の総括的評価であって，その単元学習でねらわれた知識・理解，思考，技能等の大部分の目標が評価の対象とされる。したがって，目標の具体化もこうした目標領域（観点領域）別に分けて掲げておく必要があろう。そして，この段階での到達度テストあるいは観察では，用意した目標具体化の中の全部の目標について作問

第4章　目標の具体化表の作成　77

してテスト等を行うことは困難であって，それをりっぱに代表する一部の目標を抽出して，それについて作問し，テストするというようにするほかはないであろう。

ここで小学校4年の理科の，「温度の変化による空気・水の体積や状態の変化」に関する単元について，指導要録に示された「知識・理解」「観察・実験の技能」「科学的思考」の三つの観点の目標の具体化の例を掲げてみよう。

〔観点Ⅰ　知識・理解〕
目標1　空気は温度が変わると体積が変わることを知っている。
目標2　水は温度が変わると体積が変わることを知っている。
目標3　水は温度を下げてゆくと氷に変わり，かさがふえることを知っている。
目標4　水は熱し続けると沸とうし，水蒸気に変わることを知っている。
目標5　水は沸とうしなくても表面から水蒸気になって蒸発することを知っている。
目標6　水蒸気は冷やすと水に変わることを知っている。
目標7　水は，氷（固体）水（液体）水蒸気（気体）といろいろに変わることを知っている。

〔観点Ⅱ　観察・実験の技能〕
目標1　空気は熱したり冷やしたりすると体積が変わるということを調べることができる。
目標2　水を熱してその温度の変化を測定し，記録することができる。
目標3　水を熱していったときの温度の変化と状態の変わり方を関係づけて観察することができる。
目標4　水を冷やしていったときの温度の変化を測定し記録することができる。
目標5　水を冷やしていったときのその状態の変わり方を観察することができる。
目標6　水を熱したり冷やしたりするとその体積が変わることを調べることができる。

〔観点Ⅲ　科学的思考〕
目標1　身辺のいろいろの現象を空気の体積の増減と結びつけて考えることができる。
目標2　身近ないろいろの現象を水の体積の増減と結びつけて考えることができる。
目標3　水を熱したり冷やしたりしたとき，それがどう変わるかを予想することができる。

目標4　水，氷，水蒸気という状態の変化を温度の変化と結びつけて考えることができる。
目標5　水を熱して水蒸気になるときの温度，また水を冷やして氷になるときの温度はどのくらいであるかに関心を示す。

　もう一つの例，小学校6年の社会の，「わが国の漁猟や農耕が始まった頃の人々の生活及び大和朝廷による国土の統一の様子並びに国の形成に関する考え方を示す神話・伝承」に関する単元について，指導要録に示された始めの三つの観点についての具体的目標をあげてみよう。

〔観点Ⅰ　知識・理解〕
目標1　そのころは石器や土器を使った漁猟生活が主であったことがわかる。
目標2　人々は移住生活を続け，自然の影響を受けやすかったことがわかる。
目標3　農耕生活が始まると，人々は稲作に適した土地に定住するようになったことを知る。
目標4　共同生活で「むら」ができると，農耕に適した土地を求めて争いが起き，邪馬台国のような「くに」ができたことがわかる。
目標5　天皇や豪族がいくつか連合して大和の国ができ，さらに各地の国を統合していったことを知る。
目標6　天皇や豪族は大きな権力をもち，その象徴として大きな墓がつくられたことを知る。

〔観点Ⅱ　観察・資料活用の能力〕
目標1　模型・絵図などを見て，漁猟生活中心であった当時の人々の生活のようすを話すことができる。
目標2　登呂遺跡の写真や絵図などを見て，農耕中心の人々の生活を確かめることができる。
目標3　「むら」から「くに」にまとまっていったことを，邪馬台国の絵図や文章資料から想像することができる。
目標4　文章資料などから，日本の国の成立について書いたものを探すことができる。
目標5　古墳の写真，古墳づくりの想像図を見て，豪族の権力を推察することができる。

〔観点Ⅲ　社会的思考・判断〕
目標1　貝塚のようすから，当時の人々の生活のようすについて考えることができる。
目標2　移住生活からなぜ定住生活に変わったかその理由を考えることができる。

目標3　農耕中心の生活を，土器・石器・木器・住居などを縄文時代と比較して考えることができる。
目標4　どうして村と村の争いが起き，国ができるようになったかを考えることができる。
目標5　神話と古墳の分布や波及とを結びつけて，大和朝廷による日本統一について考えることができる。

2　学期の中間・学期末および学年末における到達度テストのための目標の具体化

　学期の中間や学期末や学年末に教師自作の到達度テストを実施する場合，そのテストのアイテムは，その期間に指導した全目標（すなわち母集団）中からその見事な代表として抽出されたものでなければならないことは，たびたびこれまで指摘してきたところである。

　そこで，その母集団としての目標の具体化であるが，原則として，それは上述した各単元についての具体的目標を全部総合したものであると考えればよい。むろんこの場合も各目標あるいは観点についての領域別にリスト・アップする必要がある。同一の具体的目標が二つ以上の単元でダブってあげられている場合は，適宜統合してさしつかえない。ただし，算数・国語のような系統性の強い教科で，その目標が石垣を築くように階層を形成している場合は，最終到達状況をみる目的のテストならば，その階層をなす目標の最終の目標だけをテストすればそれで足りるわけであるが，診断的にどこまでは到達していてどの段階からつまづいているかを知るためには，最終目標一つだけでは足りない。その階層の要所要所の目標をいくつかリスト・アップしておく必要があろう。

　たぶん，教師が，到達度テストや評価を行うために，その基本的クライテリオンとなるところの，母集団としての目標具体化表（目標細目表）を自分で考え，自分でつくる必要があるのは，せいぜい学期末テストぐらいまでであろう。学年末の1学年全体の学年目標についての到達度テストは，今後わが国にも観点別到達度標準検査が作成されて，それによるのが一般の慣行と

いうことになるであろう。この場合は，良心的な到達度テストのメーカーであるならば，そのテストが拠って立った詳細な学年目標具体化表を，用意しているはずである。

　（四）　関心・態度の目標の具体化

　関心・態度の評価に関しては前章でも少し触れたが，まず，認知的あるいは技能的目標と同様にそれを具体的行動の形で分析する必要がある。その後で，その中の代表的なものについて観察・評定法その他の方法で評価するのであった。そこで，その評価の方法や技術については後の第6章で述べることにして，本章ではその具体化について述べよう。

　各教科における関心・態度の目標を，行動の概念でどのように具体化するかその具体例を，熱海則夫・橋本重治・金井達蔵（1980）その他を参考に以下に示しておこう。小・中学校や学年の区別はしないが，なるべく始めに低学年向けのもの，後に高学年向けのものといったつもりで掲げる。

〔国　語〕
・相手によくわかるように話をしようとする。
・正しいことばづかいに注意する。
・読み物に興味をもち，自分からすすんで読む。
・自分からすすんで書いたり，文をつくったりする。
・読書に親しみ，楽しんで読む。
・目的に応じ，広い範囲から適当な本を選んで読もうとする。
・内容を考えながら批判的に読む。
・メモを取ったり，考えをまとめて記録したりして，学習や生活の向上に役立てようとする。

〔社　会〕
・自分の家庭や学校で働く人々の仕事に関心をもつ。
・公園や公共の建物の意義に気づき，大切に使用しようとする。
・農家の人々，お店で品物を売っている人々，工場で働く人々などの仕事のようすやその骨折りに関心を向ける。
・自分の町や村についての意識が生まれる。
・自分の地域の行事や文化財に興味をもち，大切にしようとする。

- 地域社会の人々が幸せに生活していくには，協同とか組織とかいうことが必要となることに気づく。
- 郷土や国における先人の努力や苦心，その恩恵に関心を向ける。
- 資源を大切にすべきことや環境を保全することの必要性に気づく。
- 農業の工業・水産業等の生産活動に関心をもつ。
- 自分たちのくらしと町や村や国などの政治との関係に関心をもつ。
- 地理的環境が違えば人々の生活の仕方も変わってくることに興味をもつ。
- 地理的環境としての自分の国土に関心をもち，その特色をわかろうとする。
- 自分の国と外国との関係について目を向ける。
- 世界の国々や諸民族の文化や伝統の違いに関心をもつ。
- 社会のしくみや相互関係に興味をもち，そこに起こる問題の解決策に目を向ける。

〔算数・数学〕
- 日常生活で，かぞえたり量ったり物の形を見分けたりすることに興味をもつ。
- 加えたり引いたりする計算を生活で利用しようとする。
- 小数・分数に関心をもつ。
- 四則の意味や四則の性質に関心をもつ。
- 式を利用することに関心をもつ。
- 2つの数量の比例関係に注目する。
- 単位を使ってものごとを処理しようとする。
- 記号を用いて数学的処理をすることに興味を抱く。
- 数式を利用する態度ができている。
- 事象の関連性に着目し，ものごとを多面的総合的に考えようとする。

〔理　科〕
- 楽しそうに自然に接し，よく観察する。
- 昆虫の採集や飼育などに興味をもつ。
- 自然の事物や現象の変化に興味を示す。
- 生物を愛護し大切にする態度がある。
- すすんで物の性質や変化の規則性を発見しようとする態度がある。
- 生物と環境の密接な相互関係について関心をもつ。
- 自然界の妙味に感動する。
- 資源やエネルギーの利用や開発について探求しようとする。
- 事物を細かに観察し，要点は写生したり記録したりする態度ができている。
- 常に人間と自然のかかわり合いに目を向ける。
- 仮説や予測を立てたり，それを証明することに興味をもつ。
- 観察や実験で求める資料から一般化して法則を引き出すことに熱意を示す。

〔音　楽〕
- 音楽に興味をもち，静かに聴こうとする。

・自分も好んで歌ったり，楽器を演奏しようとする。
・日常の生活に音楽を生かして，楽しくしようとする態度がみえる。
・愛唱歌をもっていて友人と楽しく歌い合う。
・すぐれた歌手，演奏家，作曲家に関心をもっている。
・自分で作曲することにも興味をもっている。
・自己の声の特色を生かし，いろいろ工夫して効果的に歌おうとする態度が身についている。
・特に変声期など，発声や歌い方に細かな心を配る態度ができている。

〔図工，美術〕
・自然や身の回りの物の色や形に関心をもっている。
・自分からすすんで材料を選び，描いたりつくったりしようとする。
・自分が満足するまでかいたりつくったりして，根気強く完成しようとする。
・準備や後片付けをきちんとしようとする。
・美術作品に関心をもち，文化遺産としてこれを大切にする態度が身についている。
・創造や創作を喜び味わう態度が身についている。
・自分の住居や街などの環境を美的にしなければならないということへの関心が高い。

〔体育，保健・体育〕
・遊びや運動競技のきまりをよく守ろうとする。
・互いに協力したり励まし合う態度ができている。
・勝ち負けを素直に認め，勝負に対する正しい態度ができている。
・用具の安全や運動の安全に注意する。
・運動後，顔や手足をよく洗う。
・グループでの自分の役割を心得ている。
・計画的に練習やゲームをする。
・日常生活で毎日適当に運動する習慣が身についている。
・自分の身体や健康の問題点を知り，それを改善しようとする態度が身についている。

〔家庭，技術・家庭〕
・家庭で自分のできる仕事を分担してやろうとする。
・自分の身なりを整えようとする態度がある。
・家の者に協力して，家庭生活を明るくしようとする。
・木や金属を用いた器具や装置をつくったり利用したりする態度ができている。
・日常生活や産業で果たしている木材や金属の役割に関心をもち，それを活用しようとする。
・機械と人間の生活との結びつきに関心をもち，生活を豊かにするために機械

を考案し，活用しようとする意欲がある。
- 日常における電気機器を的確に保全する態度を身につけている。
- 機械の故障の修理に興味をもち，すすんで直す。
- 野菜や作物の栽培に興味をもっている。
- 作物の栽培技術の進歩と開発に関心をもっている。
- 衣服やその材料を適切に取り扱う態度を身につけている。
- 被服を工夫して製作し，活用しようとする態度を身につけている。
- 食品の選択や食生活の改善向上に興味・関心をもっている。
- 室内の設備を整備し，快適な住まい方を工夫しようとする態度が身についている。

〔英　語〕
- 英語を話したり，聞いたりすることに興味をもち，つとめてその機会を求めている。
- 英語を読んだり，書いたりすることに興味をもち，辞書などもよく利用している。
- 英語の学習を通して外国の人々の生活や考え方を理解しようとする態度がみえる。

第5章　到達度測定における項目の選択

　本章の問題は，主として測定法やテスト法を用いて到達度評価の資料を求める場合の問題であるが，しかしそれは，観察・評定法による到達度評価を排する意味ではない。この場合は，「測定項目」を「観察項目」と読み替えて考えれば，それでよいであろう。
　さて，実際問題として，目標具体化表に掲げた全部をテストあるいは観察することはできないし，またその必要もないので，その中のいくつかを選択して測定しなければならない。到達度評価では，その測定結果を解釈するにあたって，実際に測定しテストした内容・目標の範囲を超えて，原本（母集団）であるところの全体の目標領域にまでそれを一般化して解釈することができるようにすることが重要であるが，そのためには到達度測定（CRM）あるいは到達度テスト（CRT）におけるテストの項目選択（item selection）はどうしたらよいか，ということがここでの問題である。
　このことは個人間差異を明らかにしようとする相対的評価テスト（NRT）でも問題ではあるが，一人ひとりの生徒のこれまで学習した「すべての内容・目標の領域」をクライテリオンとして，その達成状況を明らかにしようとする到達度テストでは，相対的評価テストとは比較にならないほど重要な問題になるのである（Glaser and Nitko, 1971, p652）。おそらく，この問題は，到達度評価の方法論として最も重要な3本柱——それは目標の具体化と，テスト・アイテムのセレクションと，到達度判定のためのスタンダード（基準）の設定——の中の1本であろう。

(一) 到達度測定におけるテスト項目の選択の考え方と技術

1 テスト項目選択の基本的考え方

ハンブルトン，スワミナサンその他（1978）がいうように，一般に，到達度テストの問題項目の質の良し悪しは，それらの項目がどの程度それが抽出されたもとの目標領域の中味をよく反映しているか，その程度にかかっている。

そこで，テスト項目（テスト・アイテム）の選択は，前章で述べた目標領域の具体化表を原本（母集団）とし，それを見事に代表するようなものを選ぶということが基本原理である。見事に代表するとは，目標と内容の両面に関してであって，知識とか技能とかの一部の目標に偏ってもいけないし，また一部の教材内容に偏ってもいけないということである。

さらに，これは特に重要であるので次節で詳説するが，見事に代表するにはその選び出すアイテムの数量が少なすぎてはいけない，ということが大切な条件となる。アイテムの選択が不適切なために，それが基づいているもとの具体化表を十分代表することができないでいる誤りを「見本取りの誤り」（sampling error）と呼ぶが，この誤りは選び出すアイテムの数を増すことによって減殺することができる。

次に，アイテム選出での大切な考え方は，これも前に述べたことと関連するが，そのもとの目標領域は知識なら知識，技能なら技能というように，できるだけ同質目標群としておいて，原則としては，そこから必要な項目数だけランダムに抽出するということである。たとえば読字力，書字力，語意のような比較的同質性の高い目標のテストでは，これでよい。しかし，実際問題としては，目標のみでなく内容の面までも全く同質の領域をつくることは困難であるし，また重要度や困難度など異なるものを包括しているであろうから，機械的なランダム・サンプリングというわけにはいかない場合が，むしろ多いであろう。

もし，その目標領域が同質的な目標領域にはなっていなくて，相互に多少異なった複数の目標をいっしょにした領域である場合は，その多少ずつ異なった目標別に必要な項目数を按分した層的なランダム・サンプリング法によらなければならない。

たとえば，現行指導要録の「観点別学習状況」に示された各教科の観点は，決して同質ではなく，多少ずつ異質の目標を含むので，さらにこれをいくつかの小観点に分けてそのテスト・アイテムを選択するのが望ましいであろう。

表6 国語の「知識・理解」の観点のテスト・アイテムの層別抽出例

	知識・理解	技能	計
読　字	10	—	10
書　字	—	10	10
表記法	—	5	5
文　法	5	—	5
語　意	10	—	10
計	25	15	40

たとえば，国語の第1の観点として掲げられた「言語に関する知識・理解」は，特にその内容に関して，表6に示すようないろいろの目標を含んでいる。この中の「書字」と「表記法」は知識・理解というよりも，むしろ技能というのが適切かもしれない。そこで，もし，これを到達度テストに付するとすれば，それぞれの目標・内容に関して，適当な数のアイテムを層別に選び出してそのテストを構成することになる（表6参照）。

また，高度の理解・思考・応用等の発展的目標領域でのテスト・アイテムの選択には，基礎的目標の領域の場合以上に注意を必要としている。なぜなら，グロンランド（1973, p19）がいうように，ここではその領域を十分に限定することが困難であり，無限といってよいほどの広がりの中からの選択であり，どこまでできれば目標に到達しているなどと簡単には決定できないという事情があるからである。すなわち，発展的目標での評価は，そこにテストされたアイテムに限って，「できた」「できない」の判定ができるだけであって，その結果をその背景にある漠然として補足しがたい全目標領域にまで高めて一般化することはできがたいからである。したがって，ここでは特に選ぶアイテムの困難度を適切にすることが大切である。この点は改めて次項で取り上げる。

2 テスト項目の困難度について
(1) 主として基礎的目標について

到達度測定のためのテスト・アイテムと，相対的評価テストでのアイテムの選び方では，そのアイテムの困難度の考え方に大きな違いが生じる。

ポファム（1978, p82-83），グレーサー（1963），グロンランド（1973, p14-15）およびアンダーソン（Anderson, R.C. 1972）の共通の意見として，到達度テストのアイテムの困難度は，その原本（母集団）の目標群の困難度を正直に反映しているものでさえあればそれでよいのであって，それ以上の困難度でもそれ以下の困難度であってもならない。

ところが相対的評価テストのアイテム選択では，故意に，通過率50～60％程度のアイテムを中心に選んで，生徒の成績分布がいわゆる正規分布をなすようにされるが——こうするのがその個人差を拡大して明らかにするのに都合がよいから——到達度テストでは，少しもこんなことを考えて手を加える必要はない。

相対的評価テストでは，それがどんなに重要な項目（目標）であっても，通過率＊が90％以上にもなるような項目は，やさしすぎるとして捨てられることとなる。教師は，重要事項は時間をかけて丁寧に教えるから生徒たちはよくできることになるが，それがテスト・アイテムからはずされるというおかしなことにもなりかねないのである。しかし，到達度テストではそういうものも選ばれる必要がある。

相対的評価テストでは，そのアイテムの良否の弁別は生徒の得点の分散に基づいて弁別されるが，到達度テストでは得点の分散など少しも考える必要はない。もっとも，後に述べるように，発展的目標の到達度テストではある

＊ 到達度テストでは，「正答率」と「通過率」を混同しないことが大切である。正答率は，個々の生徒が全体のアイテム（小問）中いくつのアイテムに正答したかそのパーセントであって，到達基準（スタンダード）の設定や生徒の到達度判定の中心概念となる。これに対し，通過率は個々のテスト・アイテムが集団中の何人から正答されたかそのパーセントであって，これでそのアイテムの困難度が示される。

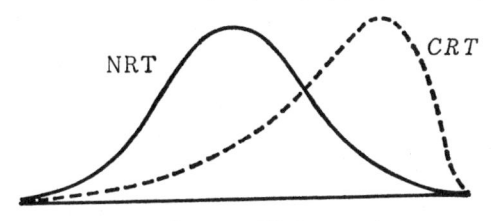

図6 相対的評価テスト(NRT)と到達度テスト
(CRT)での得点の分散の比較

程度このことを考える必要があるが，基礎的目標では少しもその必要はない。基礎的目標の領域では，得点の分散が広がることは期待もされなければ望みもされない。分散はゼロでも——実際はこういうことはまずないであろうが——それでよい。

　基礎的目標についての到達度テストでは，弁別力のある良いアイテムは，指導前は多くの生徒ができないが，指導後は多数の生徒がパスするようなアイテムであるとされている。こうして，相対的評価テストと到達度テストの成績の分布は，図6に示すようになるのが普通であるということになる。

　こうして，到達度テスト，殊に基礎的目標に関する到達度テストのアイテムの困難度は，相対的評価テストにおけるように人為的な操作を加える必要は少しもなく，原本の目標領域の困難度に応じ，それと素直にマッチした困難度のアイテムを選べばよい。このことは，到達度テストのアイテムは，その母体の目標領域の見事な，あるいは真の代表となるサンプルであるべきであるから，至極当然なことである。それより困難でも，それよりやさしいアイテムでもいけない。

(2) **発展的目標について**

　さて，ひとしく到達度テストといっても，基礎的目標と発展的目標の区別によってその考え方を変える必要があるということを，これまでしばしば述べたが，アイテムの困難度についてもそうである。

　そもそも発展的目標の領域は開かれていて，その範囲の限定が困難であるから，それを見事に代表するアイテムの選択が困難であり，したがって困難度においてもその母集団の困難度を素直に反映するアイテムを選べといって

も無理な話となる。しかし，またこうもいえる。「応用や思考などの発展的目標の母集団は，やさしいものから困難なものまでその困難度は幅広く広がっているので，発展的目標に関するテストのアイテムは易から難へと幅広く選択すれば，それで母集団を代表したことになる」と。

グロンランド（1973, p21-22）の考え方がこの考え方のようである。彼によると，発展的領域の目標では，大多数の生徒がこれを完全習得することを期待することはできない領域である。ここでは，生徒が上述した基礎的目標の習得を超えて，どれだけこの領域に進んでいるか，その程度を知ることが測定の目的である。

そこで，この領域では，いろいろの困難度のアイテムを選び，生徒の得点の分散をある程度広げるようにして，生徒の進歩や達成水準を相対的にも判断することができるようにしておくのがよい。ここでは到達度の絶対的尺度の設定は本来は無理で，設定するとしても軽い意味の試み的のものであるにすぎない。それは相対的解釈の補助手段程度である。

こうして，要するに，発展的目標領域でのテストのための項目選択は，その困難度の幅を広げて，たとえば90％もの生徒が通過するようなやさしい問題から，10％通過ぐらいの困難な問題まで広く選ぶ必要があるとするのである。

3 テスト項目の良否の弁別法（項目分析）

妥当性の高いテストを作成するには，まずそのテストの構成要素である一つ一つのテスト・アイテムを妥当にしておかなければならない。アイテムの妥当化（item validation）ということは，妥当性のあるテスト作成のための前提条件である。そして項目分析というのは，実にこのアイテムの妥当化のための方法であり，手続きである。

(1) 経験的・統計的方法

すべてテストや測定の信頼性・妥当性を高めるためには，まずそのテスト・アイテムが生徒の能力の有無や高低を素直にとらえることができるかどう

かという，いわゆる弁別力（discriminative power）を有したアイテムを選んでおく必要がある。伝統的な集団準拠の NRT では，そこに作問されたアイテムの弁別力を統計的に検定する方法を発展させ，これを項目分析（item analysis）と称し，その主たる技術として，いわゆる優劣分析法（good-poor analysis）なるものを広く利用してきた。それは，簡単にいえば，テスト全体の得点によって，一定集団の生徒を上位群と下位群に2分し，その優劣両群別々に一つ一つのアイテムの通過率（passing proportion）を算出し，その両群の通過率を比較して，上位群の通過率が有意の差をもって下位群のそれにまさるアイテムは弁別力があるとし，有意の差がなかったり逆に下位群の通過率が高いアイテムは弁別力がないとして棄却される。

　到達度テスト（CRT）では果たしてこういうアイテムの良否の弁別法がとれるであろうか。個々のアイテムの質の良否によって，そのテスト全体の妥当性・信頼性が左右されることは，到達度テストの場合も同様であるから，ここでもこの問題は重要な問題となる。

　ところが，上記 NRT で従来重用されてきた優劣分析法のごときは，一般的には，新しい CRT にはそれほど有意義な技術とはならないのである。その理由は，伝統的な NRT は，これまで再々述べたように，その得点分布がなるべく正規分布的に拡散することをねらって作成されているからこそこうした項目分析法が利用できるが，今日の CRT は本来こうした得点の分散を期待しない。極端には，分散がゼロでもよかった。そこで，原則として，得点の大きな分散に基づいた伝統的な優劣分析法はここではあまり利用できないというのが通説である。クレハン（Crehan, K. D. 1974），アンダーソン（1972），ポフムおよびハスク（1969），金井達蔵（1975）などがその意見である。

　CRT のアイテムは，一つ一つ最初の目標具体化表中に含まれるある本質的目標をテストするものであるはずであるから，たとえ全体のテストの得点の傾向と一致しなくても，少しもおかしくないといえないこともない。全体得点との関係で検定するアイテムの良否の判断は，いわゆる適性検査では有

意義であるが，学習成果をみる CRT ではそれほど意味がないとする考え方である。

しかしながら，これは原則論であって，実際問題としては，到達度テストの場合も生徒の得点はある程度は分散するであろう。その授業が成功すればするほど得点分布は右の高い得点のほうに偏るであろうが，それでもある程度は分散するであろう。こういう場合は，ハンブルトン，スワミナサンその他 (1978)，ポファム (1978) たちは，到達度測定でも従来の項目分析法に類する方法を便宜的に利用してもよいとしている。

その方法は，その目標領域のテスト全体の成績における上位群と下位群についての，個々のアイテムの通過率の差を計算し，その差を弁別指数として判断する。そして，その指数があまりに小さかったり，逆方向になっていたりするアイテムは，"はずれもの" としてもう一度検討してみるのである。

しかしながら，到達度テストにおける最も代表的な項目分析法は，授業の前と後における通過率の差 (pretest-posttest difference index) による方法である。このアイテムの良否の弁別法は，CRT のアイテムの選び方の基本的考え方としてすでに述べたところの，「指導する前はほとんどできなくて，指導した後はほとんどできるようなアイテムが良いアイテムである」とする考え方に立つ弁別法である。ヒルズ (Hills, J.R. 1976)，クリーアン (1974)，カーヴァー (1974)，ポファム (1978) らがこれを主張する。

その方法は，通過率の値 (P value) が指導前は0，指導後は1.0となるアイテムを最良のアイテムとし，その差がたとえば，0.5なら0.5以上のアイテムを良いアイテムとし，それ以下あるいは負数のものは悪しきアイテムとして捨てるのである。したがって，このPの値は教師の授業の巧拙で異なることになるが，同一目標についてつくられた複数のアイテムのうち，どれか一つだけPの値が著しく低いというアイテムは，やはり"はずれアイテム"として除外するという考え方である。

(2) **ジャッジの判断による方法**

上記の方法を経験的方法とすればこちらは先験的方法であって，良識ある

ジャッジ（judge）の組織的・系統的判断によって決める方法である。この2種のアイテムの弁別法を併用すると一番よいであろう。

その方法を主にポファム（1978, p104-105）によって述べよう。教材内容に精通している数名の教師をジャッジとし，各アイテムを抽出した原本である目標具体化表をそのジャッジに渡し，それに基づいて，そこに選出され，さらに作問されているところの一つ一つのアイテムが，確かにその原本の具体化表を代表するといえるかどうかを判断させる。

少し詳しく試みようとすれば，次のような3段階の評定尺度で評定させて，全ジャッジの結果を合計して量化することもできる。

　　2……確かに原本の目標をりっぱに代表していると考えられるもの
　　1……十分ではないがある程度それを代表していると考えられるもの
　　0……原本の目標を代表しているとは考えられないもの

こうして，2人あるいは2人以上のジャッジが不適当と判断したアイテム，あるいは合計得点の低いアイテムは捨てるのである。

特に，この最初の目標細目表を規準として個々のアイテムの適否を判断し，選択する方法は，到達度測定において最も重要とされる内容的妥当性（content validity）を確保する方法としても最良の方法となる。その理由はすでに述べたように，アイテムの妥当化はテスト全体の妥当化の前提条件であるからである。この問題は，後の到達度評価テストの妥当性・信頼性の章（第8章）で改めて取り上げよう。

　（二）　到達度テストにおける項目の数量

テスト・アイテム（テスト項目）の目標母集団よりの抽出の要点は，その母集団全体を見事に代表するものでなければならなかった。この点を誤ったところの「見本取りの誤り」を防ぎ，さらに，また，生徒の到達程度を判別するための到達基準の設定に影響し，ひいては到達度テスト全体の信頼性を左右する一大条件は，実にこの選ばれるアイテムの数の問題である。

到達度テスト研究者の間では近来この問題はテストの長さ (test length) のテーマとしていろいろに研究されてきている。テスト・アイテムが少なすぎては生徒の到達度についての信頼おける位置を決めることができなくなるし，また，あまり多すぎては作問の手間やテスト時間が長くなって不経済である。信頼性・妥当性のあるテスト・スコアを求めるには，測定するそれぞれの目標領域（下位テスト）ごとに，最低どのくらいのアイテムの数が必要か？　これが重大問題である。それはたぶん，測定する教育目標や要求される熟達度の違い，測定の利用目的の違い，その他の条件で一概にはいえないであろう。たとえば，以下のような違いがある。

① 後の学習の必須の基礎となる目標領域と，周辺的あるいは発展的目標領域との違い
② マスターしているか否かの判断をどのくらいの正確度でやればよいかその程度の違い（到達度判定が誤った場合の弊害の大小）
③ 測定する目標領域の狭い形成的テストの場合と，その領域の広い学期末あるいは学年末のテストの場合の違い
④ 生徒の能力水準が一般に高い場合と一般に低い生徒たちの場合の違い

そして，一般的に考えて，相対的評価テストと到達度評価テストとの比較では，到達度テストの場合が多くのアイテム数を必要とするといえるのである。しかし，テストするための時間もまた，一般に相対的評価テストよりも到達度テストのほうが，すべての生徒にその能力を十分発揮させるに足る長い時間を与える必要があるので，この点は実際問題として調整に困る問題となるのである。

1　アイテム数に関する専門的研究

到達度テストのアイテム数については，昨今，専門的研究も試みられつつある。1，2の研究例を紹介してみよう。

(1) ミルマンの研究

ミルマン (Millman, J. 1973) は，2項分布モデル (binomial model) と

第5章　到達度測定における項目の選択　95

呼ばれる方法により，その母集団をなすアイテム領域が無数あるいは非常に大きい場合について，アイテム数が1，2，3……という短いテストからアイテム数が40，50，60……という長いテストについて，到達基準を正答率80％に決めた場合，いろいろの真の正答率（true proportion-correct score）の生徒がどのくらいの割合でその到達度判定が誤られるか，そのパーセントを示す表をつくった。その一部を抜き出して掲げたものが表7（96ページ）である。

この場合は，正答率80％をいわゆる分割点（cutting score or passing score）として，これ以上は到達，これ以下の正答率の生徒は未到達とか失敗とかに判定（classify）する場合であって，1個の到達基準を設定して二つの段階に振り分ける場合である。表の最左側の行は，いろいろの長さのテストのアイテムを示したもので，括弧の中の数字は，そのアイテム数での正答率80％の得点をとる場合何問を正答すればよいか，その正答すべき数を示している（ただし，アイテム数3，4については100％正答としてある）。

また，表中の真の正答率というのは，もしその生徒がその目標領域の全項目についてテストされたとした場合の正答率のことであって，現実の正答率（限られたアイテム数による現実のテストでの正答率）に対する理論的なものである。

この表を理解するためには，さらにもう一つ大切な到達度評価独特の概念がある。それはきわめて重要な問題であって，詳細は後の到達基準（standard）の設定の章（第7章）で述べるが，到達基準による生徒の到達・未到達の判定には，①その生徒の真の正答率が，到達基準（この表では正答率80％と定められた）以下の者で，正しくは当然未到達（unmaster）と判定されるべきものを到達（master）と判定する誤り，②その真の正答率が到達基準（80％）以上の者で，正しくは当然到達（master）と判定すべきものを未到達（unmaster）と判定する誤り，という2種の判定誤り（misclassification）が起きる可能性が大きいという事実である。前の誤りを専門的には偽到達の誤り（false-positive error）と呼び，後の誤りを偽未到達の誤り（false-negative

表7 いろいろのアイテム数において，到達基準を正答率80%とした場合，いろいろの真の正答率の生徒が到達度の誤り判定される割合

誤り判定の区別 真の正答率 アイテムの数	正しくは未到達と判定されるべきなのに到達と誤り判定される割合				到達と判定されるべきを未到達と誤り判定される割合		
	40	50	60	70	75	85	90	95
3（全問正答）	6	13	22	34	42	39	27	14
4（全問正答）	3	6	13	24	32	48	34	19
5（中4正答）	9	19	34	53	63	16	8	2
10（中8正答）	1	5	17	38	53	18	7	1
15（中12正答）	—	2	9	30	46	18	6	1
20（中16正答）	—	1	5	24	41	17	4	—
25（中20正答）	—	—	3	19	38	16	3	—
30（中24正答）	—	—	2	16	35	15	3	—
40（中32正答）	—	—	1	11	30	14	2	—
50（中40正答）	—	—	—	8	26	12	1	—

error）と呼ぶ。

　到達度評価の最大の問題は，いかにしてこの2種の誤り，なかでも特に第1の誤りを回避するかにかかっている。ここでの問題であるテストのアイテム数の問題も，結局，どのくらいのアイテム数のテストであれば，このような到達度の判定誤りを一定の許容範囲——たとえば25%ぐらい——で抑えることができるかの問題である。

　まず本表の見方であるが，最左側欄のアイテムの数で，たとえば5アイテムでそのうち4アイテム正答した者の「真の正答率」が70%の場合，——この場合は当然「未到達」と判定されるべきであるのに——誤って「到達」と判定される確率は53%である。これが10アイテムのテストで8問正答した場合の同様の誤り判定の確率は38%に減り，さらに20アイテムの場合の誤りは24%で許容範囲まで減少する，というようによむ。すると，本表から以下のようなことがよみとれる。

① ほんとうは未到達のものを到達と判定する誤り判定とその逆の方向の誤り判定の2種の誤り判定の度合いは，そのテストのアイテム数の大小

で異なり，アイテム数が少ないほど多く，多いほど減少する。したがって，到達度テストの各サブ・テストのアイテム数は原則としては多いほどよい。しかし現実には限りがある。

② この2方向の誤り判定の度合いは，当然のことであるが，どちらの方向においても，真の正答率が，そこに設定された到達基準（この表では80％）に近いほど大きく，それから離れているほど小さくなる。したがって，アイテムの数は，そこに設定された到達基準に対し，真の正答率が近い場合ほど多くのアイテムを必要とし，それから離れた能力の生徒では少ないアイテムでもよいことになる。

③ 真実は未到達を到達と判定する誤りと，反対に真実は到達を未到達と判定する誤りとでは，一般に前者の「偽到達の誤り」の発生の確率がはるかに大きい（その理由は常識的にはわかるが本論文では詳らかにされていない）。

④ どのくらいのアイテム数にすればよいかは，生徒の実力（真の正答率）の大小によって異なる。もし誤り判定率25％までを許容するとすれば，偽未到達の誤り（過小判定の誤り）については，設定された到達基準の80％に接近している85％の真の正答率でもアイテム5個か10個でよい。ところが反対の偽到達の誤り（過大判定の誤り）では，真の正答率75％では50アイテム，真の正答率70％では20アイテム，60％では10アイテム，50％では5アイテムでよいことになる。真の正答率75％の場合には50アイテムを必要とするといっても，実際問題としてはそんなに多くすることは困難であるから，それ以上の危険率（たとえば20アイテムで41％，30アイテムで35％）でもいたしかたがないことになる。

⑤ こうして，結論として，到達判定の誤りをなるべく低くする目的からは，アイテムの数（テストの長さ）はできれば20～30個ぐらい，少なくとも10個ぐらいは確保したほうがよいことになる。ただしこれは初めに述べたように，母集団のアイテム数が非常に大きい場合のことである。

(2) **ノビックたちの研究**

テストの必要なアイテム数その他に関し，上記ミルマンとは全く異なった方法によるノビック（Novick, M.）とその仲間の研究報告がある（メスコースカス，1976）。

それは，アイテム数5，12，20の3とおりのテストにおけるいろいろの実測得点（obtained score）が，正答率で示された真の到達度（true mastery）80％以上，85％以上，90％以上等の能力であることを，どのくらいの確率で正しく判定することができるかを示す資料を含んでいる。その一部を整理しなおしてここに掲げてみよう。表8がそれである。

表8 3とおりのアイテム数のテストにおけるいろいろの生徒の実測得点で真の到達度（正答率）を正しく判定することのできる確率

真の到達度 （正答率）	テストの区別 正答数(%)	5アイテム			12アイテム				20アイテム				
		3 (60)	4 (80)	5 (100)	9 (75)	10 (83)	11 (91)	12 (100)	16 (80)	17 (85)	18 (90)	19 (95)	20 (100)
90 ％ 以 上		.0174	.1235	.5006	.0398	.1493	.4021	.7784	.0619	.1720	.3818	.6618	.9135
85 ％ 以 上		.0505	.2343	.6459	.1292	.3273	.6204	.8950	.2165	.4135	.6537	.8587	.9749
80 ％ 以 上		.0940	.3558	.7539	.2660	.5173	.7790	.9524	.4364	.6501	.8359	.9479	.9939

① 本表で見るに，真の到達度が正答率で80％以上の能力の生徒であるということを正しく判定するのに，たとえば5アイテムのテストで4問（80％）正答した場合では約36％の確率しかなく，12アイテムのテストで10問（83％）正答した場合では約52％の確率，20アイテムのテストで16問（80％）正答で約44％，17問（85％）正答で約65％，18問（90％）正答で約84％の確率であることがわかる。

② これで見ると，生徒の実測正答率得点80〜85％程度で，真の到達度80％以上の能力であることを少なくとも50％以上の確率で判定するには，5アイテムではだめであって，12アイテムから20アイテム程度は必要である，ということになる。

2 各種到達度テストにおけるアイテム数

一つ一つの比較的同質的な目標領域について何個ぐらいのテスト・アイテ

ムを含めてテストするかは，到達度測定ではきわめて重要な問題であり，近年，上に例示したように数学的にもいろいろ研究されてはいるが，まだ結論に至ってはいない。結論に至っていないというよりも，そのアイテム数は，要求される到達度の高低，偽到達と偽未到達の2種の到達度判定の誤りのもたらす損失や悪影響の違い，テストされる生徒集団の能力の高低等の条件のからみ合いから，単純には決めることのできないかなり複雑な問題である。ただそれがあまりにも少数の場合——たとえば1個や2個しか含まないテストが拙いことは明らかである。

　ごく一般的にいってどのくらいのアイテム数を要するかにつき，ポファム（1978, p101-102, p179）は5個から20個，もう少し制限すれば10個から20個ぐらいであろうと述べている（もちろんこれは一つの目標領域の問題構成である。仮に1領域10アイテムとすれば，5領域よりなるテストの全体アイテムは50となる）。前記ミルマンの研究の結論では，できれば20～30個くらい，少なくとも10個ぐらいというのであったし，またノビックらの研究では12～20個であったから，どれもおよそ一致した考え方である。

　しかし，これは一般論であって，たぶんその目標領域が1学期間とか1年間とかいったかなり長期にわたって学習された範囲のものであろう。その領域が狭い形成的テストの場合は事情が異なるであろうが，この場合はどう考えたらよいであろうか。

　単元学習における形成的テストや終末テストでは，その学習範囲が狭く限定されていて，そもそもその一つ一つの領域に含まれる目標の母集団が小さいのであるから，テストのアイテムも比較的少数でよいはずである。

　グロンランド（1973, p13-14）は，分数加算に関する単元学習における計算技能のテストの目標領域を，①分数加算，②分数と帯分数の加算，③帯分数の加算，の3領域に分け，さらにそのおのおのをⓐ同分母のとき，ⓑ異分母（公約数をもつ）のとき，ⓒ異分母（公約数をもたない）のとき，の三つのいっそう具体的で同質的な小領域に分けて，次ページの表9のようなアイテム数を選んでいる。これは単元テストにおけるアイテム数の考え方の一つ

表9　各目標領域に選ばれたアイテムの数

内容＼目標	分数加算	分数と帯分数の加算	帯分数の加算
同分母のとき	5	4	4
異分母のとき（1）	5	4	4
異分母のとき（2）	6	4	4
全アイテム	16	12	12

のよい例である。

　本表で見ると，最も小さい目標領域では4個あるいは5個を選んでいる。そしてその上位の三つの一段大きな目標領域では，分数加算で16個，他の2領域ではともに12個を選んでいる。このように，単元における形成的テストでは，同質的にされた1領域に4～5個のアイテムを配するように考えたのである。

　このように，アイテム数あるいはテストの長さ（test length）は，その目標あるいは観点領域の狭小な単元学習における形成的テスト等の場合と，その領域が広く母集団の大きい学期末や学年末における到達度テストの場合とでは，違えて考えてよいであろう。

　終わりに付記しておいたほうがよいと思うことは，テストのアイテム数とテスト時間との関係である。一般論として，到達度テストでは，生徒にそのもっている能力を十分発揮させるようにするため，テスト時間はできればゆったり与えるほうがよい。そのためにはできればテスト・アイテムの数量を減らしたほうがよいが，現実にはCRTではNRTの場合よりもむしろ多数を必要としている。この点を解決するためには，たとえば学期末や学年末におけるCRTでは，特にそのアイテム数が多いので，できれば2～3時間に分けて行うのが望ましいということになるであろう。しかし，現実問題としてはそれは困難なことである。こういうところが到達度テストの悩みである。

第6章 到達度テストの作問法と関心・態度の評定の方法

　評価・測定しようとするそれぞれの目標領域について，それをりっぱに代表する適当な数のアイテムを選んだならば，次の仕事はそれに妥当するテストの技術を用いて作問したり，あるいは適切な観察・評定の技術を選んでこれに適用するということである。
　作問にどんなテスト技術を使用すればよいかは，その測定しようとするアイテムの性格で決まることになる。たとえば，行動化されたその評価目標が，「言える」「書ける」「例をあげることができる」というような目標ならば，単純再生法や短答式テストのような自由記述式テスト法が妥当し，選択法形式（再認形式）は適切ではない。しかし，「認める」「区別する」「選び出せる」といった行動的目標であるならば，この選択法形式がうまく妥当することになる。また，認知的目標と一部の技能的目標や態度的目標にはペーパー・テスト法が妥当するが，操作や作製能力のような技能になるとそれは妥当しないで，実際に活動させてそれを観察するというような方法を用いなければならない。関心・態度の目標の評価方法もこれに近い。
　以下，知識・理解・思考・知的技能等の主として認知的目標に関する到達度テスト問題の作成技術と，関心・態度の目標についての評定の方法とに分けて述べよう。

(一) 到達度テストの作問の技術

　ヒルズ（1976, p81-82）は，到達度テスト（CRT）と相対的評価テスト

(NRT)とでは，その作問技術が著しく異なっていて，CRT では生徒の具体的行動能力を測定する必要があるので，選択法的技術は不適当であって再生法が望ましい。さらにいっそう望ましいのはパーフォーマンス・テスト（動作テスト）であると述べているが，このことはできれば NRT についても同様であろう。むしろこれはペーパー・テストの限界の問題であって，必ずしも到達度テストの技術の特質とはいえない。

これに対し，グロンランド（1973, chap. 5）やポファム（1978, chap. 3）は，作問技術に関しては CRT と NRT とで，むろん異なる点もあるが，大部分は共通しているとみている。これは幸いなことである。したがって，すでに作問技術について自信のある人は，本章本項はとばして次項に進まれてもよい。

1 テスト技術の分類と目標との妥当関係

(1) テスト技術の分類

作問に用いられるテスト技術としては，以下に掲げるようなものが広く利用される。このことは CRT の場合も同様である。

---

① 論文体テスト（単文体テストを含む）
② 客観テスト
　　再生形式――単純再生法，完成法，訂正法，序列法
　　再認形式――真偽法，多肢選択法，組み合わせ法，選択完成法
　　（選択形式）
③ 問題場面テスト（解釈テスト）

このうちの論文体テストはよいとして，客観テストを再認形式（recognition types）と再生形式（recall types）に分けたことについては少し説明を加えておこう。再生形式は，学習後一定時間を経て，思い出し得るものを生徒に自由記述させるテスト形式である。論文体も自由記述式のテスト形式であるが，客観テストとしての再生形式は採点の客観化のためにいくらか制限を加えてある。再認形式は，すでに学習したものとしないもの，あるいは正

答と誤答とをいっしょに生徒に提示して，その中から確かに前に学習したものや正しい答えを選択させる試験形式である。この両形式で，同じ客観テストでもその妥当性その他の点で違いが生じる。

問題場面テストというのは，テスト形式としては論文体テストと客観テストの応用型であって，新しい問題場面を提示して「この材料から何を発見することができるか」を問うテスト技術であって，思考力・応用力・創造力のテストに最適の技術である。

(2) **テスト法と目標との妥当関係**

上述したテスト技術が，知識・理解・思考・技能等の目標の測定に対し，どのように妥当しているかその大要を表10として示してみよう。

表10　測定目標と各種テスト法の妥当関係

目　標	妥当する主なテスト法
知　識	・単文体テスト ・単純再生法，完成法，訂正法等 ・多肢選択法，組み合わせ法，選択完成法等
理　解	・論文体テスト ・完成法・序列法等 ・多肢選択法，組み合わせ法，選択完成法等
読み・書き・計算 その他の技能	・単純再生法，完成法，訂正法，序列法 ・多肢選択法，組み合わせ法，選択完成法
応　用 思　考	・問題場面テスト ・論文体テスト

しかしながら，上にも少し触れたように，なんといっても作問技術の基本型は再生・再認両形式の客観テストと論文体——なかでも特に数行以内で記述させる単文体テストである。そこで，この三つの作問の基本形式について，その活用上の諸観点についての比較表を示してみよう（次ページ表11）。

表11について少し説明を加えておこう。妥当性を三つの観点で分けてみると，表に示したように，論文体と客観テストとでは，測定する目標の複雑さ，種類および深さにおいて，それぞれ特色がある。第1の目標の複雑さからい

表11　3種の基本的テスト形式の比較

		論文体テスト	客観テスト	
			再生形式	再認形式
妥当性	とらえ得る目標の複雑さ	組織・構造など比較的複雑な学習内容	断片的な事実や比較的簡単な学習内容	同　左
	とらえ得る目標の種類	理解・思考・態度・価値観など	知識・理解・技能	同　左
	とらえ得る目標の深さ・確かさ	深い明確な学力	明確な学力	浅い弱い学力にも妥当
信頼性	採点の客観性	劣　る	まさる	最もまさる
	出題可能量	少ない	多　い	多　い
	ハーロー・イフェクト	あ　り	ほとんどない	な　い
作問の容易さ		容　易	やや困難	多くは最も困難
採点の容易さ		困　難	容　易	最も容易
準備のための生徒の努力		最も努力を要する	努力を要する	気軽い
生徒の学習方向の規制		運用すれば組織・構造の学習に向ける	運用すれば断片的事実の学習に向ける	同　左
テストに対する生徒の感情		最も感情を圧迫する	いくぶん圧迫する	安易の感

うと，論文体が最も複雑な内容・目標のテストに適し，他はどれも人名，地名，術語の意味その他の比較的簡単なもののテストに適している。第2の妥当する学力の種類からは，表のように，客観テストはどれも主として知識・理解や読み・書き・計算の技能などに妥当する。しかし，これは一般的なことであって，子細に見ると，その中でもたとえば多肢選択法・完成法等は思考力・判断力の評価にもある程度は妥当する。第3の学力の深さや明確度からも，表示したように違いがある。すなわち再認形式は，うすぼんやりした浅い知識や理解であっても，答えることができて得点するのに対し，記述式

テストでは，浅い知識では答えることができないのである。

 こういうわけであるから，作問にあたっては，テストの目的によって，この理論を逆手に応用してその作問技術を選ばなければならない。たとえば組織や構造の理解状態をみようとすれば論文体で作問するほかはないし，また，十分定着した的確な知識・理解をテストしようとすれば，それが複雑な内容であるならば論文体を，断片的事実についてならば客観テストの再生形式——たとえば単純再生法——を使用するようにしなければならない。

 次に，テストの信頼性の観点でいうと，表に見られるように，一般的に再認テストが最もすぐれており，論文体が最も劣っている。ハーロー・イフェクトというのは，氏名，文字・文章の巧拙など本質的ではないことで採点の公正さがかく乱されるような心理的影響のことである。

 作問の容易さと採点の容易さは表に示すとおりで説明を要しないであろう。準備のための生徒の努力は，前に述べた「とらえる学力の深さ，明確さ」など妥当性の関係から，自然にこうなるのである。論文体のテストに対しては生徒は最も努力を要し，再認形式に対しては最も気軽な態度で臨めるのである。このことが，同時に，表示したような，テストに対する生徒の感情を左右する。

 生徒の学習方向の規制というのは，これら3種のテスト形式のいずれか1種を反復的に連用した場合に生徒はどのような種類や内容の目標を重要として，その学習に方向を構えるようになるかということである。これらも，作問上配慮するのがよいであろう。

2　各目標別作問の方法

 ここでは，知識，理解，応用・思考，技能の測定目標別に，その作問法を述べよう。

(1) 知識のテスト問題のつくり方

 知識と理解は密接な関連をもち，発生的にどちらが先でどちらが後とは簡単にはいいがたい。普通，ブルームらの認知的目標の分類では層序的には知

識を低次，理解を高次の目標としているが，しかし教育の方法論からは知識は理解した後に残される結果や所産として考えるほうがより重要ともいえる。

しかしながら，知識は，単にこれを理解面からのみ見て終わることはできない。他面，その記憶面に注目しないわけにはいかない。心理学的に知識を説明するとすれば，どうしてもそこに記憶とか，観念とか，把握とか，再生とかの概念を抜きにはできないのである。記憶痕跡の強固さとか，把握の明瞭さとか，再生の容易さや正確さが問題とされなければならない。知識である以上，ただ理解されているという条件だけにとどまらないで，理解されたものが観念として記憶（把握）され，必要に応じていつでも再生され，利用され得なければならない。

こうして，知識は，理解されているということと，記憶されているということの二面的構造体であるということができる。

そして，大切なことは，この知識の理解面と記憶面の二つの面の組み合わせのウエートや濃淡は，個々の知識によって一様ではないということである。どちらかといえば理解の契機が重くて記憶の契機が軽い知識もあれば，逆に，むしろ記憶の契機に重点がかかっていて理解の契機は軽い知識もあろう。あるいはまた，理解と記憶の間に濃淡の差をつけがたい知識もあるであろう。これらのことは知識の種類によって異なるわけである。

こういう見地から知識を分類してみることは，知識のテストにとっては一つの基礎を提供してくれる。知識は，比較的断片的・要素的であって，どちらかといえば記憶的要素のまさった知識から，次第にその複雑さと連関性と抽象性を高めて理解面のまさった知識へと区別することができよう。こういう考え方に立って，わたくしは，知識を，以下に示すように分類することにする。

① 記号的・事実的知識
② 方法や手段についての知識
③ 関係的・概括的知識

したがって，知識および一部の技能の評価の用具としては，その妥当性・信頼性からいって，各種様式の客観テストが最もすぐれているといえる。知識の中でも，殊に，ぜひ記憶させて，想起自在にしておく必要のある，いわゆる基礎的知識のテストのためならば，客観テストの中でも，さらに再生法のような再生形式のテストが最も妥当しているのであって，選択法のような再認形式のテストは，一般的にはその妥当性がいくぶん低下しよう。また，論文体テスト（単文体テスト）も知識の評価用具としては妥当する。殊に，上記分類中の関係的・概括的知識のテストには論文体テストの活用の余地が大いにある。

以下，いろいろの作問技術による知識のテストの作問例を示してみよう。

① 主として記号的・事実的知識

> 例1　活版術を発明した人はだれか。（単純再生法）
> 例2　労働三法とは何か。（単純再生法）
> 例3　わが国の二大都市はどことどこか。（単純再生法）
> 例4　次の文の漢字の誤ったものには傍線を引いて，その下側に正しい字を書け（文章省略）。（訂正法）
> 例5　江戸時代に農業の発達や農民の生活改善に特につくした人物を，次の中から二人選んで，その番号に〇をつけよ。（多肢選択法）
> 　　　1　伊能忠敬　　2　二宮尊徳　　3　河村瑞軒
> 　　　3　塙保己一　　4　杉田玄白　　6　青木昆陽
> 例6　次の地図（地図は省略）に矢印で示された都市・山・川および鉄道の名まえを□の中に書け。（完成法）

② 方法や手段についての知識

> 例1　円の面積の求め方をかけ。（単純再生法）
> 例2　次の1，2について，どのような方法がよいか。1つ選んでその番号を（　）の中に書け。（多肢選択法）

1　メスシリンダーの目もりの読み方（　）

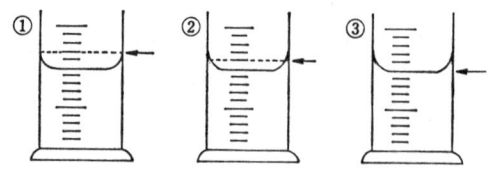

①　②　③

2　薬品のとり方（　）

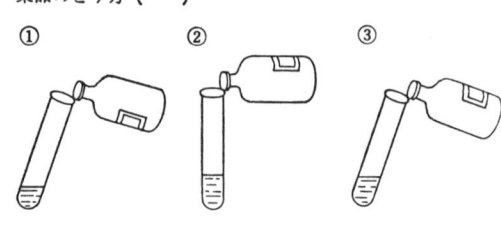

①　②　③

例3　上ざらてんびんを使って薬品をきまった重さだけはかりとろうと思います。次にあげた作業をどういう順で行ったらよいですか。その順に（　）の中に番号を書きなさい。（序列法）

（　）うすい紙をさらにのせてつり合わせる。

（　）水平でゆれない場所を選んで，上ざらてんびんをおく。

（　）さらに何ものせないで，うでのつり合いを指針のふれぐあいを見て調節する。

（　）薬品をあつかいやすい右のさらにつり合うまでのせていく。

（　）分銅をピンセットで持ち左のさらに静かにのせる。

③　関係的・概括的知識

例1　憲法の基本的人権であると思うものを，次の中から選んでその記号に○をつけよ。（多肢選択法）

ア．能力に応じて教育を受ける。

イ．自分がすきなことは何でもやる。

ウ．以下省略。

例2　食用油がとれるおもな植物を三つあげよ。（単純再生法）

例3　次の作品はだれの作であるかを，右のわくの中からさがして，その番号を（　）の中に書け。（組み合わせ法）

第6章 到達度テストの作問法と関心・態度の評定の方法 109

奥の細道　　（　）
万葉集　　　（　）
吾輩は猫である（　）

1 藤原定家	2 芭　蕉
3 紀　貫之	4 夏目漱石
5 島崎藤村	6 山上憶良

例4　次の文の，□にあてはまる数字を書きいれなさい。（完成法）
　　『四捨五入して，ある位までのおよそのかずを求めるには，そのすぐ右の位のすうじが，□，□，□，□，□のときは切り捨て，□，□，□，□，□のときは切り上げます』

例5　三角形についての次の1〜5のことがらは，ア〜ウのどれに関するものですか。適するものを選び，記号で答えなさい。（組み合わせ法）
　　1．3つの中線の交点　　　　　　　　答 □
　　2．3つの頂点から等しい距離にある点　答 □
　　3．3つの内角の二等分線の交点　　　　答 □
　　4．3つの辺から等しい距離にある点　　答 □
　　5．3つの辺の垂直二等分線の交点　　　答 □
　　　　｛ア．内心　　イ．外心　　ウ．重心｝

(2) **理解のテスト問題のつくり方**

　上述した知識と，ここでの理解とは関係が深いので，その評価では従来よく両者一括して取り扱われているが，しかし両者の構成概念にはかなり異なるところがある。というのは，知識は理解した結果や習得した概念に重点をおいてとらえられたものであるが，理解は結果や所産というよりも，むしろ「理解している」という状態に視点をすえてとらえられた目標である。その理解している状態というのは，その問題事態に内在している諸要因間の関係把握が成立している，ということにある。したがって真の理解の評価では，「何々を述べよ」というような結果を書かせるのではなくて，その事態が完全に理解され，意味が明らかにされる状態に至るまでに，ぜひ把握されなければならない重要な諸関係（因果関係，従属関係，用途や機能関係等）をいくつか分析的に提示して，それらの関係把握が成立しているかどうかをテス

トするように工夫する必要がある。
　こういうわけだから，理解には深さがあることになる。問題が困難であって，把握されるべき内部関係が複雑かつ隠微であればあるほど，生徒の到達する理解の深さにいろいろの度合いがあろう。理解の評価においては，特にこうした深さを評価することが大切であるといわれているし，またそれは不可能なことではない。
　理解の評価にはどんな用具が妥当するかについては，まず論文体テストがきわめてすぐれた用具であるということを銘記すべきである。しかしながら，客観テストも，特にその中の多肢選択法・完成法・組み合わせ法などはよくこれに妥当している。
　2，3の問題例を示しておこう。

例1　自転車について次の問に簡単に答えよ。（単文体テスト）
　(1)　走っていると倒れないわけは　　　答
　(2)　タイヤの中に空気を入れるわけは　答

例2　下の左側にあることの原因または説明理由となると思う最も適切なもの一つを，右側からさがして，その番号を（　）の中に記入せよ。（組み合わせ法）

　　　（結　　果）　　　　　　（原因または説明理由）
　（　）統制経済　　　　　(1)　労働者の過剰
　（　）労働組合　　　　　(2)　消費者の収入減
　（　）物価の下落　　　　(3)　物資の不足
　（　）購買力低下　　　　(4)　労働者の地位の向上
　　　　　　　　　　　　　(5)　運賃の値上げ
　　　　　　　　　　　　　(6)　物資の生産過剰

例3　予防注射をするわけは。（多肢選択法）
　　1．ばいきんをなかだちするものをなくする。
　　2．身体内のばいきんに対する抵抗力を強める。
　　3．ばいきんが口や皮膚から入ることを防ぐ。
　　4．栄養をおぎなって病気に対する抵抗を強める。

第6章　到達度テストの作問法と関心・態度の評定の方法　*111*

例4　江戸時代の終わりごろ，わが国がアメリカ合衆国などの国々と結んだ通商条約は日本にとって，たいへん不利なものであったといいますが，それはどんなところですか。三つ例をあげなさい。（単文体テスト）

例5　次の文章は鎌倉幕府のしくみについて述べたものです。☐の中にことばを入れて完全な文にしなさい。（完成法）
　　幕府のしくみは簡単で，鎌倉には，御家人をとりしまる☐，裁判をあつかう☐，いっぱんの政治を行ったり，財政をつかさどったりする☐の三つの役所がおかれた。地方には，国ごとに☐をおいて，その国の軍事・警察の仕事を行わせ，また，公領や荘園に☐をおいて，年貢の取り立てを行わせた。

(3)　技能のテスト問題のつくり方

　ブルームらは，技能を精神運動的領域（psychomotor domain）と呼んでいるが，精神的な面と神経・運動的面と合体されたような目標領域である。多かれ少なかれ知識・理解の面と行動的・熟練的な面との2面を併せ有している。読字・書字・計算・会話等の技能は，この中の知識・理解の部面が著しく濃厚であるうえにその熟練的要素も強く必要とする目標であって，時に精神的技能（mental skill）と呼ばれる。

　これに対し，機械・器具の使用技能，スポーツや運動技能のごときは比較的に精神面よりも運動的部面がまさっているので，時に運動的技能（motor skill）と呼ばれる。技能が，このように，①知識・理解の面と，②行動的定型化とか熟練化とかの面との，二面的構造体であるということによって，技能評価の方法や用具が規定されることになる。この中の，知識・理解の面だけの評価では，決して技能評価の真髄をついたとはいえないのであるが，しかし，技術上の制限から，この場合の評価技術としては，各種客観テストや論文体などのいわゆるペーパー・テストがうまく妥当している。

　しかしながら，むしろ技能の中心であるところの，第2の行動や熟練の面の評価ということになると，ペーパー・テストは妥当性が少ない。代わってチェック・リスト，評定尺度，作品・ノート・レポートの検閲，面接法ある

いは撮影や録音などの，主として観察的あるいは工学的諸技術が妥当することになる。なぜならば，技能の行動面であるところの正確さや速度や効果というものは，実際に操作や製作をしている場面そのものや，あるいはつくり上げた作品や表現を直接観察するほかはないからである。しかし，ここではこの方面の評価技術は取り上げないことにする。

以下，ペーパー・テスト法による技能の作問例をいくつか掲げてみよう。

例1　次の漢字の読みがなを書け。（単純再生法）
　　　　樹木（　　）　肖像（　　）　疑る（　　）
　　　　浸す（　　）　避難する（　　）

例2　次のカタカナの部分を漢字で書け。（単純再生法）
　　　　客をムカ（　　）える　　エイビン（　　）な神経
　　　　ムイシキ（　　）に叫ぶ　センモンカ（　　）の話

例3　次の計算をしなさい。（単純再生法）
　　　　$6 \times 3 =$　　$6 \times 6 =$　　$6 \times 9 =$　　$6 \times 8 =$
　　　　$7 \times 4 =$　　$7 \times 6 =$　　$7 \times 9 =$　　$7 \times 5 =$

例4　次の□にあてはまる数を書きいれなさい。（完成法）
　　　　$32 + \square = 36$　　　　$32 - \square = 24$
　　　　$32 \times \square = 64$　　　　$32 \div \square = 16$

例5　右記のグラフは　ある県で　小学生がこうつうじこで　しんだり，けがをしたかずを　しらべたものです。このグラフを見て　つぎのもんだいにこたえなさい。（多肢選択法）
　　1　このグラフで　一ばん多いのは　どのじこですか　　　　　（　　）
　　2　このグラフで　一ばんすくないのは　どのじこですか　　　（　　）
　　3　このグラフで　50人のじこは　どんなげんいんの　じこですか（　　）

（グラフ：イ　おうだんのとき　　ロ　ふみきり　　ハ　左がわをあるいて　　ニ　ななめおうだん　　ホ　道であそんでいて　　ヘ　そのほか）

例6　右の表は21から40までの数の二乗表である。この表を利用して下の問いに答えよ。（多肢選択法・単純再生法）

問1　26の二乗は　　答＿＿＿
問2　37の二乗は　　答＿＿＿
問3　34の二乗は　　答＿＿＿
問4　29の二乗は　　答＿＿＿
問5　38の二乗は22の二乗のおよそ何倍か（概算で）　答＿＿＿
問6　一辺が23 mの正方形のテーブルの表面積は　　答＿＿＿

n	n^2	n	n^2
21	441	31	961
22	484	32	1024
23	529	33	1089
24	576	34	1156
25	625	35	1225
26	676	36	1296
27	729	37	1369
28	784	38	1444
29	841	39	1521
30	900	40	1600

(4) 応用・思考のテスト問題のつくり方

　思考とは，解決すべき問題を含む新しい場面に直面して，それにうまく適応するために，その事態を分析し，既有の知識・理解・技能等を総合して，問題解決の新しいアイデアを創り出す高度の精神過程である。ギルフォード（Guilford, J. A.）は，広義での思考を，①集中的思考（論理的思考），②拡散的思考（直観的思考あるいは想像）の二つに分けたが，筋道を立てて論理的に考えていくところの普通いう意味の思考が前者であり，後者がいわゆる創造的思考力の本質をなすものである。

　まず普通いう意味の思考の評価法から考えよう。この思考はさらに資料解釈力（帰納的思考），知識・原理の応用力（演繹的思考）等に分けることができる。そのどちらにも評価用具としてはすでに述べた問題場面テストが最もよく妥当しているが，この思考の区別によってその用い方が異なっている。

① 資料解釈力の評価

　資料解釈力の評価は，文章記述やグラフや数表などの形でなんらかのなまの資料を提出し，生徒がその資料の信頼度や限界や内部関連を認識しながら，概括や仮説を引き出す能力をみるように行われる。今日，思考力の評価としては，これが最も多く使用されているようである。それは問題構成が比較的

容易なためであろう。

資料解釈力は論文体および客観体の両問題場面テストで評価できるが，このうち客観的問題場面テストの一般的つくり方は次の順による。
1. 実験例・統計図表等の具体的事実を提示する。
2. 次に，この資料だけから見て，真，偽，真偽不定などの各種の結論（叙述）を多数とりまぜて提示する。
3. 次に，これらの結論について，与えられた資料から見て，「真なるものに○をつけよ」と問うか，「真なるものにはA，偽なるものにはB，真偽どちらとも決しないものにはCとつけよ」などと問う。
4. 採点は，教師が正答と予定したところと一致した場合に正答とし，他は誤答とする。

こうして作問した資料解釈力テストの問題例をあげておこう。

問　種子が発芽するのには何が必要であるかを調べるために次のような実験をした。

実験1　広いびんの中に種子を入れて発芽をさせ，びんの中の気体を調べたら，炭酸ガスが非常に多く，酸素が非常に少なかった。

実験2　乾いた土と湿った土とに別々に種子をまいて戸外においたら，乾いた土のほうはついに発芽しなかった。

実験3　非常に寒いとき，鉢に湿った土を入れて種子をまき，戸外においたが発芽しなかったので家の中においたら発芽した。

実験4　ガラス皿にぬれた布をしき，その上に種子を並べ箱をかぶせて暗くしておいたのに発芽した。

　この実験から，発芽に必要なものは何であるといえるか。次の中から三つを選び○をつけよ。

　　（イ）水　　（ロ）肥料　　（ハ）空気　　（ニ）土　　（ホ）光
　　（ヘ）温度

---

②　知識・原理の応用力の評価

客観的問題場面テストを利用しての，知識や原理の応用力をテストする問

題は，だいたい次のような手続きでつくればよい。
1. その応用能力を検査しようとする知識や原理や法則を選んで決める。
2. 次に，それを応用して解釈させようとする具体的問題場面を選ぶ。
3. 次に，その問題の解決法や結論を，正しいもの，誤ったものをいくつか提示して，そのうち正しいと思うものを選択させる（場合によっては，選択はさせないで，こちらから一つの結論を示す場合もある）。
4. 次に，生徒に選ばせる理由表を準備する。それは，生徒がどの結論を選んでも，関係理由を見いだし得るように，多方面的に，しかも，正しいもの，誤ったもの，正しくはあるがその問題には無関係のもの，誤った類推とか迷信とかいろいろ列挙する。

その具体的問題例を，前記種子の発芽の問題についてつくってみよう。

問題 次の六つの条件で大豆をまいて発芽の実験を試みた。発芽したと思うものには○を，発芽しなかったと思うものには×を左側の（　）の中に記入せよ。

　（　）（　）水をしませた綿に豆をまいて光のあたるところにおいた。
　（　）（　）水をしませた綿に豆をまいて冷蔵庫に入れておいた。
　（　）（　）かわいた綿に豆をまいて暗室に入れておいた。
　（　）（　）水をしませた綿に豆をまいて暗室に入れておいた。
　（　）（　）水をしませた綿に豆をまいて窒素をみたした容器に密閉しておいた。
　（　）（　）かわいた綿に豆をまいて日のあたるところにおいた。

このうち，発芽しないと思うものについては，その原因となると思うものを次の中から選んでその番号を右側の（　）の中にかけ。

　1．発芽には空気が必要である。　　2．発芽には水が必要である。
　3．発芽には光が必要である。　　　4．発芽には肥料が必要である。
　5．発芽には温度が必要である。　　6．発芽には土が必要である。

---

③　創造的思考力の評価

いわゆる拡散的思考（直観的思考）を中心とした創造的思考は，論理的思

考とは異なり，わずかの手がかりで飛躍的・独創的なアイデアを生み出す思考である。そこでは自由奔放な直感と想像が大切にされる。本来，創造性（creativeness）は，このほか創造的表現力，創造的技能および創造的態度・性格までも包含した広い概念であるが，ここではその一部分である創造的思考力だけの評価を考える。この場合も問題場面テストが一番よく妥当する。

> **問題** 医学の進歩や生活の向上によって，わが国の男女の寿命は著しく伸びつつある。このことは，近い将来においてわが国の社会にどんな問題や変化を起こす可能性があるかを自由に記述せよ。（論文体問題場面テスト）

3 到達度テストと相対的評価テストにおけるテスト時間

　第5章でも少し触れたことであるが，教師自作テストによる到達度テストでは，そのテスト時間は，すべての生徒が十分その所持している能力を発揮することができるように，十分与えるのが望ましい。仮に相対評価の目的であっても，従来から，教師自作テストではきびしい時間制限などはしていないのが通例であろうが，到達度テストではいっそうのことである。

　標準化された相対的学力検査など特にそうであるが，相対評価の目的は生徒の能力の相対的位置を明らかにすることにあるのだから，そのテスト時間も全生徒に共通同一にしなければならない。したがって時間制限法をとることにも十分な理由が存するのであるが，到達度テストでは個人個人の到達度をみるのが目的であるから，能力はあるだけ出させる必要がある。したがって，テスト時間には余裕をもたせて，必要とする生徒に対しては，ある程度のテスト時間を延長して与えてもさしつかえない。このことが，その到達度テスト（CRT）の妥当性を高めることにも役立つと考えられる。

　しかし一方，第5章で論じたように，CRT のアイテム数は，単元テストでは一つの目標について3～5個ぐらいでよかったが，学期末や学年末テストでは一つの目標領域で10～20個ぐらいを必要とした。もし目標領域が五つも六つにもなると，1校時40～45分ではテスト時間が短すぎて十分能力を発

揮できない生徒も出よう。こういう場合には，臨時に1校時の時間を50〜60分に延ばすか，あるいは2回に分けて実施したほうがよいであろう。

(二) 関心・態度の評定の方法

各教科における関心・態度の目標の，行動の概念における具体化に関しては，すでに第4章の(四)で述べた。ここでは，その関心・態度の目標の評価法について述べよう。

関心・態度の目標についても，工夫しだいでは，ある程度まではテスト法も利用することができるが，その妥当性が十分とはいえない。普通，これらの目標に対しては，観察・評定法，生徒の自己診断法およびゲス・フー・テストが最も利用価値が大きい。近年，また，ＳＤ法も利用されつつある。

1 観察・評定による方法

観察に基づく評定法にも，チェック・リスト法，評定尺度法，一対比較法その他いろいろあるが，次ページに評定尺度法の例をいくつかあげてみよう。どれも，指導要録の「観点別学習状況」の「十分達成」「おおむね達成」「達成が不十分」三つの基準によって評定するものとする。教師は，平常，ここに示したような具体的な関心や態度の目標について生徒をよく観察しておいて，この3種の基準で絶対的に評定するのである。まず，次ページの例に示したように4〜5個の具体的目標について評定した後，適当にこれを総合してその教科全体の関心・態度の到達度を決定するとよい。

たとえば，各観察項目についての「十分達成」を2，「おおむね達成」を1，「達成が不十分」を0として，4項目なら4項目の合計点——8点から0点に分布——を出す。この得点に対し，ここでも一定の到達基準——たとえば6点以上は「十分達成」，4〜5点は「おおむね達成」，3点以下は「達成が不十分」とするごとき——を適用して，その教科全体の関心・態度についての一種の達成度評価をするのも一つの方法である。

① 国語の関心・態度についての評定尺度の例　　　十分　おおむ　達成が
・相手によくわかるように話をしようとする。　　　達成　ね達成　不十分
・正しいことばづかいに注意する。
・読書に親しみ、楽しんで読む。
・内容を考えながら批判的に読む。
・自分からすすんで書いたり、文をつくったりする。

② 社会の関心・態度についての評定尺度の例　　　十分　おおむ　達成が
・自分の家庭や学校で働く人々の仕事に関心をもつ。　達成　ね達成　不十分
・公園や公共の建物を大切に使用しようとする。
・農家や商家や工場で働く人々の仕事に関心を向ける。
・自分の地域の行事や文化財に興味をもち大切にしようとする。
・郷土や国における先人の努力やその恩恵に関心を向ける。

③ 算数・数学の関心・態度についての評定尺度の例　十分　おおむ　達成が
・かぞえたりはかったりすることやものの形に興味をもつ。達成　ね達成　不十分
・加減計算を日常生活に利用しようとする。
・式を利用することに関心をもつ。
・単位を使ってものごとを処理しようとする。
・記号を用いて数学的処理をすることに興味を抱く。

④ 理科の関心・態度についての評定尺度の例　　　十分　おおむ　達成が
・楽しそうに自然に接し、よく観察する。　　　　達成　ね達成　不十分
・昆虫の採集や飼育などに興味をもつ。
・生物を愛護し大切にする態度がある。
・自然界の妙味に感動する。
・事物を細かに観察し、要点を記録する態度ができている。

⑤ 音楽の関心・態度についての評定尺度の例　　　十分　おおむ　達成が
・音楽に興味をもち、静かに聴こうとする。　　　達成　ね達成　不十分
・自分も好んで歌ったり、楽器を演奏しようとする。
・愛唱歌をもっていて友人と楽しく歌い合う。
・すぐれた歌手、演奏家、作曲家に関心をもっている。
・自分で作曲することにも興味をもっている。

⑥ 保健・体育の関心・態度についての評定尺度の例　十分　おおむ　達成が
・遊びや運動競技のきまりをよく守ろうとする。　達成　ね達成　不十分
・互いに協力したり励まし合う態度ができている。
・勝負に対する正しい態度ができている。
・運動後、顔や手足をよく洗う。
・毎日適当に運動する習慣が身についている。

2 生徒の自己診断法による方法

この場合も，各教科における「関心・態度」の目標を具体化し，そのいくつかについて以下示すような質問紙を作成し，これについて生徒に自己診断（自己評価）させる。この場合，自己診断法の弱点として，生徒が正直に答えないとか，あるいは低学年児童など自分を客観的にみる能力が欠けているとかして，その結果に信頼がおけないことがあることを含んでおく必要がある。したがって，そのままを指導要録への記載資料として採用することなく，教師の評定の結果や，次項のゲス・フー・テストの結果などと総合して利用したほうがよい。その具体的方法は，以下に例示するような各項目の三つの答えの選択肢のうち，生徒が自分に当てはまると思うもの一つを選びチェックさせるのである。この三つの選択肢に，望ましさの程度によって，たとえば2，1，0の点数を配し，その全項目の合計点によってたとえば前項の観察・評定による方法のところで述べたような手続きによってその教科全体の関心・態度の3段階の達成度（十分達成，おおむね達成，達成が不十分）を評定するとよい。国語と図工・美術について，その例を掲げておこう。

① 国語の関心・態度の自己診断テストの例

```
1. あなたは いつも 相手によくわかるように 話をしようとしていますか。
   □ いつもよくわかる      □ だいたい気をつけている    □ 声が小さかったり，
     ように話している         が，つい忘れることもある      早口で話すことが多い
2. あなたは 正しい言葉づかいに いつも注意していますか。
   □ いつも注意している    □ 注意しているが，時々      □ 正しい言葉づかいは ほと
                              らんぼうになる             んど注意したことがない
3. あなたは 本や雑誌を読むことが 好きで，自分から進んで 読みますか。
   □ たいへん好きで        □ おもしろいものが         □ 本を読むことは好きでな
     次々に読んでいる         あれば読んでいる            いので，あまり読まない
4. 自分の見たこと 聞いたことなどを 作文に書くのは 好きですか。
   □ たいへん好きで        □ 時には書いて             □ あまり好きではないの
     よく書いている           みることもある              で，ほとんど書かない
```

② 図工や美術の関心・態度の自己診断テストの例

```
1. 絵をかくことが 好きで，自分からすすんで かいていますか。
   □ とても好きで        □ 時にはかくことがある    □ 自分からすすんで
     よくかいている          が，あまりかかない         かいたことはない
2. 紙，木その他の材料を選んで，おもちゃや道具などを 自分でつくることが 好きですか。
   □ とても好きで        □ 時々は自分で          □ あまり好きではないので，
     よくつくっている        つくっている            めったにつくらない
3. 自分が満足するまで 根気強く絵をかいたり，物をつくったりしますか。
   □ 根気強くやる        □ おもしろい時には       □ どちらかといえば
     ほうだと思う           根気強くやることもある    あきやすいほうである
4. 自分の部屋や 自分の家を 美しくしようとしますか。
   □ いつも花や絵など    □ 時には              □ 自分からはほとんど
     で美しくしている        美しくしたいと思う       気にかけたことがない
```

3 ゲス・フー・テストによる方法

　ゲス・フー・テスト (guess-who test) は，生徒相互の観察に基づくところの生徒の相互評価法である。それは，学級の中で，ある望ましい特質，または望ましくない特質をもつ者を，学級全生徒に自分の学級の中から数名選んで書かせる。そして，たとえば，望ましいほう(A)にだれか1人から書かれているごとに＋1点，望ましくないほう(B)に書かれるごとに－1点を与え，代数和でその結果を数量化し，それぞれの生徒の学級内における相対的地位を知る技術である。

　この方法は，従来の研究によると，その評価技術の信頼性の上からはきわめてすぐれた方法であるが，実施上特別の注意を必要とする。すなわち，よくその趣旨を理解させ，生徒相互間の友愛関係を打ち立てておく必要がある。もし，その学級に相手を陥れようとするような空気のある学級では行わないほうが無難であろう。従来の経験上，小学校児童では比較的無難であるが，中学校以上において特に注意を要する。

第6章　到達度テストの作問法と関心・態度の評定の方法　121

① 算数・数学の関心・態度のゲス・フー・テストの例

下の一つ一つを読んで，この学級の中でだれがそれにあてはまっているかを，日ごろ感じているところから書きなさい。2人も3人も，あるいは男も女もあてはまるかもしれない。この学級の中だけで答えなさい。

1	A	日ごろ，ものをかぞえたり，量をはかったり，形を見分けることに，非常に興味をもっている人はだれでしょう。	答
	B	日ごろ，数をかぞえたり，ものの形を見分けたりすることに，あまり注意が向いていない人はだれでしょう。	答
2	A	算数（数学）が好きで，日ごろよく算数（数学）の勉強をしている人はだれでしょう。	答
	B	算数（数学）は，どちらかといえばきらいなほうで，あまり勉強しようとしない人はだれでしょう。	答
3	A	金銭を計算することが好きで，クラスの会計係などをよろこんで引き受ける人はだれでしょう。	答
	B	金銭の計算などめんどうだといって，クラスの会計係などを好まない人はだれでしょう。	答
4	A	記号や式を使って，ものごとを示したり整理することの好きな人はだれでしょう。	答
	B	算数や数学での記号や式はかたくるしいといって，これを使用しようとはしない人はだれでしょう。	答

② 技術・家庭の関心・態度のゲス・フー・テストの例

1	A	自分の身なりを整えようとする態度ができていて、いつもきちんとしている人はだれでしょう。	答
	B	いつももう少し自分の身なりに注意して、服装などをもっときちんとしたほうがよいと思われる人はだれでしょう。	答
2	A	日ごろ，機械や器具の故障を修理することに興味をもち，自分からすすんで直す人はだれでしょう。	答
	B	日ごろ，もう少し機械に興味をもち，その故障などを直してみようとしたほうがよいと思われる人はだれでしょう。	答
3	A	機械と人間の生活との関係に興味をもち，生活の向上のために機械を考案し，活用しようとする意欲の高い人はだれでしょう。	答
	B	あまり機械と人間との関係には関心がなく，また機械の考案や利用を考えない人はだれでしょう。	答
4	A	衣服の材料を上手に選び，よく工夫してつくっている人はだれでしょう。	答
	B	もっと衣服の材料を上手に選び，自分に合うように，よく工夫してつくったほうがよいと思われる人はだれでしょう。	答

第7章　到達度判定のための基準の設定の方法

　第3章で取り扱った到達度評価の一般的手続きにおいて，方法論としての到達度評価には，そのどのステップをも欠くことのできない一連の手続きがあることを強調した。その一連の手続きの中でも，到達度評価として最も重要で最も特長的な手続きは，①各目標領域の具体化表の作成，②その各目標領域（母集団）を見事に代表するようなアイテムのサンプルの選び出し，ならびに③そのサンプルによる生徒のテスト得点に基づいて到達度を判定するためのスタンダード——それは正答率得点で分割点として示される——の設定，という三つの手続きであった。そして，この中の最初の目標具体化表こそがその到達度評価の第1のクライテリオンとなり，テストや観察するためにそれからサンプリングされたアイテム群がその第2の操作的クライテリオンであって，そのどちらもまだ質的規準（criterion）であるが，第3のスタンダードに至って初めて量化された到達基準（performance standard）となるものであった。この量的な基準を設定し，これを用いて一人ひとりの生徒の各領域における得点の到達度（level of mastery）を判定（classify）してこそ，初めて到達度測定（CRM）を媒介とした到達度評価が成立するのである。

　もし，この三つの重要手続きのうち，第2と第3の手続きを経ないで，第1の目標の分析と具体化作業だけでは——これだけでよいと考えている向きもあるようにみえるが——テストや測定という技術を含まない主観的到達度評価に堕する危険がある。なぜなら，これだけでは，単に一つ一つばらばらの行動的目標の合格・不合格が判定されるだけで，その目標領域全体についての到達度の決定が的確にはできがたいからである。

こうして，数量的な到達基準の設定は，到達度測定ではきわめて重要な仕事となるのであるが，残念ながら，わが国では，これについての認識がきわめて薄い現状にある。以下本章ではこの問題を中心に，1，2の関連問題をも併せて取り扱うことにする。

(一) 到達度の区分とその表示の仕方

1 一般的考え方

ここに，到達基準に密接に関連する問題であって，それより前に考えておくべき問題がある。それは，すでに第1章で述べたように，到達度は教育目標に関するいずれかの能力や態度の向上や熟達の度合い (degree or level) であって，①0％から100％までの連続体（continuum）としてみることもできれば，②これを数個の状態あるいは状況（state）に区分してとらえることもできる。このどちらも教育上有意義であるが，——たとえば思考，創造のような高次目標では①のほうがより適切であるとの考え方もある——どちらかといえば，②の考え方が一般的であろう。現に指導要録中の「観点別学習状況」の評定がこれである。

それは，到達度をいくつのカテゴリーあるいは段階に区分すればよいかの問題である。この区分の仕方によって，設定する到達基準が異なってくる。一般に，到達状況をN個に区分するとすれば，到達基準——具体的には分割点——は（$N-1$）本だけ設定する必要が生じるわけである。

到達段階をいくつの段階に区分すればよいかは，一般的にいって，第1に，到達度評価の種類によって異なってくると考えてよいであろう。単元学習の過程における形成的評価においては，「到達」と「未到達」の相反する2方向の区分が効果的と考えられる。一つ一つの行動についてはこうする以外に方法はないし，複数のアイテムよりなる領域テストについてもこうした2区分法でよい。赤木愛和（1980）は，指導要録の「観点別学習状況」の3種のカテゴリーによる達成度評価に関連して，「"おおむね達成したもの"とか，

"達成が不十分なもの"とかを，正答率で何割程度とすべきかというような形では，問題は提起されない」と述べ，暗に3区分法を否定しているが，単元学習におけるきめの細かい到達度評価ではそのとおりであろう。殊に，その目標が，その後の学習に必須な基礎的基本的事項に関している場合いっそうそうである。そして「未到達」と判定された生徒には必ず補充指導を施すようにするのである。

　しかしながら，学期末や学年末等における長期にわたる学習の総括的評価を到達度評価法で行おうとする場合は，その到達のレベルを3とか4とかのいっそう分化的に区分する必要も生じよう。現に，1年間の学習の総括的性格をもつ指導要録が，3区分法をとっている。これは「達成」をさらに「十分達成」と「おおむね達成」に2分して3段階にしたのであるが，さらに「未到達」も2分して合計4段階に区分したほうがよいとする考え方も当然予想される。むしろ「未到達」をその程度によって2分して表示するほうが，未到達者の治療というこの評価法本来の目的からいって望ましい，とする考え方もあろう。すると3区分法よりも4区分法が望ましいともいえることになる。

　第2に，到達段階をいくつにするかは，小学校低学年と高学年および中学校等で違えて考え，低学年では2区分，中学校では3～4区分がよいとの考え方も，ある程度の根拠をもつであろう。

　第3に，教科でも異なって考えてよいかもしれない。国語，算数・数学では段階数を多めにし，芸能，体育方面では少なめにしてもよいとの考え方である。

　第4に，知識・理解・技能等の基礎的目標と，応用・思考・創造等の発展的目標で異なることは，これまでもしばしば触れた。関心・態度の目標もまた2～3段階の少なめの区分けでよいであろう。

2　到達段階数とその表示法に関する調査

　以上のような問題に関して，ここに一つのわが国における調査結果をあげ

ておこう。それは，1980年7月，（財）応用教育研究所が実施した「観点別到達度評価における到達度判定のための基準設定の方法に関する調査」であって，その中に含まれていたこの問題に対する解答を集計したものである。なお，ここでの到達度評価は，学年末におけるものとして応答を求めた。教育測定と評価の研究や利用に関心をもつと考えられる大学教授，小・中・高校教師，指導主事，教育研究所員にこの調査用紙を送り，回答を得た大学関係者30人，その他の教師・指導主事・研究所員等150人，合計180人についての結果である。

その調査の方法は，表12に示すように，2，3，4の4種の区分法と，その表示法――4段階の場合は2種の表示法に分けた――とをA案，B案，C_1案，C_2案として示し，学年末における到達度評価としてどの案が最も適当か，もしこの4案中にあればそれを選び，もしなければD案として自由記述させるようにした。その結果は表12のとおりであった。

応答者全員が，提示されたこの4案中から選んでおり，新しい案を提案したものはなかった。ただ，B案C案の「十分達成」を単に「達成している」としたほうがよいとする者（1人），小学校は3区分，中学校（小学校上級）は4区分が可とする者（2人），知的目標は4段階，態度・表現は3段階を可とする者（1人）等の附帯意見を付したものがあっただけである。

さて，本表で見ると，現場教師も大学教授も2段階を支持するものは僅少であって，大多数は3または4段階区分を支持していることがわかる。これ

表12 達成段階の数とその表示の仕方に関する調査結果

達成段階とその表示	A 案	B 案	C_1 案	C_2 案
	達成している 達成していない	十分達成 おおむね達成 達成が不十分	十分達成 おおむね達成 達成がやや不十分 達成が不十分	十分達成 おおむね達成 達成が不十分 達成が著しく不十分
教師,指導主事,研究所員	1 (0.01)	69 (0.46)	70 (0.47)	10 (0.07)
大 学 教 授	3 (0.10)	15 (0.50)	10 (0.33)	2 (0.07)
計	4 (0.02)	84 (0.47)	80 (0.44)	12 (0.07)

は学年末における到達度評価を前提として答えてもらったため，もし授業中の形成的評価の場合について質問したならば事情は変わったかもしれない。

3段階区分と4段階区分の比較では，4段階はC_1案とC_2案の合計で比べなければならないが，現場教師グループでは46％対54％，大学グループでは50％対40％で，両グループでその差の方向が全く相反しているが，どちらもそれほど大きな差ではない。ただ，すでに指導要録が3段階法をとることを公表しているのにもかかわらず，このような結果であったことに注目しなければならない。

表示法に関しては，ともに4段階区分法であるC_1案とC_2案の支持率が最も注目すべきデータを提供してくれるであろう。表で見ると，圧倒的にC_1案の表示法が支持されている。この違いは，「達成が不十分」なほうを，C_1案では「達成がやや不十分」「達成が不十分」というように穏やかに表示しているのに対し，C_2案は「達成が不十分」「達成が著しく不十分」とひと回りきびしい表示法をとっていることの相違からくるのであろう。

以上をまとめると，学年末における到達度評価では，その到達段階の数は3または4が望ましく，その表示法は，3段階の場合は「十分達成」「おおむね達成」「達成が不十分」，4段階区分の場合は「十分達成」「おおむね達成」「達成がやや不十分」「達成が不十分」が好ましいという結果である。

(二) 到達基準と分割点

1 到達基準の意義と必要性

すでに到達度評価についての諸家の定義で述べたように（第1章），到達度測定は，生徒の能力の度合いを，具体的・直接的・独立的に設定された到達基準によって解釈するものであった。このことから考えても，この種の評価において，到達基準がいかに重要な位置を占めるものであるかが直ちに理解されよう。

これまでしばしば述べてきたように，到達度評価が測定技術を用いた科学

的到達度評価になるためには，単に質的な規準だけではなく，量的な基準あるいは尺度を必要としている。そして，著者は，前に，到達度評価においては，世上一般に，一概に「到達基準」と呼んでいるが，これを質的な「規準」（英語では criterion）と数量的な「基準」（英語では standard）の2種に用語を違えて使用すべきことを提案した。なぜなら，この区別は，到達度評価の具体的な手続きと方法に直接関連しているからである。到達度評価の完全実施には，第3章で述べたようなステップや手続きをふまなければならないのであるが，到達基準の概念の区別は，評価者が，この手続きをとるかとらないかを左右するほどの重要問題となると考えるのである。

ところが，わが国における到達度評価の研究では，この量的な到達基準や到達度尺度についての認識がはなはだ低い。教育目標の具体化表そのものが到達基準であるとして，われわれが本章で考えている到達基準を認識できないでいる悩みがあるのである。

ここで，外国の到達度測定の研究者たちが，生徒の到達度の決定のために用いる量的尺度や基準――それは通例正答率得点（correct-proportion score）の形で示される――を，どんな用語で表現しているかを調べてみよう。

著者の目に触れた資料はむろん限られているが，その範囲でいえば，ポファム（1978），グロンランド（1973），メスコースカス（1976），ハンブルトンとノビック（1973），グレーサーとニトコ（1971），ミルマン（1973），ブロック（1971）ら多数の学者は，"standard"の語を使用して，これをいいあらわしている。たとえば，ポファム，グロンランドおよびグレーサーらは"performance standard"あるいは"standard of performance"と表現し，ハンブルトンらは"proficiency standard"ミルマンは"absolute standard"あるいは単に"standard"と表現し，ブロックは"mastery performance standard"の用語を用いている。

しかしこれに対し，到達度判定におけるこのような量的尺度のことをいいあらわすのに"criterion"の語を用いた論文もいくつか目につく。たとえば，サブコビアック（1976），クリーアン（1974），エーベル（Ebel, R.L. 1971），

エムリック (Emrick, J.A. 1971), トーシェン (Torshen, K.P. 1977) らである。たとえばエーベルは "criterion of mastery", エムリックは "performance criterion" とか "mastery criterion" の語を用いて表現している。

このように，アメリカの研究者間にも，同じ内容を指すのに用語の不統一があるように見受けられるが，筆者は生徒の到達度判定のための量的尺度は standard（基̇準̇）の語であらわすことにしたのである。そして criterion ——これには規̇準̇の訳語を当てた——は，具体化された目標領域群か，あるいはその代表として選出されたアイテムのサンプルを指すものとしてきたのであった。

2 到達基準は分割点の形をとること

これまで繰り返し述べたように，到達基準は，なるべく同質化された目標・内容の領域に関するテストにおいて，全問中何問正答したかの，いわゆる正答率得点（proportion-correct score あるいは percentage-correct score）の形で示された。そして，前節で述べたように，到達段階数を N とした場合には $(N-1)$ 本の到達基準を必要とするわけであるが，それは「十分到達」と「おおむね到達」を振り分けたり，あるいは「おおむね到達」と「到達が不十分」とを振り分けるというような役割を果たすものであるので，正答率得点たとえば0.85（85％）とか0.60（60％）とかの到達基準のことを，研究者は分割点（cutting score あるいは cut-off score）と呼んでいる。もし，その到達段階が合・否の2段階の場合は，合格点（passing score）と呼んでもよい。

到達基準の問題は，到達度測定ではきわめて重要な研究問題であるが，こうして具体的にはそれは分割点をどのように設定したらよいか，の問題として研究されているのである。

わが国における今日までの到達度評価に関する著書や論文で，この，「分割点」に触れたものはほとんど見当たらない。著者は，昭和55年の夏季，東京と愛知県下におけるそれぞれ300名に及ぶ講習会で，試みに"分割点"と

いう用語を知っている人に挙手を求めてみたところ，ただの1人だけであった。そして，このような状況ではわが国の到達度評価は前途遼遠であるとの感慨を深くせざるを得なかった。

分割点の設定は，もちろん比較的同質的な目標領域について，その代表として抽出されたところの限られたテスト・アイテムについてのテスト得点に関して設定されるものである。それを正答率でどのくらいの高さの分割点として設定するかは，測定学的あるいは理論的考え方としては，その領域の全アイテムをテストした場合に適切と考えられる分割点——これを真の到達分割点（true mastery cutting score）という——になるべく接近させて設定すればよいわけである。

たとえば，「十分到達」と「到達が不十分」の2段階にその到達度を分割する場合は，一つの分割点を設定すればよいが，理想的にはそれは正答率100％かそれに近い——たとえば95％——得点になるであろうが，すでに述べたように，それは一般的には現実的ではないと考えられている。詳細には次項で述べるように，それは具体的には場合場合で異なってよいが，現実にはもっと低く，たとえば80％とか85％とか，あるいは70％とかの正答率の分割点が立てられるのである。

分割点すなわち到達基準の性格については，すでに第3章で列挙しておいたことであるが，その一つの重要な特質として事前設定（pre-set）されるものであった。この点が相対評価における解釈基準（norm）——たとえば偏差値や5段階評点等——とは著しく異なるところで，そこではそのテストを施行して集団の成績を求めた上で統計的に設定されるので事後設定（post-set）であるが，到達度テストでは原則としてテストを実施する前，生徒の得点を求める前に設定されるものである。

3　到達基準は観点別の下位テストごとに設定されるべきで，テスト全体には設定されるべきではないこと

さらに，また，到達基準あるいは分割点は，比較的同質的な目標・内容よ

りなるテスト領域すなわち下位テスト（sub-test）ごとに設定されるべきであって，互いに異なる目標・内容よりなる複数の下位テストを総合したそのテスト全体の得点については原則として設定されるべきではない（ポファム，1978(2)，p32-34)。元来，絶対評価や到達度評価というものは，比較的同質的な下位テストに関してのものであって，いろいろの質の下位テストを合わせた全テスト――たとえば読字，書字，語彙，読解力，文法等の下位テストを含んだ国語テスト全体――には利用されるべきではないことを銘記しておく必要がある。なぜなら，到達度評価のクライテリオンが具体化された目標におかれるからである。こういうテスト全体については，集団にその基準をおいた相対的評価法が最も適している。多少あいまいでもいいから，どうしてもテスト全体を到達度度評価したいというなら，その同質的な各下位テストについての到達度評価の結果を見比べながら，適当に決めるほかはないであろうが，しかしこれは推奨できるやり方ではなく，またその指導上の意味も薄い。

　こうして，到達度評価では，各領域（観点）別の下位テストを到達度評価で，そしてもしテスト全体の評価も必要ならば，それは相対評価で行う，というのが一般的考え方であろう。

　ついでにここで付言しておくが，到達度評価の本城であるところの比較的同質的な領域（観点）についても，到達度評価のほか相対評価も併せて行うことが理論上可能である。相対評価の目的でつくられたテストの結果を到達度評価することは一般的にはできないが，逆に，到達度評価用につくられたテストの結果を相対評価することは可能である。現にハンブルトン（1974）がそれを認めており，また，グロンランド（1973）も特に発展的目標において相対評価を併用すべきことを強調している。

4　分割点の設定は不要または不可能とする意見

　最後に，一部に，到達度評価で分割点の設定は不必要あるいは不可能であるとの意見があるので，これに対して一言しておこう。

まず不要とする意見は，おそらく，到達度評価の基準は質的な目標規準だけで用は足りるから，正答率による分割点のような量的基準は必要ないとする考え方であろう。なるほど，授業過程における一つ一つの指導目標についてならば，その一つ一つの合否を評価して後の必要な処置ができるから，このような場合は分割点などは必要としない。

しかし，中間テスト，学期末テスト，学年末テストでは1領域（1観点）10数アイテム以上，5～6時間の指導結果について行われる形成的テストにしても，1目標につき少なくとも4～5アイテムよりなるテストとなるのであるから，結果は0点から少なくとも4点，5点，多ければ15点，20点にもわたる得点の形をとる。この得点を基礎に「到達」「未到達」を決める場合，必然的に正答率等による量的な分割点を設定せざるを得なくなるはずである。これを決めてこそ，たとえばフローチャートの"YES""NO"による分化的処遇のような方策が初めてとれるはずである。もし分割点を考えなければせっかく到達度テストを実施しても，その結果を正しく治療教育などの事後処置に結びつけることができなくなるであろう。

さらに，また，特にわが国のような心情主義や平等思想の強いところでは，このような量的基準を設定しなければ，到達度評価が甘くなって，真実は未到達な生徒であるのに「到達している」という通信簿等の評定が続出し，相対評価では考えられない新しい危険をつくり出すおそれもある。

こういうわけで，すでに第3章で述べたように，この到達度の問題をボカしたままこれまでのように各担任教師の主観に任せないで，学校や地域や全国的にオープンに論議する必要があるのである。

しかし，応用・思考・態度など発展的目標で，分割点を不要とする意見であるならば一面の真理をもっている。たとえばグロンランド（1973）などは，応用・思考等の領域では正答率得点そのままでよいとする意見であることはすでに紹介したとおりである。このような発展的目標領域での到達基準や分割点は，これを設定するとしても，ほんの試み的のことであると考えておいてさしつかえない。

次に，これを不可能とする意見である。なるほど，絶対評価の基準を打ち立てるための決定的な論理的根拠はほとんど存在してはいない。しかし不可能とまでは考える必要はない。ここで不可能という理由は，むしろ分割点は場合場合で異なるからということであるが，なるほど画一的，機械的な分割点は定められない。しかし目標の違いと到達度テストの実施時期や目的の違いを適当に考慮して，画一的にならないような分割点の設定を考えることは不可能ではない。著者も，次節でその例を示すつもりである。とにかく条件が異なるから設定が不可能というのでは無責任な考え方であって，それでは到達度評価を混沌の状況に陥れるであろう。

あるいは，また，基準の決定は結局人間の判断や推定に基づく任意的のものであるから，分割点の設定は不可能とする意見もあるかもしれないが，これは当たらない。なるほど人間の判断は誤ることもあるが，しかし，その判断の弱点と主観性を減殺する方法はいろいろ考えられる。とにかく到達度評価で量的基準の設定をやめるわけにはいかない以上，そういういろいろの方法を講じ，最善をつくしてこの問題に取り組むべきである。ポファムがいうようにこれを投げ出したら科学的な到達度評価そのものが成り立たなくなる（ポファム，1978(2), p6-7)。

(三) 到達基準設定の視点と方法

そもそも，目標準拠測定の目的は，一人ひとりの生徒の領域別（観点別）得点を，分割点による到達基準を用いて，到達度のどの段階に所属するかを弁別するとか，生徒を適当な到達状況（mastery state）に配置することであるから，この分割点すなわち到達基準を正しく適切に設定するということが，きわめて大切なこととなる。

なぜに基準を正しく，適切に設定しなければならないかその理由はいろいろ考えられるが，その一つの重要な理由は，詳しくは後の(五)で述べるが，あまりにも高く，きびしく設定すると，実際は「到達している」と認めても

よいものを「到達していない」と判定するところのいわゆる偽未到達の誤りを犯すことになる。また，反対に，あまりにも低く，甘く設定すると，実際は「未到達」と判定すべきものを「到達」と判定するところの，いわゆる偽到達の誤りを犯す危険が大きいということである。どちらの到達度判定の誤りも，具体的には後に述べるがその弊害はきわめて大きいので，妥当な線で到達基準すなわち分割点を定める必要がある。

1 教育学，心理学等の視点から先験的に任意に設定する方法

到達基準の設定法としては，後に取り上げるように実験的方法もあるし，また数学的・統計的工夫さえもなされた例があるが，まだそれらは一般化されていないし，必ずしも実用に供するところまでは至っていない。現在までのところ，これが設定法について一般に承認されるような理論が存在しないというのが実情のようである。現状では，結局は，人間の良識に基づいて任意（arbitrary）に設定するほかはない，というのがポファム（1978），グロンランド（1973）その他の人々の所見である。

しかし任意に設定するといっても，無原則に，恣意や勝手放題に決めてよいという意味では決してない。これを決めるために考慮されるべき教育学的視点や心理学的視点，あるいは経済効率的分析（cost-benefit analysis）の視点さえも，すでに多くの CRM や CRT の研究者から提案されている。これらの視点は，基準が高すぎたり低すぎたりした場合に，今後の教育成果や生徒の心理や学習態度，教師と生徒の費やす努力や労力等にどんな影響をもつかの視点である。たとえばハンブルトン，スワミナサンら（1978），ブロック（1970），ミルマン（1973），グロンランド（1973）らがそれである。

そこで，われわれは，これらの視点を十分理解し，かつ配慮して，賢明に判断し決定すべきである。

要は，到達基準あるいは分割点の決定は，基本的には人間の良識的判断に基づくということである。そのための指針として，以下にその判断の視点を掲げておくから，これらを中心にさらに後に述べる経験的設定法なども参考

にして，学校や地区における良識ある教師たちの研究協議に基づいて，適切に決定するのがよい。一人の教師の主観的判断によって専決しないほうが安全であろう。

① 基準設定の最重要原理は，グロンランド（1973, p13）が強調するように，次段の教授で生徒が効果的に学習することができるためには，今の学習目標でどの程度の達成度が必要であるか，ということを考えることである。したがって，今後の生徒の学習に対する関連性・必要性の見地から，必要性の高い目標領域では高く——たとえば85～90％正答以上が到達——，そうでない領域では，たとえば70～80％以上が到達というように低めに設定する。

　　この理由から，たとえば読み・書き・計算のような完全習得が期待される領域では，100％正答までは期待できないとしても，85～90％正答までは基準として考えてもよいであろう。

② この考え方から，自然にいわゆる基礎的目標領域では高く，発展的目標領域ではそれよりも低く設定してもよいことになる（グロンランド（1973, p20）は，発展的目標はその領域の限定や具体化が困難であるから，本来分割点の設定は無理がある。設定するとしてもそれは全くの試み的なもので，正答率そのままでよい，と考えている）。

③ 社会的に高い熟達度，到達度を要求されている目標では特に高く，そうでないものでは低く設定する。たとえば危険を伴う理科の実験技能，健康・安全の習慣，医師の手術技能の場合のごときものである。

④ 過去の教師の経験から見て，それを学習するのに生徒が一般に困難を感ずる目標領域では現実問題として低めに，容易な目標では高めに設定する。

⑤ 単元学習における形成的テストを中心として単元末テストのような，比較的短期間における狭い学習領域での到達度テストでは比較的高く，これに対し学期末や学年末テストのような長期にわたる広範な領域についての到達度テストでは，その間における忘却などの要因も配慮して，

いくぶん低めに設定する。
⑥ 単元指導前その他で行われる診断的テストでは，仮にその達成度が低いとしても，その補充にはコストがかかるし，またこれからその単元学習に入ってからもう一度学習することになるので，これこそ経済効率の見地から低めに設定してよい。

たとえば，エムリック（1971）は，IPI数学配置テスト（16アイテムよりなる）では，このテストが算数レディネスの不足した児童の治療のための配置目的の診断的テストであるということで，分割点は9点以上すなわち正答率56%でよいと算定している。

同様の理由で，単元指導後のテストでも，その目標が，次の単元で繰り返し指導されるものについては，低い達成度も許容してよい。

⑦ その間における学習領域全体を代表するサンプルとして選び出された，そのアイテム数が少ないテストは信頼性が低いから，安全のために到達基準は高めに設定する。

⑧ ブロック（Block, J.H.）は，到達基準は単にその後の生徒の知的学力の向上に対する影響からだけではなく，学習興味や態度に対する影響からも考えるべきことを主張し，代数テストで実験的に95%もの高い基準は知的学習には好影響をもつが，情意的には不得策であること，この基準を85%に下げると，知的成果は落ちたが情意的成果は高まるということを示唆した。そして，75%基準では，知的成果と情意的成果の両面とも低下した。こうして，全体的に見て80〜85%の正答水準の基準が，これ以上あるいは以下のレベルの基準よりもすぐれているとしている。これも注目すべき考え方である（ハンブルトン，1974，ミルマン，1973，金豪権・梶田，1976）。

⑨ その到達度テストの作問に用いられた技術も考慮すべきだとの意見もある。多肢選択法のような再認（選択）形式を用いたテストの場合は，得点がしやすくかつ当て推量も入るので高めに，単純再生法や論文体のような再生形式の場合は，得点がしにくいので低めに決める。

たとえばグロンランド（1973, p12）は，短文体テストで80％正答，多肢選択法で85％，真偽法では90％正答の基準を提案している。

到達基準設定における教育学的・心理学的・経済学的視点は，分析的に列挙すればこういうことである。まとめていえば，学習指導の見地からは，生徒たちが次の学習目標で成功する可能性を最大にするように，すなわち今後の知的発達を高め，学習興味や意欲を損わないように決定されるべきであり，また，教師と生徒の努力をなるべく経済効率的に使用できるように設定せよ，ということである。あまり低く設定すると，生徒の後の学習での成功を保障できなくなるし，逆にあまり高く設定しても，教師と生徒に時間と労力を過大消費させたり，生徒の学習意欲を低下させたりする。

すると，目標に到達している（mastery）と判定するための基準は，具体的に，正答率でどの程度が標準的な考え方であるか。それを標準として，これを上述したようないろいろの条件によって引き上げたり，あるいは引き下げたりして決めたらよいと考えられるところの基準は，ずばりいって正答率でどのくらいであろうか。次に経験的資料を利用する設定法と，基準設定に関する具体的研究や提案の事例を紹介した後に，それは改めて取り上げることにして，ただここでは80～85％を標準として考えたほうがよかろう，という考え方が一番多いことだけを記しておこう。

2 経験的資料をも利用して設定する方法

到達度測定における基準の設定には，経験や実験で求めた資料をも参考として利用することができる。しかし，それはあくまで上述したところの良識に基づく先験的な事前判断の補助的資料としてであって，基本的資料とすることには問題がある。

なぜならば，これまで再々述べた到達度評価の手続きが示すように，初めに立てられて指導されたカリキュラムの目標具体化表こそがこの評価の基本的クライテリオンであって，それの達成度をみるための評価であるから，正答率何パーセント以上をもって「到達」とみなすかのいわゆる到達基準は，

どうしても論理的に，事前に設定さるべき性格のもので，たとえばテストや実験を実施したその結果に基づいて設定さるべきではない。もし，実施結果に基づいて事後に基準を立てたとすれば，それは相対的評価テスト（NRT）の伝統的手法と同一になってしまう。

しかしながら，ひるがえって考えれば，他面，教師の指導能力や施設設備はともかくとして，児童・生徒の心身の発達から見て，そこに立てられ，かつ指導されたカリキュラムは，多数の生徒から確かに達成され得るものであったかどうか，という問題は残されている。殊に，わが国においては，国の示した学習指導要領に基準性をもたせて，教科書や各学校の立てるカリキュラムを規制している関係もあって，この問題は見逃すことのできない問題であろう。児童・生徒の発達から見て，わが国の学習指導要領や教科書の内容・目標は，確かに多数の児童・生徒が達成できるものであろうか。この点の保障も証拠もなにも存在しないのである。

そこで，カリキュラム評価の目的から，わが国の学習指導要領の適切性を評価するというためならば，断固として到達度測定本来の手続きで——したがって，その到達基準や分割点の設定も，全く論理的かつ先験的に，たとえば80〜85％正答以上は「十分達成」，60％以上は「おおむね達成」，それ以下は「達成が不十分」として評価してよろしい。そして，もし，全国的にその達成状況が著しく劣る場合は，学習指導要領に問題がありはしないかという可能性を示すことになる。今後は，到達度評価の手法を，こうしたカリキュラム評価の手法として利用することは，きわめて重要な利用法となる。

しかし，目下のわれわれの到達度評価は，一人ひとりの子どもの発達保障の視点から個人個人の到達度判定に焦点づけて論じられてきている。すると，もし，学習指導要領が生徒の能力の発達程度や学校の対応能力から見て程度が高すぎたり，あるいは逆に低すぎたりしているとすれば，その影響はすべて一人ひとりの生徒の到達度評価の結果に反映することになる。たとえば，国の学習指導要領が高すぎた場合は，「十分達成」と判定される生徒は僅少で，「到達していない」と判定される生徒が大量に出現する可能性が生じる。

これはやはり問題であって，なんとか是正の手を打たなければならない。
　さらに，また，先験的・超越的に到達基準を設定することは，特に応用・思考等の発展的目標においていっそう無理が生じやすい。
　こういう考え方からも，到達基準の決定に経験的に求められた資料をも利用し，論理的・先験的に立てられた基準をこれで修正し，それを上げたり下げたりすることも認められなければならない。その方法にも，以下のようないろいろの方法が学者から提案されている（カリフォルニア州教育局，1979，ポファム，1978(2)）。

① いったんその到達度テストを多数の生徒集団に施行して，そのテストの実施前に先験的・論理的に設定された基準たとえば正答率85%，80%，75%，70%等の分割点でのそれぞれの合格率を算出し，この資料を参考にして最終決定をする方法。

② その到達度テストを指導前の生徒集団と指導後の生徒集団に実施して，その成績の比較を参考にして決定する方法。

③ その到達度テストの一つ一つのアイテムに，最低の目標到達をしていると考えられる生徒群の何パーセントぐらいが正答するかの通過率を複数のジャッジに判断（推定）させ，そのテスト全体での平均推定通過率等の資料に基づいて設定する方法。

④ 到達基準の設定法について理解と関心をもっていると考えられる教師・学者・研究所員等に対し，どの程度の高さの基準が適当であるかについての意見をアンケート調査し，その結果を参考にして設定する方法。

⑤ シカゴ大学の研究グループがとったといわれる（ブルームその他，1971，p53），学校での過去1年あるいは2年間における生徒たちの実際の成績（到達）状況を参考にして，本年度の到達基準を設定する方法。

こうした方法である。これらの経験的資料に基づく基準設定法に関する具体例については，次の(四)で少し詳しく述べよう。
　ただ，ここで注意しておいたほうがよいと思うことは，経験的方法といっても，これらのどの方法も，その手続きのどこかで人間の判断が混入してく

るという事実についてである。到達基準決定の最終段階か，あるいは途中かのどこかで，結局それは人の良識的判断にかかるのである。

3 総合的判断に基づいて設定する方法

このように基準設定にはいろいろの方法が考えられつつあるが，目下のところ最も望ましい，最も一般的方法とされるものは，前述した教育学的・心理学的視点に，専門家に対する意見調査の結果や，そのテストを実施して2，3の試み的到達基準における現実の生徒の達成状況の資料等を加味して，結局総合的判断によって適宜に決定する方法である。ポファムは，このような総合的判断による方法を「情報に基づく判断モデル (informed judgment model)」と呼んでいる（ポファム，1978(2)，p19-21）。

わが国で，このような総合的判断に基づく基準設定法を採用した例に，橋本・平沼・金井・辰野（1981）が標準化した教研式・観点別到達度学力検査（小学校用4教科）がある。この到達度検査の基準は，前述した教育学的・心理学的視点からの先験的・論理学的方法を中心にして，それに前記経験的方法の④の学識経験者へのアンケート調査（次の(四)で詳述する）の結果，およびアメリカにおける諸学者の標準的到達基準に関する提案（後の(五)で詳述する）を参照していったん設定し，後にこれを全国の多数の児童に実施した結果によってチェックし（前述の経験的方法の①に当たる），必要があればここで先にいったん設定した基準を修正して最終決定をする，という慎重な方針に従っている。

さらに，また総合的判断によって決定するといっても，到達基準設定に関する前述の教育学的・心理学的あるいは論理学的な先験的方法と，第2の経験的資料に基づく方法とでは，一般的に考えて，生徒の将来の学習や生活に必須な基礎的・基本的な目標領域の場合は，第1の先験的・超越的方法を主として，それに第2の経験的方法を参考にする程度の設定法が適切である。また，高度の理解・技能・応用・思考および情意的目標のように，学習が困難な目標で，その完全習得を生徒に要求することができないような領域につ

いては，経験的資料をいっそう重視してその到達基準を設定するのが望ましいであろうと考えられる。

(四) 到達基準設定に関する研究と提案

到達基準すなわち分割点に関しては，過去10年間いろいろの研究者からいろいろの研究や提案がなされてきている。なかには，数学的方法を用いたものもあるくらいであるが，ただ，それらは実用に供するにはまだ早すぎるようである。以下，著者自身の調査も含めて，参考までにいくつか紹介しよう。

1 エムリックおよびパークの研究

(1) エムリックの研究

エムリック（1971）は，いろいろの仮説の上に立って，それから導かれる到達基準の算出公式を大胆に提案している。ただし，それは個別化教授（IPI）における同質的な単一の技能テスト（skill test）の場合について考えたものであって，その一つ一つのテスト・アイテムについての測定誤差（これをアイテム・エラー（item error）といい，まぐれ当たりや不注意による誤り等に基づく誤差のことであり，この中に真実は達成していないのに正答とされるところの α の誤り——たとえば真偽法などで起きやすい——と，真実は達成しているのを誤答とされる β の誤り——再生法で起きやすい——の2種を区別する）は，この α か β かどちらか1種であると仮定し，それはある種の方法でおよその見当をつけることができるとした。

次に，これまでにもすでにその存在を指摘し，詳細は後の(六)で説明するところの到達度の2種類の判定誤り（decision errors or classification errors），——すなわち偽到達の誤り（false-pass error）あるいは第1型の誤りと，偽未到達の誤り（false-fail error）あるいは第2型の誤り——とは，そこに設定される到達基準（分割点）の高低のみでなく，上記測定誤差やそのテストのアイテム数でも左右されるとした。また，この2種の判定誤りのう

ち，第1型の誤りが後の学習に及ぼす悪影響と第2型の誤りが教師と生徒に及ぼす経済的損失の二つに，それぞれ分量的数値を割り当てることができると仮定した。

以上のような仮定が実行できるとすれば，到達度判定のための分割点（Kの符号で示す）は次の公式で便宜的に算出することができるとした。

$$K = \frac{\log\frac{\beta}{1-\alpha} + \frac{1}{n}(\log RR)}{\log\frac{\alpha\beta}{(1-\alpha)(1-\beta)}}$$

α ……α型のアイテム・エラーの推定確率

β ……β型のアイテム・エラーの推定確率

RR……タイプⅠの判定誤りの損失に対するタイプⅡの判定誤りの損失の大きさの比率。たとえば後の学習にとって必須な基礎学力の場合は後者よりも前者の誤りの損失が大きいからRRは1より小さくなり，たとえば事前の診断的テストの場合は後者のタイプの誤りの損失が大きいからRRは1より大きくなる。

n ……そのテストのアイテム数（テストの長さ）

そして，エムリックは，これをIPIの数学の配置テスト中の"数え方D"テスト——nは16の完成法テスト——に適用し，$\alpha=0.125$，$\beta=0.375$，RR＝10として，Kは53.5％，得点では約9点（56.25％）と計算している（このことは前述した「教育学，心理学等の視点から任意に設定する方法」のところの⑥でも引用したことである）。

しかし，この公式中のα，β，RRの数値を適正に定めることは簡単ではない。現にウィルコックスとハリス（Wilcox, R.R. and Harris, C.W. 1977）は，このエムリックの提案を批判して，αとβの値は普通は決めることができないと述べている。実際問題として，この提案は仮定の上の話であって，その実用価値は疑わしい。

(2) バークの研究

バーク（Berk, R.A. 1976）は，CRMにおける分割点の設定法に関する論文を発表し，その中で，一定の目標領域を指導された生徒群（i群）と指導されない生徒群（u群）に対する共通の到達度テストでの得点分布に基づいて，

経験的に決定する方法を提案した。i 群と u 群の 2 群の代わりに，同一群（少なくとも 100 人ぐらい）の教授前と教授後のテスト資料を用いてもよい。その両テストの得点分布曲線の交錯するところに対応しているところの得点をもって分割点とする方法である。

これをバークは，言語の大文字法についての教授目標を測定する 8 アイテムの到達度テストを，まだ指導されていない 5 年生（100 人）とすでに指導された 6 年生（100 人）に実施した結果で，図 7 のように示している。

図の破線は非学習群（5 年生）の得点分布，実線は学習群（6 年生）の得点分布を示す。そして，もしもここで用いた到達度テスト（CRT）が，真に生徒の目標到達者と非到達者を弁別することのできるテストであるならば，非学習群の得点分布は図 7 の得点の低い左側に片寄り，学習群のそれは得点の高い右側に片寄るはずである。そうならないで，もし二つの曲線が重なり合うようであれば，その CRT は到達度判定テストとしては妥当性がないテストということになる。こうしてこの両曲線の重なり量の程度が，その到達度テストの判別能力を左右する要因であると考え，そして分割点はだいたいにおいて，どの得点においてその両曲線が交錯するかで決めるとよいとした。この場合では図 7 に見るようにおよそ 4.5 点，正答率得点で 56% となる。大文字法のような基礎的技能でこんなに低い分割点で示してよいものかとの疑問がわくが，それはともかくとして，こういう方法をバークは考えた。

この考え方には，どうしてそれでよいかの理由について十分合点のゆかな

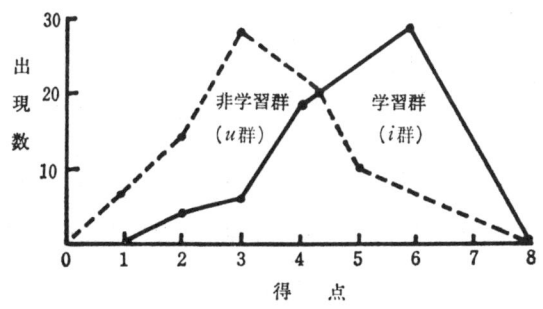

図 7 学習群と非学習群の 8 アイテムのテストでの得点分布

い点が多い。また，仮にこの方法が根拠が十分であるとしても，到達基準を決定するのに，そのテストをいちいち授業前と後の2回実施することもできないから，この方法を実用に供するというわけにもいかないであろう。また，2回のテストを実施したとしても，その間に行われた授業が非常に効果を上げれば，学習群の成績分布が狭くかつ極度に右に片寄ってくるから，自然，交錯点（分割点）も高くなり，逆にその授業が非効果的な授業であれば，交錯点は左寄りになり分割点も低くなるという実に奇妙な結果になって，この方法の合理性があやしくなるであろう。

2　対照群法

バークの方法ときわめて類似した方法として，ポファム（1978(2)，p22-25）およびカリフォルニア州教育局（1979, p3-7, 42-47）の提唱している対照群法（contrusting-group method）がある。

この方法は，生徒の目標達成度を判断することができると考えられる複数の学級担任教師をジャッジとして依頼し，その担任学級の生徒を，①目標に到達していると判断されるグループ，②目標に到達していないと判断されるグループの2群に分けてもらう。どちらとも判断できないボーダーラインの生徒は除外する。

次に，この両群にその到達度テスト（CRT）を実施して，それぞれの群の得点分布曲線を共通の座標に描く。そして，その両曲線の交叉する得点をもって到達基準（分割点）とする方法である。この場合，その基準の推定の信頼度を高めるために，人数は両群それぞれ100人程度にするのが望ましい。

この場合，後の(六)で詳述する偽到達の誤り（false-positive error）を少なくするために，その両曲線の交叉点よりいくぶん高い得点に到達基準を定めるとか，あるいは反対に，交叉点より多少低く設定して偽未到達の誤り（false-negative error）を少なくするような修正をすることもできる。

ただ，この設定法の問題は，その両群の選び出しのためのジャッジの判断が果たして正しく行われているかどうか，ということである。

第7章　到達度判定のための基準の設定の方法　145

わが国の指導要録の「観点別学習状況」の達成度のように3区分法によっている場合は，2本の基準（分割点）を設定しなければならないが，そのためにはジャッジに3群を弁別させて，三つの得点分布曲線を描いて二つの交叉点を求めることも，理論上は可能なはずである。これは，応用・思考・態度等の高次目標における基準設定法としては試みてみるに値しよう。

3　個々のテスト・アイテムの分析・判断に基づく方法

これまで紹介した到達基準（分割点）設定の方法は，どちらかといえば，そのテストを実際に生徒の集団に実施した結果に基づいて決定する方法であったが，以下述べる方法は，テストを構成している個々のアイテムについてのジャッジの分析と判断に基づく設定法である。

この方法は，ジャッジに最小限目標に達していると考えられる生徒が個々のアイテムについてどのくらい正答できるか，その確率を推定させることに基づいているので，確率推定法（probability estimation method）とも呼ばれている（カリフォルニア州教育局，1979, p25-29）。以下に，この種の方法としてネデルスキー法，アンゴフ法およびエーベル法の三つを簡単に紹介しよう。

(1) ネデルスキーの方法

この方法は，1954年，ネデルスキー（Nedelsky. L.）が提唱したもので，近年まで注意をひかなかったが，最近の到達度評価の基準設定の必要から注目されてきたといわれる。それはすべてのテストに適用することはできないもので，もっぱら多肢選択法によるテスト・アイテムに限って用いられる。

まず複数のジャッジを選ぶ。それに選択法によるテストの各アイテムについて，4肢の選択法の場合なら3肢ある誤答のうちどれどれを誤答として最低の目標到達者（minimum competent students）が弁別することができるかを判断させるのである。

次に，各アイテムについて，その最低到達の生徒が誤答として弁別できるであろうとジャッジが判断した選択肢数を全選択肢数より控除した残りの数

を算出する。たとえば、選択肢4本中2本を誤りと見分けるであろうと判断された場合は、4-2、すなわち残りは2となる。この2個の選択肢中に正答が含まれているから、この場合の推定正答確率（correct-by-guessing probability）は、当然$\frac{1}{2}$、すなわち0.5（50％）となる。もし最低到達の生徒が全4肢中の全部の誤答3個を見分けることができるとジャッジが判断したアイテムでは、その推定正答確率は$\frac{1}{1}$で1.0（100％）となり、反対に1個も見分けることができないと判断されたアイテムの正答確率は$\frac{1}{4}$の0.25（25％）となるわけである。

こうしてジャッジの出したそのテストの含むすべてのアイテムについての推定正答確率を合計し、さらに全部のジャッジの結果についてその平均を算出する。こうして求めた推定正答確率をもって、そのテストの最低到達基準（minimum competency standard）とする方法である。たとえば、20アイテムよりなるテストで、その全部のジャッジの平均正答確率が13.3となれば、その最低到達基準（分割点）は得点では13点、正答率では65％となる（ポファム1978(2)、p25-28)。

(2) **アンゴフの方法**

アンゴフ（Angoff, W.H.）の方法は、上述のネドルスキー法を修正して、単に多肢選択法のテストだけでなく、すべてのテスト形式のアイテムにも適用できるようにした方法である。

この方法では、ジャッジは単純に各アイテムについて、最低の目標到達能力の生徒であるならば、ほとんど全員それに正答できると判断されるやさしいアイテムには、正答確率1.00（100％）を付与する。もし、最低目標到達の生徒はそれに正答できそうにないほど困難なアイテムであると判断した場合は——この場合でも、もしそのテストが4肢の選択法の場合は25％の正答確率があるので——0ではなく0.30（30％）の正答確率を与えることにする。こうしてジャッジは0.3から1.0の範囲で各アイテムに正答確率を付与し、そのテスト全体での確率の合計を求める。ジャッジが複数の場合は、前記ネドルスキー法の場合と同様、その平均正答確率を算出して——それは得点の形

でも正答率の形でもよい——そのテストの最低到達基準（分割点）とする（ポファム，1978(2)，p28-29）。

(3) **エーベルの方法**

この方法もジャッジによる個々のアイテムの推定正答確率に基づく方法であるが，その判断の過程に異なった特色をもっている。すなわち，アイテムの困難度と，生徒の今後の学習や生活に対するそのアイテムの関連性（重要度）の二つの観点から，そのテストの全アイテムをまずいくつかのグループに分類させる。次にその各アイテム群ごとに，最低の目標到達の生徒から，何％ぐらいが正答されるであろうかと複数のジャッジに判断させ，その比率の合計でそのテストの最低到達基準を決める方法である（アンドリュウおよびヘクト，1976）。

(4) **ネデルスキー法とエーベル法の比較研究**

アンドリュウとヘクト（Andrew, B.J. and Hecht, J.T. 1976）は，それぞれ4人ずつよりなるA，B二つのジャッジ群に，全く等価にされた二つの平行テスト（equivalent test）の問題の一方にはネデルスキー法を用い，他方にはエーベル法を用いて，ともにその最低到達基準を設定させる実験を試みた。その両ジャッジ群の，二つの基準設定法で設定した4人の判断の平均による到達基準（正答率基準）は，次の表13のようであった。

表13 異なった2種のアイテム判断法によって設定された到達基準の比較

	ネデルスキーの方法		エーベルの方法	
ジャッジ群	A	B	A	B
設定された基準	50.3%	53.7%	68.6%	68.0%

本表は実に興味ある事実を示している。その一つは，どちらの基準設定法を用いても，二つのジャッジ群の判断は高度に一致しているという事実である。特にエーベルの方法を用いた場合が見事に一致している。このことは，熟練したジャッジの判断は，その信頼性が相当に高いことを意味している。

しかし，これよりもいっそう重要な事実は，どちらもテスト・アイテムの分析判断に基づく方法ではあるが，この2種の基準設定法による設定結果にかなり大きな違いが生じている事実である。すなわちネデルスキー法では，A，B両群から正答率50%程度に設定されたが，エーベル法では両群から68%に設定された。この事実は，到達基準をどんな方法で設定するかその設定の方法こそが，基準設定の最も重要な要素であるということ，ならびに到達基準の設定にあたっては，どれか一つの方法で満足するわけにはいかないで，総合的判断によるべきだということを意味するであろう。

4　学識経験者へのアンケート調査による方法

本章の(一)で取り扱った到達段階の区分と表示法に関する調査として紹介したところの，応用教育研究所の行った昭和55年の「観点別到達度評価における到達度判定のための基準設定の方法に関する調査」では，基礎的目標の場合と発展的目標の場合とに分けて，その到達基準すなわち分割点をどのように設定すればよいかについての質問調査を含んでいた。

到達段階を3段階にする場合と4段階にする場合とにつき，ともに学年末における到達度を判定する場合として，調査者より，A，Bの2案を示して，その中に自分の意見と一致するものがあればそれを選んでよいが，もしない場合は自分の意見を記述するよう依頼された。また，依頼にあたっては，かなり詳細に到達度評価における基準（分割点）の意義と，前述したような到達基準設定のための教育的・心理的その他の視点とを参考までに具体的に示して行った。調査対象は，教育測定・評価に関心をもつと考えられる大学教授グループと，小・中・高校の教師，指導主事，教育研究所員のグループである。回答数は，3段階の場合と4段階の場合とで1，2異なったが，前のグループで28人と27人，後のグループで151人と152人，計179人である。

その調査結果を，まず到達度を3区分にした場合から示してみよう。表14がそれである。

最右欄の「その他の案」としては，「十分達成」以下の3段階について，

第7章 到達度判定のための基準の設定の方法 149

それぞれ基礎的目標では0.85, 0.65, 0.64, 発展的目標では0.75, 0.55, 0.54とするのがよいとする者が教育現場関係者で3人, 基礎ではそれぞれ0.85, 0.60, 0.59, 発展では0.80, 0.55, 0.54とするをよいとする者が同じく教育現場で2人, 一律に正答率で決めることはできないと答えた者が2人, その他1人ずつの意見がいろいろあった。この1人の中には,「十分達成」の基準は, 基礎的目標では0.95以上とか100%にせよとの意見, 発展的目標でも0.90以上というようなきびしい意見もあった。

しかし, これを全体として見ると, 表で示すように, B案が過半数から支持されている。殊に学校・教委等の現場関係者からの支持率が高い。「十分

表14 3段階の場合におけるいろいろの到達基準の選択数とその比率

	A 案		B 案		その他の案	
	基礎	発展	基礎	発展	基礎	発展
十 分 達 成 おおむね達成 達成が不十分	0.85以上 0.65以上 0.64以下	0.80以上 0.60以上 0.59以下	0.80以上 0.60以上 0.59以下	0.75以上 0.55以上 0.54以下	いろいろの意見が少数ずつ	
学校・教委・研究所関係者	55 (36%)		87 (58%)		9 (6%)	
大学関係者	12 (43%)		12 (43%)		4 (14%)	
計	67 (37%)		99 (55%)		13 (7%)	

表15 4段階の場合におけるいろいろの到達基準の選択数とその比率

	A 案		B 案		その他の案	
	基礎	発展	基礎	発展	基礎	発展
十 分 達 成 おおむね達成 達成がやや不十分 達成が不十分	0.85以上 0.65以上 0.55以上 0.54以下	0.80以上 0.60以上 0.50以上 0.49以下	0.80以上 0.60以上 0.50以上 0.49以下	0.75以上 0.55以上 0.45以上 0.44以下	いろいろの意見が少数ずつ	
学校・教委・研究所関係者	64 (42%)		77 (51%)		11 (7%)	
大学関係者	10 (37%)		13 (48%)		4 (15%)	
計	74 (41%)		90 (50%)		15 (8%)	

達成」の基準としては，基礎的目標で正答率80％，発展的目標で75％以上といった考え方の支持者が多いのである。

次に，到達段階を4段階とする場合についての結果を吟味してみよう。それは表15に示すとおりであった。

最右欄の「その他の案」の中には，4段階それぞれ，基礎的目標で0.85, 0.65, 0.55, 0.54, 発展的目標で0.75, 0.55, 0.45, 0.44とするを可とする者が3人，「パーセントは一律には決めがたい。条件で変わる」とするもの2人，他は1人ずつのいろいろの意見であった。全体としては，ここでもB案，すなわち「十分達成」は基礎で80％以上，発展で75％以上とする案を支持する者が最も多く，ほぼ全体の半数を占めていた。

以上の表14と15を合わせて考えると，到達段階を3段階とする場合も4段階とする場合も——この二つの段階数のどちらがより適切かに関しては，表12に示したように，ほとんど違いがなく，ほぼ同様に支持されていた——比較的にB案が強く支持されているという結果である。到達基準の設定に関しては，これを高めに設定するよりも若干低めに設定するという考え方が，一般に受容されやすいといえるかもしれない。

（五）　標準的な到達基準の程度

以上，到達基準設定に関する考え方や視点や方法ならびにそれに関する従来の研究を眺めてきた。そして，それは目標の違いにより，またその後の学習への影響と誤って到達度判定をした場合の損失その他いろいろの条件で左右されていることを知った。かといって，一部の人のいうように「それは一概には決められない」といって逃げることはできない。到達度評価を行う以上，結局，どこかには分割点を決めなければならない。それは避けては通れない到達度測定の宿命である。

とすれば，われわれのこの問題に対する考え方としては，一応ごく一般的かつ標準的な正答率による到達基準を考えておいて，それをその場合場合の

条件に応じて若干引き上げたり,あるいは引き下げたりして,調整しつつ利用するということではなかろうか。そういう意味での,多くの人々が受容する公共性をもった標準的な到達度判定の正答率基準はどのくらいであると考えればよいであろうか。

これについて,ブルームたち(1971, p129)は,80～85%とし,エーラシアンとメーダス(1974, p83)は80～90%においた。ブロック(1971)はすでに述べたように認知と情意の両目標の向上からいって80～85%の基準を最良とし,グロンランド(1973, p12)もブロックのこの意見に賛成して80～85%を,到達(達成)していると判定するための基準として適当であるとしている。しかし,ノビック(Novick, M.R.)とレヴィス(Lewis, C.)は,少し低く75～85%の正答率を到達判定のための望ましい基準と考えているようである(ハンブルトン他,1978)。また,ハンブルトン(1974)によると,マスタリー・ラーニング・プログラムでは,幅をおいて75～100%の範囲で合格点(passing score)を定め,エムリック(1971)も余裕をとって60～90%とし,IPIでは最小限85%以上などときびしくいうが,必ずしもその必要はないとしている。

このように見てくると,最も基本的で重要な到達基準であるところの,到達と未到達の分割点の標準的な考え方は,ずばりいってやはり80から85%のあたりにあると見ることができよう。これを標準に,その場合場合の条件を勘案して上げ下げの調整をすればよいであろう。たとえば,目標が基礎的知識・技能に関するものであるか,それとも高度の理解・思考に関するものであるかによっても調整しなければならないし,あるいは,単元学習の評価か学期や学年末の長期総括的評価かによっても調整されなければならない。

天気図に関する単元学習の到達度テストの場合について,グロンランド(1973, p27-28)は次のような目標によって異なった正答率による基準を示している。一つの参考例となるであろう。

   (目 標)   (到達基準)
  基本的用語の知識   85%

地図符号の知識	100%
具体的事実の知識	85%
天気図の理解力	80%

　最後にこれまでの考察をふまえて，①到達度評価を形成的評価，単元末評価および学期末・学年末評価に分け，②目標をミニマム・エッセンシャルな基礎的目標，一般的基礎的目標，および高次の発展的目標に分け，③その到達段階数を形成的評価では「到達」「未到達」の2段階，単元末評価は2段階でも3段階でもよいと思うがここでは一応「到達」「おおむね到達」「到達が不十分」の3段階とし，学期末・学年末の評価も同様の3段階とした場合の，著者が考える標準的な到達基準あるいは分割点を，一覧表にして示しておこう。表16がそれである。

　このうち，発展的目標については，これまでしばしば言及したように，元来，到達度を決めることが無理であって，正答率そのままを示すのにとどめるのがよいとする意見もあるが，本表は試み的に到達段階を定めてみようとする場合のことである。また，形成的評価では，普通，基礎的目標だけを主に考えるので，発展的目標については本表では空欄にした。

表16　標準的な到達基準の一例

	到達度の区分	基礎的目標		発展的目標
		最低必要	その他の基礎	
形成的評価	到達している 到達していない	0.85〜0.90以上 0.85〜0.90未満	0.80〜0.85以上 0.80〜0.85未満	
単元末評価	到　　達 おおむね到達 到達が不十分	0.85〜0.90以上 0.65〜0.70以上 0.65〜0.70未満	0.80〜0.85以上 0.60〜0.65以上 0.60〜0.65未満	0.75〜0.80以上 0.55〜0.60以上 0.55〜0.60未満
学期末・学年末の評価	到　　達 おおむね到達 到達が不十分	0.85〜0.90以上 0.65〜0.70以上 0.65〜0.70未満	0.75〜0.85以上 0.55〜0.65以上 0.55〜0.65未満	0.70〜0.75以上 0.50〜0.55以上 0.50〜0.55未満

(六) 到達度の判定誤りとその弊害

1　2種の判定誤りとその原因

　これまでいろいろ論じてきた到達基準あるいは分割点を，不当に低すぎもせず，また不当に高すぎもしないように適正に設定するということは，到達度評価の成否を左右するほどの重要問題となるものである。

　しかるに，困ったことに，これが不当に低すぎたりあるいは逆に不当に高すぎたりすることを主たる原因として，ややともすると到達度評価の陥りやすい過誤がある。その過誤は到達度評価独特の誤りであって，相対評価ではまず考えられない誤りである。この誤りを到達度の判定誤り（decision error）とか分類誤り（classification error）という。

　その誤りには，第1型の誤り（αの誤りともいう）と，第2型の誤り（βの誤りともいう）の2種がある。第1型（α）の誤りを学者は"偽到達の誤り"（false-positive error あるいは false-pass error）と呼び，第2型（β）の誤りを"偽未到達の誤り"（false-negative error あるいは false-fail error）と呼んでいる（ハンブルトンおよびノビック，1973，ミルマン，1973，エムリック，1971，メスコースカス，1976）。このことはすでに第5章の(二)でも言及した。

　第1（α）の"偽到達の誤り"は，後に述べるごとく他にもその原因があるにはあるが，最も大きな原因はそこに設定された到達基準（分割点）が不当に低い（甘い）ことに基づくものであって，真実は到達しているとはいえない生徒を「到達している」と判定する誤りである。たとえば，「到達している」と判定するためには，正しくは（真実は）正答率80％の分割点を設定するべきところを，やたらに甘く70％や60％とするような場合に生起する判定誤りである。

　第2（β）の"偽未到達の誤り"は，その最も大きな原因は，上記αの誤りとは逆に，そこに設定された到達基準（分割点）が不当に高い（きびしい）

ことに起因するものであって，真実はりっぱに到達していると認めてよい生徒を，「到達していない」と判定する誤りである。たとえば，真実は正答率80％で到達していると判定してよいのに，やたらきびしく90％や95％正答を到達基準とするような場合に生起する。

以上の関係を表で説明すれば，表17のように示すことができる。表中の左側に示した真の到達状況（true mastery state）*というのは，仮定のものであって，真に適正な分割点（true mastery cutting score）*を設定して，しかもその目標領域に含まれる全アイテム（母集団）をテストした場合における「到達」と「未到達」の判定結果をいう。これを規準として，教師の立てた現実の分割点（observed mastery cutting score）*――したがって高すぎることも低すぎることもある――に基づくところの観察された到達状況（observed mastery state）*――表の上欄に示す――を比較して，2種の判定誤りを示したものが本表である。

表17 真の到達状況と現実の教師の到達判定との関係

（教師の到達度判定）

（真の到達状況）		到達	未到達
	到達	真の到達	βの誤り
	未到達	αの誤り	真の未到達

これら2種の到達度判定の誤りが何に起因するかその原因については，すでに述べたように最大のものは教師の任意に設定した到達基準（分割点）が適正ではないことにある。しかしこれだけではなく，さらに，第5章で述べたところの，母集団をりっぱに代表するようなアイテムの抽出がそもそも失敗していて，結果的に到達基準が甘すぎたり辛すぎたりしていることに起因することもあろう。

また，それはそこに用いられた到達度テスト（CRT）のアイテムの数にも

＊ これらの用語はスピニティ（Spineti, J.P.）およびハンブルトン（Hambleton, R.K.）の論文（1977）に拠る。

より，一般に，アイテム数が少ないほどそのテストの信頼性が低くなり，このような判定誤りも発生しやすくなる。このことは，すでに第5章の(二)に示した表7の解釈でも示したことであって，アイテム数が多いほど判定誤りは減少し，アイテム数が少ないほど多くなる傾向がある。

さらにまた，スピニティとハンブルトン（1977）のいうように，生徒が一つ一つのテスト・アイテムに応答する場合，実際は理解していないアイテムにまぐれで正答したり——これは選択形式のアイテムで起きやすい——，あるいは実際は知っているのに度忘れや不注意で無答や誤答する——これは再生形式のアイテムで起きやすい——というところの，いわゆる測定誤差（measurement error または item error）に起因することもあろう（ここでの測定誤差と，本項の主題である到達度の判定誤りとは全く次元を異にした誤差であることに注意)。

2 到達度判定における2種の誤りのもたらす弊害

この2種の到達度判定の誤りは，教師，父母および生徒本人に対して重大な悪影響を及ぼし，場合によってはそれは破局的でさえある。その悪影響は，目標の種類からは，後の学習の基礎や前提となるような基礎的・基本的目標において特に大きい。

まず，第1（α型）の"偽到達"の判定誤りの弊害であるが，教師に対しては，それは真実は到達していないのであるから当然治療指導を施すべき対象であるのに，目標を到達しているとみなしてなんらの処置も手当も施さないで放置する，といった無責任な態度をとらせる結果となるであろう。これは大変なことである。そもそも到達度評価の目的なるものが，目標に未到達な生徒を発見してこれに治療的処置を施すことにあるのに，これでは到達度評価の名のもとに公然と生徒を落ちこぼすことになる。これはまさに到達度評価の自殺行為といわなければならない。

さらに，この判定誤りは，父母と生徒本人に対して，その成績についての甘い誤った情報を与えて，その後の指導や学習の方策を誤らせるという過誤

を犯すことになる。たとえば，通信簿などで，実際は到達しているとはいえない観点や領域に，到達しているとして〇印などを付してあれば，それは甘すぎる誤った到達度評価であって，メリットよりも一般にはデメリットが大きい。こういうことになるなら，むしろ相対評価情報が安全であろう。

次に，第2の"偽未到達"の判定誤りの弊害であるが，教師側では，もしその教師が到達度評価の本義に従って忠実にその生徒に治療計画を立て，それを実施したとすれば，教育の経済効率上，時間と労力と経費のむだづかいとなる。また，次の新しい学習への着手をそれだけ遅らせるというロスも生じる。また，生徒に対しては，同様にその時間と努力のむだを招くだけでなく，もっと重大なことは，その学習意欲と興味を減殺するという心理的悪影響をもつことである。このことは，前にブロックの研究としてすでに紹介した。

さて，この2種の判定誤りの弊害あるいは損失（loss）のうちどちらが大きいかといえば，一般的には，偽到達の判定誤りを犯してなんらの治療手段をも講じないほうが，偽未到達の判定をして過剰学習を行わせる場合よりも大きいであろうと考えられている（Fremer, J.F. *et al.* 1974, p234-236）。つまり，偽到達の判定誤りが生徒を落ちこぼしてしまう危険が高いからである。

次に，最後の問題として，第1型の判定誤り（偽到達の誤り）と第2型の判定誤り（偽未到達の誤り）のどちらが一般により多く生起しやすいかであるが，すでにミルマン（1973）の研究として述べたように（表7参照），それは一般に第1型の，到達基準を甘く，低く設定して，真実は目標に到達していない生徒を到達していると判定するという誤りである。おそらくそれは，教え子をなるべく良く評価したいという教師心理というか，あるいは人情というか，そういう人間としての心情的なものに起因するであろう。殊に，過保護の傾向と平等思想の強い昨今のわが国の教育状勢においては，この傾向は外国におけるよりもっと大きいかもしれないのである。

エーベル（1971）は，到達基準の設定を，もし一人の教師の主観でいい加

減にやってしまったならば，到達度評価は，今から70年あまりも前，スターク（Starch, D.）とエリオット（Elliott, E.C.）が，当時の教師たちの論文体テストの採点がいかに主観的で信頼おけないものであるかを証明したのと似たようなことになるおそれがあると警告している。

　要するに，われわれはこのような到達度の判定誤りの存在を常に警戒し，できるだけこれに陥ることを回避するように注意しなければならない。そのために最も大切なことは，これまで本書で繰り返し力説したところの，①最初の目標の具体化と領域化，②それをりっぱに代表するようなサンプル項目の選択と作問，③および本章で特に強調した分割点（到達基準）の適正な設定——この一連の手続きを，どれも大切にして実行してゆくことである。たとえ③の分割点だけをいかに合理的に設定しても，その先行手続きである①や②などがいい加減であっては，それは真の到達度測定や評価とはなり得ないのである。

# 第8章 到達度評価テストの妥当性・信頼性

　到達度評価テスト（CRT）においても，妥当性と信頼性の確保が重要な条件であることは，相対的評価テスト（NRT）の場合と少しも変わりはない。そして，到達度テストでの妥当性・信頼性は，そのテスト全体についてよりも，むしろ各測定領域（下位テスト）ごとに別々にこれを吟味してみる必要がある。なぜなら，到達度テストで，到達基準を設定して，それで生徒の到達度が判定されるのは，各領域テストにおけるそれぞれの得点についてであって，全テスト得点についてではないからである。

（一）妥当性

　妥当性（validity）は，特定の個人または集団について，そのテストがまさにとらえようとする目標を的確にとらえることのできる性質のことである。いい換えれば，測定した結果と，初めに測定しようと志した目標との関連性があるかどうか，ということである。

　その妥当性は，従来，主として NRT に関してのことであるが，その意味の違いによって内容的妥当性（content validity），規準関連的妥当性（criterion-related validity）——この中に併存的妥当性，予測的妥当性を含む——，構成的妥当性（construct validity）等に分けられている。

　ポファム（1978, p91）は，これまで NRT の妥当性の検定では，この中の将来の成績を規準としたところの規準関連的妥当性すなわち，予測的妥当性（predictive validity）が著しく重視されて，内容的妥当性はそれほど尊重されなかったといい，CRT は，①第1に内容・目標準拠のテストであり，②

第2に習得や発達を測定することをその主なる目的とするから，まずその内容的妥当性こそが最も重要な妥当性であると述べている。しかし，同時に，その習得を測るかどうかもまたその重要な妥当性でなければならないわけである。以下にこの二つを分けて述べよう。

1 内容的妥当性

前章まで述べてきたように，CRTは，まず目標領域の具体化とリスト・アップをしっかりやって，これをその基本的クライテリオンとし，次にそれをりっぱに代表するような見本項目を選び出し，それをテスト・アイテム化して作成されるテストであった。すると，当然のこととして，CRTの妥当性の吟味は，その原本の目標具体化が正しく適切にできているかどうか，そのテスト・アイテムの選び出しと作問が正しいかどうか，というような，こうした内容的妥当性の吟味に重点がおかれねばならないわけである。これがCRTの妥当性の吟味の基幹とされるのである。だから，最初のたとえば一つの単元目標とか年間の教育目標とかの具体化を正しく行い，またその内容と目標を見事に代表するような十分な数のアイテムを抽出し，それについて妥当なテスト技術を適用して作問するという，こうした一連の手続きをまじめにやってゆくこと自体が，なによりもCRTの妥当性を高める方法であるということになる。

しかしながら，作成されているCRTの妥当性を後から検定してみる方法もまた必要となる。NRTでは，テスト得点の分散に基づき，相関係数法で数量的にこれを示したりしているが，CRTでは初めからそうしたテスト得点の正規分布的分散を予定していないので，そうした妥当性の検定法は原則としては用いられない。しかしながら，ハンブルトン，スワミナサンその他 (1978) の論文ならびにポファム (1978) の著書，フレマーその他 (Fremer, J. et al. 1974) の研究によると，CRTの分野でもその独自の妥当性検定法がいろいろ工夫され，提案されてきている。そのいくつかを紹介しよう。その第1は内容的妥当性の吟味の方法であるが，その中にもいろいろの方法が考

えられている。

(1) クライテリオンとなる目標具体化表の妥当性（記述的妥当性）

CRTの主な利点は，それで測定する目標（行動）領域を明確に限定し，定義し，記述して，NRT における場合以上にそのテスト結果の解釈を確かなものにしてくれることにある。もしこの原本の目標領域の記述が明確かつ妥当でないとすれば，その CRT は根本的にその妥当性がないということになる。したがって，到達度テストでの第1の妥当性の検定の方法はそのテストの基づいている母集団としての具体的目標（行動的目標）の記述が適切であるかどうか，ということを吟味することである。ポファム(1978, p155-158)は，この種の妥当性を CRT のすべての妥当性の前提であるとして，特に記述的妥当性（descriptive validity）の名で呼んでいる。

それは，そのテストの基づく原本の目標具体化表がどのくらい明瞭で，そのテストの利用者や作問者によくわかるように記述されているか，その度合いである。そのテストの手引書か，あるいはそれに代わる他の印刷物等に掲載されているその具体化表（細目表）を見て吟味される。その具体的方法としては，数名のカリキュラム専門家をジャッジとして，別々にその具体化表の適切性を判断させ，その結果による合議で吟味する方法であろう。

(2) テスト・アイテムのサンプリングと作問法の妥当性

上述した記述的妥当性は妥当性検定の基本ではあるが，しかし到達度テストの妥当性としては間接的である。テストとしてのもっと直接的な妥当性は，その母集団としての目標具体化表から選び出されたそのテストのアイテムが，確かにその原本の目標群をりっぱに代表し，確かにそれを測定できるアイテムといえるかどうかである。テスト・アイテムの見本取りやその作問技術の妥当性である。

つまり，この妥当性は，すでに第5章でも触れたように，そのテストを構成している個々のアイテムの妥当化（item validation）による。テストはアイテムの集合体であるから，テストの妥当性の前提となるものは，このアイテムの妥当化である（フレマーその他，1974, p157）。

この妥当性の吟味も，経験的に数名の専門家をジャッジに立てて，その評定結果に基づいて行うことができる。その具体的方法の例は，第5章で「アイテムの良否の弁別法」(項目分析)の一つの方法としてすでに述べた。繰り返すことになるが，念のためもう一度要点を述べると，選び出されたテスト・アイテムとその原本である目標具体化表の両方をジャッジに渡し，一つ一つのテスト・アイテムが，確かにその原本の目標群を代表し，かつそれを測定できるアイテムであるといえるかどうかを判断し評定させるのである。この場合，以下のような評定尺度によってその評定結果を数量化することができる。

・確かに原本の目標をりっぱに代表し，かつ測定できると判断されるもの………2
・十分ではないがある程度それを代表し，かつ測定できると判断されるもの……1
・それを代表し，かつ測定できるとは判断することのできないもの……………0

この方法で，そのCRTの全部のアイテムについて複数のジャッジの評定結果を求め，その合計点でそのテストの妥当性を吟味するのである。そして，その評定結果が悪くて，妥当性が欠けていると判断されるアイテムは捨てなければならない。

(3) 折半相関係数法

これはフレマーその他 (1974, p159-160) の提案する方法であるが，同一の目標領域について二つのテストをつくり，それがどの程度同一目標の母集団をうまくサンプリングしているかその程度を，この二つのテストでの得点の一致度で示す方法である。現実には二つのテストをつくる代わりに，その目標の母集団を代表する多数のアイテムをつくり，これを奇数項と偶数項の2群に折半し，後の信頼度のところで述べる内部均一性の検定法と同じ方法で求めた相関係数を妥当性係数とする方法である。

2 機能的妥当性，構成的妥当性その他

本項に一括して掲げる妥当性は，その提案者によって名称は異なっているが，その考え方にはおよそ共通するところのある到達度テストの妥当性であ

る。すなわち，CRT が生徒の学習の習得や発達を測ることを目的とするテストである以上，それが妥当性をもつためには，当然，非教授グループと教授グループ，あるいは同一学級の教授前と教授後を比較した場合，その成績の向上と発達を敏感に反映するテストであるべきであるとの考えに立っている。このような妥当性について以下のような提案がある。

(1) **機能的妥当性**

機能的妥当性（functional validity）というのはポファム（1978, p159）の使ったことばであって，伝統的な NRT での規準関連的妥当性の中の予測的妥当性に代わる妥当性として提案した。すなわち，到達度テストが，たとえば個々の生徒の到達度の判定とか一定のカリキュラムの効果の判定とかいうような，その初期の目的や機能を正しく果たすことができるかどうかという視点からの妥当性のことである。到達度テストが，初めに志した生徒の習得や到達度を判定するという機能を，実際にどのくらいうまく果たすことができるか，その程度によって定められる妥当性であると定義される。

カーヴァー（1974）も，また，機能的妥当性というような用語は使っていないが，CRT のごとき教育測定的立場のテストの妥当性として，このような種類の妥当性を提案している。彼によると，CRT の妥当性は，生徒たちの学習結果の所得や進歩に対するその敏感度のことである。もし，そのテストが，生徒の大きな習得や進歩を素直に示すことができないならば，そのテストは教育的測定テストとして妥当性がないと考える。したがって，この種の妥当性は1群に1回だけそのテストを実施しただけでは決められないので，普通，その間に進歩が期待されるところの二つの場面で実施し，その間における進歩や習得の大小でこれを推定すべきだという。

これと同様の妥当性の考え方をとっていると解釈される者にクリーアン（1974）がいる。彼は，CRT は，目標を達成した生徒と達成していない生徒を明確に振り分けるはたらきをもつべきテストであるから，その実施結果がどのくらい見事にこの両者を振り分けることができるか，その程度がその CRT の妥当性の程度を示すとの仮定に立ち，その CRT を教授したグルー

プと教授しないグループの二つの群に実施し，その両群における目標を到達した生徒（master）の数と到達しない生徒（nonmaster）の数から，次の公式で妥当性の指数を算出した。

$$妥当性指数 = \frac{a+c}{n}$$

　　a……教授群における目標を到達した生徒の数
　　c……非教授群における目標を到達していない生徒の数
　　n……教授群と非教授群の生徒数の合計

この公式では，そのテストが全然振り分ける力がなく，したがって全く妥当性がない場合は指数が0.5となり，最大の妥当性指数は1.0となるであろう。

クリーンは，この方法を教授群と非教授群で試みたが，同一学級にその単元指導の前と後に実施した二つの資料によってもよいであろう。

(2) **構成的妥当性**

CRT では，内容的妥当性のみが大切なのではなく，構成的妥当性の検定もまた必要であるとの意見もある。メシック（Messick, S.A. 1975）がその一人である。

メシックは，これまで教育テストで構成的妥当性があまり追求されない最大の理由は，今日，行動的目標論が代表するように，望ましい行動それ自体を問題とするだけで，それを生み出すプロセスやその底にある条件にほとんど関心を示さないところにあるとする。

問題は，内容的妥当性が，テストで求めた得点よりもむしろそのテストの形式に，測定よりも用具に焦点をおいて考えられている点にある。内容は，テストの構成と解釈にとって確かに大切ではあるが，しかしそれだけでは妥当性にならない。内容的妥当性は，いわば「内容関連性」とか「内容代表性」とでもいうべきもので，つまり，テスト内容の性格の問題であって，そのテストで求めた得点の解釈の性格の問題とはなっていない，という。妥当性はテストの内容の性格ではなく，そのテストを用いての測定やそのテストで求めた得点の解釈の性格でなければならない，というのである。

たとえば，もし CRT が誤って短時間で急いで実施されると，この場合の

テスト得点に基づいた解釈の妥当性は，もっと時間をかけて実施した場合より低くなるように，求めたテスト得点の解釈の妥当性は場面場面で異なってくる。すなわち，そのテストの内容的妥当性は同じでも，テストの得点の解釈の妥当性は，テスト場面で変わり得る。要するに内容的妥当性は，テスト得点の解釈の妥当性としては不十分であるということである。

そこで，メシックは，内容的妥当性の確保ということは，CRTの作成の段階での本質的問題であって，それがそのテスト結果の解釈に影響する。しかし，その得点解釈のためには構成的妥当性の検討が最も必要である。構成的妥当性の検討は，そのテスト得点の意味の問題に関連する，と主張する。

そして，この構成的妥当性の検定法として，メシックは実験的あるいは相関的方法を提案している。それは，そのCRTの対応している目標領域を教えた群と教えない群とで，そのテスト結果に差が生じるか生じないかで吟味すればよいとする。そのテストに妥当性があれば，当然そこに差があるはずであるとするのである。こうして，この構成的妥当性の検定の具体的方法は，前記カーヴァーやクリーアンの方法とほとんど同様な方法となる。

つまり，これまで述べた機能的妥当性と構成的妥当性とは，前者はCRTの目的・機能から考え，後者はそのテスト得点の意味や構成概念からみたという視点の違いであって，名称は異なるが全く別種の妥当性とはみることができないように思われる。

(3) **カリキュラム妥当性**

また，フレマーら（1974, p160-162）も，教授群と非教授群の2群に対してか，あるいは同じ学級で指導前と指導後に実施した二つの資料によって検定する方法を提案し，これを内容的妥当性と区別して，CRTのカリキュラム妥当性（curriculum validity）と呼んでいる。もしその教授群や指導後の成績が著しく向上すれば，そのテストはカリキュラム妥当性があるとするのである。

このように見てくると，結局，CRTの妥当性の主なものは，①内容的妥当性と，②これに対する機能的あるいは構成的妥当性あるいはカリキュラム

妥当性の 2 種であると考えられる。

このほか，フレマーら (1974, p162-164) は，さらに判別的妥当性 (discriminant validity) と集中的妥当性 (convergent validity) をも提案しているが省略する。

(二) 信 頼 性

信頼性 (reliabiliy) とは，測定の一貫性とか安定性のことであり，平たくいえば，何回測っても，だれが測っても，同じような結果を求めることのできる性質のことである。

この信頼性が高いということは，NRT の場合と同様に，CRT においてもきわめて重要な条件となる。そして，この CRT の信頼性は，そのテストのアイテムの数を増すとか，客観的に採点できるテスト技術を用いて作問するというように，そのテストの作成過程においてこれを高めることに配慮されねばならないが，しかしすでに作成されたテストがどの程度の信頼度をもっているかの検定もまた大切である。

到達度評価テストの信頼性の検定も，その妥当性の場合と同様，その CRT がそれぞれ異なる種類の目標を測定するいくつかの下位テストから構成されている場合は，その各下位テストごとに行われねばならない。なぜならば，生徒の到達状況が判定されるのは，これまで再々注意してきたように，全テスト得点についてではなく，各下位目標の領域についてであるからである。

次に，NRT (相対的評価テスト) の場合と，CRT での信頼度の検定法の違いであるが，NRT におけるそれは，そのテストの得点の分散が大きいという前提条件に立ち，従来相関係数法などを用いている。しかしながら，CRT では，指導後にこれを実施した結果は，その得点が高いほうに凝集して，それほど大きくは分散しないということが期待されている。なぜなら，CRT はできるだけ多数の生徒の目標到達をねらって指導した成果を素直に

とらえようとするテストであって，個人差を拡大してとらえようとするテストではないからである。こういうわけでCRTでは，伝統的にNRTで利用してきたような信頼度の検定法は原則として不適当である*。そこでCRT独自の新しい検定法がいろいろ提案されるに至っている。しかしこの場合も，その得点が多少は分散しているということを前提としているのであって，分散が0の場合は適用しようがない。それらの提案を，ポファム（1978, p 143-145），スワミナサン・ハンブルトン（1974），クリーアン（1974），サブコビアック（1976）その他によって示してみよう。

1 到達度判定の一致度による検定法

この検定法は，伝統的なNRTの信頼度の場合でいえばいわゆる安定度係数（coefficient of stability）を求める方法に類似している。すなわち，同一のCRTを，指導の終了後の事後テストとして，同一生徒集団に対し，2～3週間の間隔をおいて2回実施し，同一の到達基準（分割点）を用いて2段階あるいは3～4段階による到達度を判定し，その両回における到達度判定の一致度（安定度）をもってそのCRTの信頼度とする方法である。安定度係数のように相関係数によるものではない。この検定法は，スワミナサン・ハンブルトンたち（1974）の，「CRTの信頼度は，そのテストを反復して実施した場合における到達度判定の一致の程度（degree of agreement）である」という定義に立っているといえよう。これには以下のようなものがある。

(1) 合・否の2段階区分の場合

1本の到達基準を有し，「到達している」と「到達していない」の区分によるCRTの信頼度の検定法である。たとえば80％なら80％の分割点で，指導の終了後2回のテストをして到達度判定を行い，それを表18に例示するように表示し，両回における到達度判定がともに「到達している」と判定され

---

* しかし，こういっても，実際問題としてはCRTでもその得点がかなり分散する場合がある。特に，高次の発展的目標に関する場合がそうである。そのような場合は，NRTの場合と同様に伝統的な相関係数法なども利用してよい。

表18 両回のテストにおける到達度判定の一致状況の例

2回目\1回目	到達している	到達していない
到達している	58人	9人
到達していない	11人	22人

た生徒数と2回ともともに「到達していない」と判定された生徒数をかぞえ，その両回とも受験した生徒全数に対する比率を出す方法である。こうして求めた指数を一致度係数（coefficient of agreement）という。到達度判定の一致度のパーセントである。

この表18の例示の場合では，一致度係数は（58＋22）を，その生徒全体の数すなわち（58＋9＋11＋22）で割った80％ということになる。一般に，この一致度係数が50％以下ではそのテストは信頼性がないので，この例の場合はかなりの信頼度ということになる。

ここで付記しておくが，分割点を設定していちいち生徒の到達度の判定まではやらないが，その考え方においてこれと類似した CRT の一つの検定法として提案されているもの（ポファム，1978, p 144）がある。それはやはり生徒の得点に多少の分散があることを仮定した上でのことであるが，両回のテストにおける生徒の得点分布のそれぞれの中間数（Median）を求め，その上と下の2群に分けてその出現数を表18にまねて整理し，両回のテスト得点が中間数に対して，ともにそれ以上か，それとも，ともにそれ未満であるかの同じ位置に配置された生徒数の全数に対する比率を求めて，これを一致度係数とする方法である。

(2) 3段階以上の到達区分による場合

単に到達と未到達の2段階区分ではなく，その到達度の度合いを 3〜4 段階に分けるようにつくられた CRT の信頼度は，表19のようにこれを整理し，それぞれの到達基準に2回のテストにおいてともに達した生徒の数の合計を，両回ともテストを受けた生徒数で除した比率が，求める一致度係数である。この例の場合，第1回の受験者100人中，第2回で95人が受験したと

表19 複数の到達基準による到達度判定の一致状況の例

到達基準	第1回テストでの到達者数	両回共に同じ到達群に判定された者の数
0.90以上	10人	7人
0.80～0.89	40人	30人
0.50～0.79	35人	27人
0.49以下	15人	11人
計	100人	75人

すれば，75÷95＝79％が一致度係数となる。到達度テストとしてかなり高い信頼度をもったテストであるといえる。

2 平行テストを利用する検定法

これまで述べた信頼度の検定法は，同一の CRT を，指導の終了後，同一生徒群に数週間の間隔をおいて2回実施して検定する方法であるが，ここでの方法は，同一の目標領域（母集団）から等しい価値のアイテム群として選ばれた二つの平行テスト（equivalent tests）を，同時に同一の生徒群に実施し，その両テストにおける到達度判定の一致度を出して，信頼度を推定する方法である。したがって，その考え方は前述の場合と共通しているといえる。

この場合，クリーアン（1974）は，次の表20のように，平行テストA，Bの両形式における一定の分割点での「到達」と「未到達」のそれぞれの一致数（aとc）を出し，次の公式で一致度係数を算出することを提案している。

表20 平行テストによる到達度判定の一致状況表（B形式）

(A形式)		到 達	未到達
	到 達	a	b
	未到達	d	c

$$一致度係数 = \frac{a+c}{n}$$

$$(n = a+b+c+d)$$

3 内部均一性の検定

以上の方法のほか，そのCRTの各下位テストが，それぞれたとえば漢字

の読みなら読みだけ，書取りなら書取りだけ，小数計算なら小数計算だけというように，同種同類の内容・目標からなり，さらにある程度の生徒間の得点の分散が予想される場合は，この内部均一性（internal consistency）の検定を試みることが有意義となる。ただし，この検定法は，その下位テストのアイテム相互が同質均一であり，一致しているということの証明をする意味であって，CRT を用いて生徒の到達度を判定した場合のその判定の信頼度の検定ではないことに注意しなければならない。しかしながら，その下位テストのアイテムが，比較的等質的母集団からサンプリングされたとみなされる場合には，その内部均一性が重要であるから，この種の信頼度係数の算出がきわめて有意義になるわけである（こういう意味において，前に示したように，フレマーらはこれを一種の内容的妥当性とみなしたのである）。したがって，内部均一性が重要でないところの，異なった問題項目からなるテストでは，この種の信頼度検定法は意味がないということになる。

その方法は，これまで述べた方法とは著しく異なって，単に1回だけのテストでよく，またここでは相関係数法を用いる。そのために折半法のごときが用いられる。それは，一つのテストを，たとえば奇数番号のアイテムと偶数番号のアイテムの2部に折半し，その双方の得点間の相関係数——これを折半相関係数（chance-half or split-half coefficient）という——を求めて，これを信頼度係数とする方法である。この場合，2部に折半する方法にはいくつかの種類があって，その分け方いかんで，係数にいくらかの差異が出ることはいうまでもない。

問題項目の数が増せば，そのテストの信頼度係数は大きくなるのが常であるから，折半相関係数は次のスピアマン・ブラウン公式（Spearman-Brown formula）を適用して修正した値をもって，そのテスト全体の信頼度係数とするのが普通である。

$$r = \frac{2r'}{1+r'}$$

r ……テスト全体の信頼度係数
r' ……折半相関係数

しかしながら，この公式の使用にはいくつかの前提がある。すなわち，そのテストの半分ずつが，困難度や平均点や得点の逸脱度，ならびにその問題の型がなるべく同じであるという前提である。

第9章　教師自作の到達度評価テスト

　第2章の到達度評価の分類で述べたことであるが，到達度評価を行う目的でのテストは，教師自作のテストと標準化テストに分けることができる。この区分によって，本章と次章で到達度評価テストについて述べよう。

　本章で取り扱う教師自作テストによって到達度評価を試みようとする場合も，いつそれを行うかという実施時期によって，以下のようないろいろの種別を含んでいた（第2章図3，39ページ参照）。

① 　学年始めの測定・評価
② 　単元学習における到達度評価
　　　事前の評価（診断的評価）
　　　途中の評価（形成的評価）
　　　事後の評価（単元終了時における総括的評価）
③ 　学期末における到達度評価
④ 　学年末における到達度評価

　このうち，最初にあげた学年始めの測定・評価というのは，主に能力・適性・性格等に関する教育・心理検査によるものを指していて，学力に関する到達度評価も含まれているが，多くは標準化された集団準拠測定であるので，ここでは取り扱わないことにする。そして，残る②③④につき，なかでも特に②の単元学習における到達度評価に最も重点をおいて述べることにしよう。

(一)　単元学習における到達度評価テスト

　すでに，第3章から第7章までにわたって，到達度評価の実施手続きについては詳細に述べた。いま一度その手順を要約すれば，①目標領域の限定と分類，②その各領域の目標の具体化と表示，③その各領域について，そこに含まれる全目標を代表する測定項目の選び出し，④その測定項目についてのテストや観察票の作成，⑤各目標領域についての到達基準（分割点）の設定，⑥そのテストや観察の実施結果に基づいての到達度の判定，という手続きであった。

　この手順と手続きは，原則としてそのままここでの単元学習における到達度評価の場合にも当てはまるのであるが，しかしそれは単に到達度評価という測定・評価論の立場だけからの手続きである。単元学習の到達度評価ということになると，きわめて緊密に学習指導や学習活動と結び，その中に内蔵され組み込まれた到達度評価であることを忘れてはならない。それは，理想的には，単元のマスタリー・ラーニングの中で行われる。授業の手続きと到達度評価の手続きとが，たとえば次ページの図8のように統合されねばならない。こうした指導と評価を統合した単元指導の流れは，これまで個別化教授計画として提案されているいろいろのモデル，たとえばアメリカにおけるマスタリー・ラーニング案（Mastery Learning Program）やピッツバーグ大学の個別処方教授（IPI）などによって，いろいろ示されてきている。決して一つの型に決まってはいない。

　それはともかくとして，到達度評価が最も大きな効果を発揮し，一人ひとりの生徒の学習の成就達成を保障することができるのは，この単元学習においてである。それはなぜかといえば，単元学習過程においては，事前，途中，事後と回数多く到達度をチェックすることができ，しかもその学習範囲が比較的狭いので全体の学習目標数（母集団）からわりあい多数の目標をサンプリングして，それについて比較的密度の高い到達度テストや観察ができるか

第9章 教師自作の到達度評価テスト　175

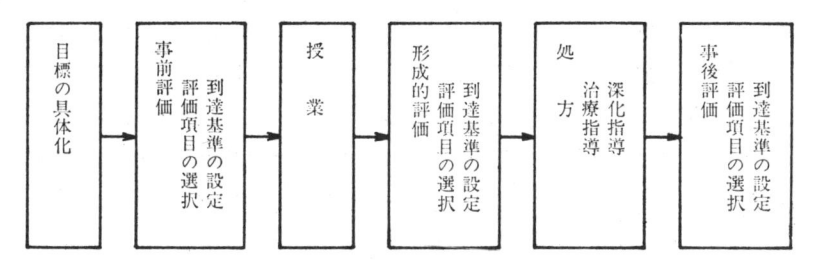

```
┌─────┐ ┌─────────┐ ┌───┐ ┌─────────┐ ┌─────────┐ ┌─────────┐
│目標の│→│事前評価  │→│授業│→│形成的評価 │→│処方     │→│事後評価  │
│具体化│ │到達基準の│ │   │ │到達基準の│ │深化指導 │ │到達基準の│
│     │ │設定     │ │   │ │設定     │ │治療指導 │ │設定     │
│     │ │評価項目の│ │   │ │評価項目の│ │         │ │評価項目の│
│     │ │選択     │ │   │ │選択     │ │         │ │選択     │
└─────┘ └─────────┘ └───┘ └─────────┘ └─────────┘ └─────────┘
```

図8　単元学習における到達度評価

らである。加えて，その評価の結果，生徒の目標到達の有無に即応して治療指導その他の個人個人に適した処方ができるからである。

以下単元学習における到達度評価を，その各位相に分けてもう少し詳しく考えてみよう。

1　指導前の診断的評価テスト

単元学習に実際に入る前に，生徒たちがその単元学習に成功するための前提条件となるような既習の知識・技能を所持しているかどうかをテストし，もしそれを所持しない生徒がいればその不足を補充指導した後にその単元学習に入らなければならない。

また，その単元学習の前提条件となる目標・内容だけでなく，その単元でこれから新しく学習する到達目標についても事前に診断的評価を行って，その情報に基づいてその単元指導計画の修正をしたり，ときによってはその成績と単元学習の終了時における総括的評価の結果の比較によって，その単元計画の効果の評価と反省に資することもある。

このうち前者を前提条件テスト，後者を事前テストと名づけて区別することもあるが，どちらも要するに単元指導前における診断的評価であり，ともに到達度テストで行われる。

高木一郎（1980）のいうように，この診断的到達度評価の考え方は，外国とは趣きを異にしていて，わが国独特のものがある。たとえば，アメリカでの例の個別処方教授（IPI）では，このような診断的テストは配置テスト

(placement test) と名づけ，生徒が新しい単元学習に入るとき，いろいろのレベルに分化されているカリキュラム領域のどこか適切なところに一人ひとりの生徒を配置する目的で行われている。そのテストのアイテム数は6個から20個までにわたり，平均12個ぐらいである。この配置テストで到達基準（分割点）を正答率80〜85％におき，これに到達した者はもっと高いレベルの領域に配置するようにし，正答率20％から80％までの者がちょうどその単元の学習に配置される（ハンブルトン，1974）。まさに個別化指導の目的からである。

これに対し，わが国では一般に一斉指導の形態がとられているので，この指導形態と調和し，その弱点を防止する目的から，上述したような形態——前提条件テストや事前テスト——が指導前における診断的評価として行われると考えられる。それはそれでよいであろう。

(1) 前提条件テスト

指導前の診断的評価のうち，特にその単元学習に成功するための基礎やレディネスとなる既習の知識・理解および技能を，現在生徒が所持しているかどうかを診断しようとするテストであり，当然，到達度評価法で測定されなければならない。その評価の主要な目標となるものは，いうまでもなく後の学習の前提となる基礎的目標である。

このようなテストのつくり方，およびその到達基準の設定をどう考えたらよいかの問題がある。この中の前提条件テストのつくり方では，そのテスト・アイテムの選び方が問題であると考えられるが，ここではその単元学習の目標構造を明らかにし，それとの関連において既習の内容・目標中のどれどれがその必須の前提条件的な内容・目標となるかを見きわめなければならない。

こうした前提条件的な目標は，たとえば算数・数学，言語，理科等におけるように，その学習の内容・目標が階層的に構成されていて，Aを習得しなければBに進めないし，Bをマスターしなければ Cの学習に失敗するといったような関係になっている場合は，比較的その選び出しが容易である。そう

第9章 教師自作の到達度評価テスト

いう目標を選び出して,これを問題に仕込む。こういう前提的目標は,普通の単元についてそんなに多くはないであろうから,必須なものは全部問題につくって,これをテストすることができるであろう。

要するに,前提条件に関する診断的評価でのテスト問題の選択は,母集団としてのその単元目標群からその代表を抽出するという問題ではなく,その単元目標群を達成するための必須の前提的目標(既習)を探し出すという仕事となるであろう。そして,その目標はなるべく全部,一つの目標に3～4個ぐらいのアイテムを設けてそれをテストする,ということになるであろう。

これを到達度テストの形式でテストしようとする場合,第2の問題は,クラス全体としてのその到達基準(standard)をどう設定するかであるが,普通一般の到達度テストの場合とは少し考え方が異なってくると思われる。

到達度評価といえば,普通一般は,一人ひとりの生徒に焦点づけられた到達度評価であるから,その生徒が「何問中何問正答することができたか」といういわゆる正答率得点(proportion correct score)でその到達基準が設定されているが,この場合は一定の教育目標についての集団の到達度であるから,むしろ一つ一つのテスト・アイテム——すなわちその一つ一つの前提的目標——に焦点づけて,それが「クラス全員中何人からパスされたか」といういわゆる通過率(passing proportion)で各アイテム(目標)ごとにその到達度が示されるであろう*。

この通過率がどの程度以上であれば,そのクラス全体としては——個人の問題はひとまず別にして——およそその前提的目標を現在もマスターしているとして単元学習に入るかとか,また,この通過率がどの程度以下であれば,その単元学習に入る前にそれをクラス全体として補充指導するか,とかの決定のための通過率基準を考えざるを得なくなる。

---

* 「到達度」の概念は,一般には一人ひとりの生徒の到達度の意味であるが,このように授業計画や授業効果の見地からは,集団の個々の目標に関する到達度の意味に解したほうがよい場合がある。

この点についての一定の考え方はないが，第7章でその心理学的・教育学的・経済効率的考え方として示した中に，こうした指導前の診断的テストではどうせ改めてその単元でもう一度指導する機会があるのであるから，経済効率的見地から低めの基準の設定が示唆された。高く設定して補充指導をすることの時間と労力のロスを考慮に入れてのことである。この考え方を応用して，学級の平均通過率60～70％の目標は到達しているとして直ちに単元学習に入ることにし，学級通過率がそれ以下であれば，事前に学級全体にその前提条件の補充指導——たとえばその部分の復習——をするのである。

以上は学級全体を一斉指導する場合のことであるが，その前提的目標を現在達成していないことが判明した一人ひとりの生徒やそのグループについて，単元指導に入る前あるいは入った後に，適宜その回復措置の方法を併せて講じなければならない。

また，こうした前提条件テストや次に述べる事前テストでの到達度評価資料は，グループ別学習におけるグループ編成の資料としても利用することができよう。

(2) **事前テスト**

事前の診断的テストの第2は，前記前提条件テストとは異なって，その単元学習で到達目標とするものを，指導前において生徒たちがどのくらいすでに達成しているかを診断するテストである。

その第1の，主な目的は，その単元指導計画の修正にある。すなわち，もしも，その生徒たちが，事前テストの結果，教師の予想した以上にすでにその目標に到達していることがわかれば，指導計画の質を高め，反対に予想以上にその成績が悪い場合は，計画を修正してもっと程度を下げたり，指導のステップを細かにしなければならない。

さらにもう一つの目的は，——いつもこういうことをやらねばならないというのではないが——その単元指導の終了後，この事前テストと同じかまたは類似の問題で事後テストを実施し，成績がどの程度向上したかを確かめて，教師が自己の授業の成功度を自己反省したり，今後の自分のカリキュラムや

指導法の改善の資料を求めるという，いわば教師の研究的目的に利用するためである。

事前テストにも，これを到達度評価テストとしてみた場合，上述の前提条件テストや後に述べる形成的テストや事後の総括的テストの場合と同様，原則としては，そのテスト・アイテムのサンプリングの問題や到達基準の問題が解決されなければならない。

まず，事前テストでのテスト・アイテムの抽出の問題であるが，ここでは明らかにその単元指導で達成させようとしている目標の全体をいくつかの比較的同質的な目標領域に分類し，その各領域ごとにその全体をりっぱに代表するアイテムを選び，それを問題化することである。

その作問法については，本書ではすでに第6章で取り扱った。そのアイテムの数は，第5章で述べたが，この場合はそんなに多くする必要はなく，一つの目標領域について10個以内，もし四つの目標領域であるならば，その事前テスト全体としては30個内外のテストとなるであろう。

次に，到達基準の問題は，この場合も普通一般の到達度評価テストの場合とは異なって，その目的が個々の生徒の到達状況の判定にあるのではなくて，学級全体の各目標領域についての現時点での習得状況を明らかにすることにあるのであるから，当然，その各目標領域——10個以内の小問を含む——についての学級の平均通過率（平均正答率という人もある）を算出することになるであろう。この各領域の平均通過率を見て，たとえばそれが80％以上にも達していれば，その目標領域はもっと程度を高くするよう単元計画を修正し，もしそれが20％以下であるということであれば，その目標領域の程度を引き下げたり，あるいは指導のステップを細分し，丁寧に教えるように計画を修正しなければならない。

以上，単元指導に入る前の診断的評価テストとして，2種のテストが考えられていることを述べた。この2種のテストは，その目的を異にしてはいるが，時間的にはどちらも授業前に行われるものであるから，その問題を区別しながらいっしょに実施してもよい。結果の処理解釈と利用を別々に行え

ば，それでよいわけである。また，すでに述べたように，この事前テストは，実際問題として，そんなにしばしば行うということもないであろう。前提条件テストに比すれば，その重要度は一般に低いと考えてもよいであろう。

2 指導過程における形成的評価テスト

目標を生徒が到達したかどうかのいわゆる目標準拠評価は，非公式には1時間1時間の授業の中で，問答，学習作業の観察，アンサー・チェッカー等によって頻繁に行われている。このような到達度評価が一番重要であって，あらゆる評価と指導の基盤をなしている。

次に重要な到達度評価は，3・4時間から5・6時間程度新しい学習を行わせて，その学習範囲についての生徒の目標達成状況を評価するものである。これがいわゆる形成的評価 (formative evaluation) の代表的なもので，普通，10分内外のテスト時間による小テストで行われる。ブルームたちはこれを形成的テスト (formative test) と呼ぶ。

ここでテストされる主な目標は，応用・思考・態度というような発展的あるいは情意的目標よりも，むしろ基礎的な知識・理解および技能についてである。こうした基礎的・基本的でしかも具体的な目標を，到達したか否かを絶対的に判定し，到達していない生徒グループには治療指導を施し，さらにその結果を評価して，少なくとも基礎的基本的内容・目標に関してはその完全習得をめざすのである。

このような生徒の基礎的目標の習得状況について，一定の到達基準によって到達の有無 (pass-fail) の2方向の判定を下し，その情報に基づいてすべての生徒を完全習得させる目的のテストのことを，クリーアン (1974) はマスタリー・テスト (mastery test) と呼んだ。また，このようなテストは，生徒の単元学習の進行につれてその進歩をモニターするもので，その単元のカリキュラムの中に組み込まれたテストであるので，例のピッツバーグの IPI ではこれをカリキュラム内蔵テスト (curriculum-embedded test) と呼んでいる。どれも，その根本の考え方は同じである。

第9章 教師自作の到達度評価テスト　*181*

(1) **形成的テストのアイテム数**

　測定項目の選択とその数についての理論は，すでに第5章に述べたことである。

　形成的テストは，それが測定しようとする目標領域が，1週間ないし2週間ぐらいにわたっての3〜4時間から5〜6時間の教授時間で指導された内容についてであるから，比較的狭く限られている。加えて，そこで主として測定すべき目標は，前述したように基礎的目標領域であって，発展的目標はこれを除外することもできる。こういうわけで，形成的テストに包含さるべきアイテムの数量は，基礎的知識・理解や基礎的技能の領域について，それぞれ数個ぐらいでよい。

　その目標の具体化については，すでに第4章の（三）で例示した。

　今，参考までに2, 3の提案を調べてみると，しばしば引用した個別化教授プランのIPIでは，1目標について2〜5個とし（ハンブルトン，1974)，ヒルズ（1976, p75）は系統性の明確な算数では2〜5個，読み・社会・理科では5〜10個としている。また，アメリカのSRAの目標準拠テストでは，1目標3アイテム制を採用している（トーシェン，1977, p168)。

　このテスト・アイテムの選択数の決定は，もちろんその母集団となる目標群の大小ということが最も重要な要因となるが，さらに到達度判定にどのくらいの正確度を期するかが大きな条件とされねばならない。偶然的中等による測定誤差（measurement error）の要因一つ考えても，1目標領域についてただ一つとか二つとかのアイテムは，一般には，その全部正答ということを到達基準としてもなお危険である。

　次ページ表21は，アイテム1個から5個までについて，いろいろの到達基準の場合において，偶然のみの要因に基づいて「到達している」と誤って判定（偽到達判定）される確率を示したものである（トーシェン，1977, p169)。なお，このテストの各アイテムはどれも4本の選択肢をもつ多肢選択法によって作問されている。

　本表で見ると，アイテムがただ1個では，1問の正答は到達，誤答は未到

表21 偶然の要因によって生起する偽到
達判定の確率

到達基準	1つ目標についてのアイテムの数				
	1	2	3	4	5
1以上正答	.250	.438	.578	.684	.764
2以上正答	—	.063	.156	.262	.368
3以上正答	—	—	.016	.051	.104
4以上正答	—	—	—	.004	.016
5以上正答	—	—	—	—	.001

達と判定した場合25％もの判定誤りが起き，2アイテムのテストでは，2問正答としたものを「到達」と判定しても，なお6％あまりの実際は到達していないものを到達していると誤判定する可能性があるということを示している。本表で見ると，5％までの危険を許容して一応安全な到達基準を設定するためには，3アイテムでは正答率100％（3問中3問正答），4アイテムでは正答率75％（4問中3問正答），5アイテムでは80％（5問中4問正答）としなければならないことになる。これは偶然（chance）の要因一つのみから計算されたものである。

これで見ると，形成的テストにおけるアイテム数は，後に述べる各種の総括的テストの場合よりは少なくてもよいとしても，一つ一つの目標について，最低3個——この場合はもちろん正答率100％をもって「到達」と判定する——から5個ぐらいは選びたいものである。

(2) 形成的テストにおける到達基準

到達度評価においては，この到達基準の設定はきわめて重要な問題であり，すでに第7章でその理論と方法を詳細に述べた。それを形成的テストの場合にしぼって以下述べよう。

まず，到達度をいくつに区分するかの問題であるが，それは，ここでは「到達」と「到達していない」の2区分で十分である。学期末や学年末での総括的評価のように3段階や4段階に分ける必要はない。これにつれて，その到達基準（performance standard）——正答による分割点の形で示され

る——も1本でよいことになるわけである。

　第7章で，到達基準設定のガイドラインとして，心理学的・教育学的その他の配慮点を示したが，①発展的目標の場合よりも基礎的目標の場合に高く設定する，②長期にわたる学習結果についての総括的評価の場合よりも短期的かつ直接的な形成的評価の場合において高くする，といった視点からいって，一般に形成的テストでは高めの到達基準が要求されよう。

　たとえば，九九や文字の読みなど，基礎的目標中でも特にミニマム・エッセンシャルというべきものについては，正答率90％あるいは95％以上もの高い到達基準を立てる必要のある場合もあるであろう。しかし，一般の基礎的目標ではもう少し低くてもよいと考えられる。

　2，3の提案をあげてみよう。上記 IPI では 85％とし（ハンブルトン，1974），アメリカの有力なテスト研究機関である SRA の DIA テストでは80％を標準として，具体的には教師に任せている。バーンズ（Burns, R. B.）らは，これに関する従来の研究を調べて，1週間の学習の結果についての形成的テストでは正答率で 90％の基準を最適とした（トーシェン，1977, p124）。しかし，ブロック（1970）はすでに第7章でも述べたように，到達基準の高低が生徒の認知と情意の両面に及ぼす効果の観点から，いくぶん低い80～85％基準を最適とした。著者も，また，第7章で，標準的な到達基準として，一般的な基礎的目標の場合，形成的評価では正答率80～85％をその到達基準として示してみた（表16, 152ページ参照）。

　こうして，一般的にいって，形成的テストにおける基礎的目標の到達基準としては，正答率80～85％ぐらいが適当なところと考える。これを参考に，結局は学級教師の考えで決定すべきことである。また，こういっても，形成的テストでは上述したようにそのアイテム数が少ないので，到達基準をあるところに決めてもあまり意味がないともいえる。なぜなら，アイテムが3個や4個では，結局，全問（100％）正答を到達基準とするほかはないことになるからである。

3 単元指導終了時の総括的評価テスト

ここで単元終了時の総括的評価というのは，10時間から20時間にもわたるかなり長い単元の学習で，この間に前述の形成的テストが数回行われた後の総括的評価の意味である。わずか4〜5時間で終わるような短い単元の場合ではない。こういう短い単元学習の場合は形成的テストと総括的テストとを分けないで，ともに形成的テストとかマスタリー・テストとして取り扱われる場合もあるが，わが国では比較的長い単元学習が現実に行われているので，両者分けて取り扱うことにしたい。

(1) 測定目標とアイテムの選択

これまで述べた事前の前提条件テストや途中の形成的テストでは，主として基礎的目標の達成状況の診断に焦点がおかれたが，ここの総括的評価では，基礎的目標と発展的目標の両方の到達状況を測定できるように計画を立てるのが望ましい。

そのテスト・アイテムの選び出し方は，第5章以来しばしば強調してきているように，まずその単元で指導されたすべての具体的目標を見事に代表するような質と量の目標を選び出し，それを問題に仕込まなければならない。その単元の全目標をたとえば「知識・理解」「技能」「応用・思考」というように比較的同質的ないくつかの目標領域（観点）に分け，その各領域について別々にその領域を代表する項目を選んで問題化する。問題の困難度も，人為を加えることなく，そのもとの領域目標の困難度をそのまま素直に反映するものであるようにする。

しかしながら，応用・思考等の発展的目標になると，授業中に取り扱ったそのままを問題にしたのでは，単なる知識や記憶のテストとなって思考や応用のテストとはならない。つまり，発展的目標の領域は開かれていて，その境界が知識や技能の目標のようにはっきり限定されていない。

こういうわけで，発展的目標の領域では，その全体を見事に代表するアイテムの選択といっても，そう簡単にはいかないことになる。基礎的目標領域

とは異なって，すべての生徒にここまでは到達させるというような，そうした到達度の基準の設定がかなり困難な目標領域であり，結局，生徒の能力に応じて各生徒を伸びるだけ伸ばせばそれでよい目標である。

したがって，この領域のアイテム選択は，基礎的目標の領域とは異なって，意図的にいろいろの困難度のものを選んで問題化し，あるがままの生徒の能力が測定できるようにしなければならない。ここでは相対評価もまた有意義となる。

次に，選択するアイテムの数であるが，この総括的テストの場合は，これまでの形成的テストの場合よりも母集団となる指導内容と目標の範囲が広く，量が多く，またテスト時間も1時間程度をかけるのであるから，自然そのテストのアイテム数も多くてよいわけである。仮に目標領域が四つとした場合，全体で50アイテムのテストとしても，1領域10アイテム以上提出することができ，かなり精密で信頼度の高い到達度テストが可能となる。

また，そのテストの時間は，きびしく制限することなく，なるべく，生徒にその能力を発揮できるようにするのがよい。

単元末評価での目標の具体化については，すでに第4章の（三）でいろいろの例をあげているので参照されたい。

こうして各領域ごとにその代表として選び出されたアイテムを問題化し，その問題を領域（観点）ごとにまとめていくつかの下位テスト（sub-test）として，そのテスト全体を構成する。

(2) **到達基準の設定**

すでに第7章その他で強調したように，到達基準は各目標領域ごとに別々に設定しなければならないし，また基礎的目標と発展的目標とでは，その考え方を異にする必要があった。つまり，基礎的目標に関しては明確な到達基準を事前に設定することが可能であったが，発展的目標ではその性格上一定の到達基準を設定することが困難であって，設定するとしてもそれはほんの試み的な設定であると考えるべきであった。仮に設定したとしても，現実に各教室でテストされる思考や応用に関する具体的目標や問題は，教師間や教

室間でばらばらであるから，一般性が弱いことになる。この点，基礎的知識・技能に関する目標のテスト問題は，もっと一般共通性があるから，一定の到達基準がどこでもおよそ共通に利用され得る。

基礎的目標に関しては，どの程度の到達基準が適切であろうか。一般的考え方としては，それは前項で述べた形成的テストの場合に準じ，80～85％の正答率で考えてよいであろう。

発展的目標に関しては，グロンランド（1973）がその方針をとっているが，各目標領域ごとに正答率そのままを示し，これでその領域の到達水準を解釈する方法もよい方法であると考えられる。素点とか正答率はすでに到達度評価の結果の表示法の一種である。しかしながら，もう一歩進んで，発展的領域でも一定の到達基準を設定し，一応その到達の有無や段階を明らかにしたいというなら，この場合は，①発展的目標は基礎的目標よりもその達成が困難である，②後の学習に対し，基礎的目標ほどの重要な前提条件とはならない，等の理由から，いくぶん低めに設定してよいことになる。

こういうわけで，私見では，単元末の総括的テストの場合，発展的目標領域においては正答率で75～80％程度を標準とするのが適当ではないかと考える（第7章表16参照）。

到達基準の設定の問題に関連して，ここでの一つの問題は，その到達度の区分を，前述の単元指導前や途中のテストの場合のように「到達」「到達していない」の2区分にするか，それとも指導要録の「観点別学習状況」欄のように3段階区分にするかの問題である。2区分なら到達基準は1本でよいが，3段階区分にすれば2本を用意しなければならなくなる。その決定は，このテストの利用目的で異なってこよう。このテストがもっぱら単元終了時においての生徒の学習状況を診断して，失敗している生徒や目標を改めて治療しようとの目的ならば2区分で十分であるし，もし同時に生徒の成績評定の資料にも利用しようというのであれば3段階が適切である。

(3) 到達度判定の具体例

以上考察したことをまとめて，ここに目標領域の分類，アイテム数，到達

表22　単元末テストにおける到達状況の判定の例

目標領域	アイテム数	正答数(率)	到達状況
用語・記号・事実についての知識(基)	15	13(0.87)	○
概括や法則等についての知識・理解(基)	15	11(0.73)	△
器具の使用や観察・実験の技能(基)	10	9(0.90)	○
理科的思考や応用(発)	10	5(0.50)	×

　基準の設定から到達度の決定に至る具体例を示してみよう。

　理科のある単元について，その目標を表22に示す4領域に分け（最後の思考や応用は発展的領域で他は基礎的領域とする），それぞれ15または10のアイテムを選んで，全体で50アイテムの到達テストを作成したとする。この各領域の生徒の到達度を「十分達成」「おおむね達成」「達成が不十分」の3段階に評定する目的で，下記のような到達基準を設定したとする。

〔基礎的目標〕　　　　　　　〔発展的目標〕
十分達成（○）………85%以上　　十分達成（○）…………80%以上
おおむね達成（△）…65%以上　　おおむね達成（△）……60%以上
達成が不十分（×）…64%以下　　達成が不十分（×）……59%以下

　この基準を適用して，この四つの目標領域でそれぞれ13，11，9，5個のアイテムに正答した生徒は，表22の最右欄に示すような到達状況になる。

(二)　単元学習における到達度評価の効果

　単元学習において，まずその達成目標を具体的に限定し，指導後は到達度評価法による形成的テストを実施し，一定の到達基準によって生徒の目標到達の有無を診断し，到達していない生徒には治療的指導を加えて進むという，いわゆる完全習得学習方式が，どの程度効果的であるかについての従来の実験資料を眺めてみることも，むだではないであろう。以下，文献にあらわれたいくつかの結果を紹介しておこう。

1 効果に関する実験的研究

(1) SRA の研究

アメリカのテスト研究機関である Science Research Associates (SRA) は，1975年に数学授業で，1～8年生の2300人について2年継続で，到達度を診断する形成的テストを含む完全習得学習を行い，その成果を自社で開発した数学の標準化目標準拠学力検査で前後3回にわたって調査した。その結果，2年間の実施結果は，全国基準以上の進歩を遂げていることを示し，期待される成績水準よりも15％から49％も高く，それは統計上1％以内の有意水準であった（トーシェン，1977，p57-58）。

(2) アンダーソンらの研究

アンダーソン (Anderson, L.W.) ほか2氏は，小学校2校を用い，一方の学校教師には目標分析，到達度テストのつくり方や治療指導法を研究させた上で完全習得学習方式を採用させ，他方の学校はそれによらない従来の教授方式によらせた。ここでも科目は数学によった。すべてのカリキュラムの指導の終了後，知識と技能についての目標準拠テストを両方の学校に実施した。

両校の生徒を一人ひとり知能の同一の者の対をつくって，その両群の結果を比較したところ，5年生を除いて他のすべての学年で形成的テストと治療指導を行った実験群の学校が有意の差をもってすぐれていた。5年生の結果も，ただ統計的に有意でないだけで，方向としては実験群がすぐれていた（トーシェン，1977，p58-59）。

(3) スミスらの研究

スミス (Smith, J.K.) とウイック (Wick, J.W.) の実験は，小学校の読みと語彙で試みられた。家庭環境が劣っていて，その読みの能力がおよそ3年生程度の児童150人に対し，マスタリー方式で指導した。指導前は，その約65％の者が最低到達基準をやっと超えることができた程度であったが，この方式による指導後は，およそ95％の子どもがすべての単元末の到達度テストでその最低到達基準を超えることができた（トーシェン，1977，p59）。

こうして，以上の到達度テストとその情報に基づいての処遇を含む指導法の効果に関する比較研究は，それが認知的学力の向上には著しい効果があることを示した。

(4) 金豪権の研究

ソウル大学校師範大学教授金豪権（梶田叡一監訳，1976, p176-191）は，一つの中学校の4学級の中から無作為に2学級を実験群，残り2学級を統制群とし，実験群には完全習得学習を，統制群には旧来の授業を実施し，2週間にわたる8時間の小単元学習でその成果を比較した。その生徒数は両群それぞれ136人ずつ——したがって1学級の生徒数は70人ほどとなる——であって，この両群は知能，数学テスト，小学校の算数能力においてほぼ同等であることが証明された。授業は，2人の数学教師がそれぞれ1学級ずつの実験学級と統制学級を受け持った。両群に対する授業の方法の相違は，実験群への完全習得学習では形成的評価，練習問題，補充プログラム，小集団学習を活用し，他はそれを用いなかった点であった。

その成果は，両群共通にその単元終了後に実施された総括的テストの結果，平均得点や一定の到達基準に達した生徒の比率等で比較された。平均得点では，100点満点に換算して，比較群が67.47に対し実験群は83.37であり，完全習得に到達した生徒の出現率は40％対74％であった。むろんこの差異は有意の差であって，到達度評価法による形成的評価とそのフィードバックに基づく生徒の補充指導が，いかに効果的であるかを十分証明した。

(5) 韓国の行動科学研究所の研究

上記の金豪権の研究結果をふまえて，行動科学研究所は，ソウル市内の中学校9校を完全習得学習の実験協力校に指定し，1969年10月より約2カ月にわたって，大規模な実験を行った（金豪権・梶田叡一，1976，p191-199）。科目は，中学1年の英語と数学の2科目によった。ここで用いられた授業モデルは，形成的評価とそのフィードバックによる補充指導を含んでいた。

これらの実験協力校での成果を比較する目的で，これら9校の協力校のうちの一部の学校と，①同一の学群，②同一の性，③世評による同一水準，④

同一教科書でほぼ同じ授業進度の比較学校を選び，協力実験学校と同一のテストを行って，正答率80％の到達基準による協力実験学校と比較学校のそれぞれにおける目標を到達していると判定された生徒の比率を求めた。

その結果は，英語における到達率は実験学校73％に対し比較学校47％であり，数学では72％対46％であった。この協力実験学校の生徒群と比較学校の生徒群の学習能力には差がないものとすれば，この結果は到達度評価方式とそれに基づく処方を含んだ学習の勝利を示すものと解釈された。

(6) ブロックの研究

ブロック (1971) は，郊外の学校の8年生の数学の三つの連続している単元学習で，CRM（目標準拠測定）によるフィードバックとそれに基づく矯正手続き——これを feedback-correction と表現する——の効果を検証した。

まず，生徒をランダムに5群に分け，そのうち1群(27人)を統制群として，普通の教授法によった。他の4群（各群16人）に対しては，どれにも CRM を実施してそのフィードバックとそれに基づく矯正指導をしたが，ただその補足的手続きの分量を群によって異にした。

その効果を，認知的学力と興味・態度への影響で比較したが，統制群に対しては4群いずれの実験群の成果も有意の差をもってまさっていた。また，CRM によるフィードバックと矯正指導の分量が少なかった群ほど，その平均成績が低く，分散も大きくなって，統制群のそれに接近していった。

以上の六つの実験結果は，どれも到達度評価を利用した完全学習モデルの生徒の認知的領域に及ぼす効果の証明であるが，さらにそれが生徒の情意的領域に及ぼす効果はどうであろうか。トーシェン (1977, p85-89) によると，これについての証明は目下まだ少ないが，関連的諸研究から推察すれば，CRT を用いた完全習得学習法によると，生徒たちが教師から積極的に評価される機会が多くなり，自信，責任の受容，積極的態度，動機づけ等に関して，望ましい影響があると考えられるという。

どうして，マスタリー方式の単元学習が，こうした認知的ならびに情意的効果を発揮するようになるかその理由であるが，それは主としては形成的テ

ストの効果にかかるものと考えられる。その効果にもいろいろの要素を含むであろうが、第1は、なんといっても形成的テストでの診断に基づいての治療指導等の効果であると考えられるが、さらに、忘れてはならない要素は、形成的テストが比較的回数多く行われるということである。3〜5時間の授業ごとに形成的テストを実施すれば、その都度頻繁に生徒の学習の成就と失敗の個所が生徒にしっかりと確認され、それが正答の強化や誤答の消去、今後の学習の動機づけや重点化等の効果を生み出すためと考えられる。

2 形成的テストの頻度の効果

このように形成的テストの実施の頻度が学習成果を高めるという実験的証拠が、従来すでに多数集積されている。

たとえばジョーンズ（Jones, H.E.）の心理学の授業での実験、ターニー（Turney, A.H.）の教育心理学の教授における実験、クルプ（Kulp, D.H.）の教育社会学での実験、その他大学の授業における実験、ならびに高等学校における実験で、比較的回数多くテストをして進むほうがより効果的であるということが、これまで多数報告されている（橋本重治，1971, p233-236）。

著者も、また、この種の実験を繰り返し試みた。その結果は、すべての結果が統計上有意とまではいかなかったが、だいたいにおいて、たとえば週1回というテストは、隔週ごとまたは月1回のテストよりも、認知的領域でも、また積極的学習態度の形成上も有利であることがおよそ証明された（橋本重治，1971, p237-258）。

たとえば、その一つの実験は、中学1年生の英語のスペリング学習で、同一英語教師の担当する三つの学級で行われた。約1カ月間、第1の学級は毎週1回テストし、第2の学級は月2回（隔週）、第3の学級は月1回のみテストされた。実験期間の終了後、3学級ともその期間に学習した範囲から出題した共通問題でテストした。知能検査の結果によってこの三つの学級から同等群を選び、その共通テストによる平均成績を比較したところ、テスト回数の多い群ほどすぐれていた。すなわち週1回テスト群は月1回テスト群に

対して有意の差をもってすぐれ，月2回テスト群に対してはすぐれてはいたが，統計上有意ではなかった。また，月2回テスト群は，月1回テスト群よりすぐれていたが統計上有意ではなかった。

(三) 学期の中間，学期末および学年末における教師自作の到達度評価テスト

1　この段階における到達度評価の必要性

ここでは，学期の中間における総括的テスト，学期末におけるその学期の指導事項全体についての総括的テスト，ならびに学年末における1年間にわたる指導事項全体についての総括的テストを到達テストで行う場合の留意点について述べる。

従来は，こうした長期にわたる総括的テストは，主に生徒の成績評定の目的から，したがって，学級（学年）の生徒の学力の個人差を明らかにするのに都合のよい相対評価の考え方に立ったところの集団準拠テスト（NRT）で行われた。もちろん今後もこうした目的と意図からの評価も必要であるが，さらにこの段階においても，生徒の教育目標の達成状況を明らかにする目的からの目標準拠テスト（CRT）も活用されることが望ましいであろう。そうでないと，学期の残された後半とか，次の学期や次学年における指導のための生徒の学習状況に関する絶対的・具体的情報の取得ができなくなる。

さらにまた，生徒の成績評定としても，集団の中の他の生徒たちとの比較による相対的評定ではなく，その目標達成の程度によってこれを表示する方法をも採用せざるを得なくなりつつある。そうでないと，昨今の到達度評価を取り入れた通信簿や指導要録の「観点別学習状況」の評定の要請に対応ができないからである。

また，相対評価情報をも必要とするならば，幸いなことに，こうした到達度テストのアイテムの選択を理論どおり正しく行っていれば，そのテストで求めた得点は，目標準拠の解釈と同時に，集団準拠の解釈も相当程度まで可

能である。特に発展的目標は，その完全習得は困難であるから，相対解釈の可能性は一般に高いと考えられる。こうして，この段階における到達度評価テストの結果は，絶対解釈と相対解釈の両様に利用することも可能ということになる（序に付記するが，その逆すなわち故意に生徒の得点の分散を広げるために通過率50〜60％のアイテムを中心に作成された相対的評価テスト (NRT) は，生徒の目標到達度の測定には妥当しない。それはすでに第5章その他でしばしば述べたように，問題の困難度その他のテスト・アイテムの選択の理論の相違による）。

2 目標領域の具体化とアイテムの選択ならびに作問

(1) 目標領域の適当な分類と具体化

　この段階における到達度テストは，上に述べた単元末においての総括的テストと違い，単一の単元学習の結果についてのテストではなく，半学期間や1学期間，あるいは1年間という長期にわたる多数の単元学習の成果についてのテストである。

　したがって，この段階での到達度テストを，その本質とするところの比較的同質の数個の領域（観点）——これがその到達度テストの下位テスト (sub-test) となる——よりなるテストとして構成するためには，そのテストの対象となる多数の単元の内容について横割り式に，たとえば「知識・理解」「技能」「思考・応用」「関心・態度」というように，教育目標の分類に従ってこれを区分けするよりほかはない。そして，ここでは前述の単元末における到達度テスト以上に，基礎的目標の領域のみではなく高次の発展的目標の領域も重視して取り上げておく必要があろう。

　これらの教育目標の概念によって分けられた同質的領域から，その代表としてのアイテムを選び，それをテスト問題に作問し，到達度判定の基準もその領域ごとにこれを設定するという手順を踏む必要がある。それはすでに第3章で取り扱った到達度評価の一般的手続きそのままの手順である。

　これらの各目標領域（あるいは観点領域）に含まれる全目標を，なるべく

行動的目標の形で具体化し，これをリスト・アップしておくことは，到達度評価における望ましい最初の仕事であった。このことについての留意点は，すでに第4章の(三)の2で述べているので，そこをもう一度参照されたい。

学年末やそれに引き続いての学年始めに行う到達度テストは，今後わが国でも標準化されたテストが開発されるであろうから——このことについては次の第10章で取り扱う——，その目標の具体化とリスト・アップの仕事などもいちいち教師が行う必要は少なくなるかもしれないということも，すでにそこで示唆した。

(2) **テスト・アイテムの選択**

各目標領域で具体化された母集団としての目標群からどうしてテスト・アイテムを選出するか，その一般的考え方についてはすでに第5章で詳説した。要するにその領域目標の全体を見事に代表し，その素直な鏡となるような目標項目を抽出すればよい。

困難度もすでに述べたように発展的目標ではこれを考慮したほうがよかったが，その他の目標については，特に困難な項目とか逆に平易な項目というように意図的にではなく，その母集団の困難度を忠実に反映する程度のものでなければならない。こうして原則としては無作為抽出法によるのであるが，後の学習にとって重要性の高いものを選ぶといった多少の意図をはたらかせてこれを選ぶことはさしつかえない。

しかし，アイテム選択において最も重要な問題は，選ぶアイテムの数量である。というのは，これまでしばしば力説したように，到達度評価における規準（criterion）は，到達目標としてリスト・アップされたその具体的目標群それ自体であるが，しかしその目標全体を一つ一つ全部規準として到達の有無を決定することはできない。そこで現実の，操作的規準として，その代表としての少数のアイテムを選び出すのであった。したがって，この選び出すアイテムの数が少なくては，それに基づいて測定された生徒の到達状況（obtained mastery state）の信頼度が低くなるからである。選び出すアイテムが多すぎるのは不経済であり，少なすぎては信頼性がなくなるという問題

である。

　それならば，学期末とか学年末における総括的到達度テストで，それぞれの領域でどのくらいの数のアイテムを選べばよいかであるが，一つの単元学習での総括的テストにおけるよりも，この場合はその目標の母集団が何倍も大きいのであるから，当然その代表として選び出すアイテム数も多くなくてはならない。このような広い学習範囲にわたる総括的評価では，すでに第5章の（二）で従来の学習の研究や提案に基づいて総括したように，だいたいにおいて，一つ一つの目標領域について10個から20個，もう少し欲をいえば20個から30個ぐらいということであった。これは比較的同質的な1領域（1観点）についての選出数であるから，仮に4領域の場合は1領域平均15アイテムとしても60アイテムのテストとなる。

　1時間で実施するテストとして適切な全アイテム数は，従来の標準化学力テストの経験などからいって，小学校低学年では50個，小学校高学年以上では60個程度であろう。

(3) **テスト問題の作成と編集**

　こうして全体の代表として選び出されたアイテムにつき，適切な作問技術を用いてこれを問題化しなければならない。その作問の方法については，本書でも第6章で取り上げたが，別にいっそう詳しく取り扱った文献も出ている。

　今日，教師自作テストにおいても多くは客観的テストが利用される。論文体テストを利用してもよいが，その場合は採点法に関して，他の簡単に答えられる客観体のアイテム——その1個の正答に普通素点1点を与える——との比重を考慮して，その中に数個の小問を立てるか，あるいは答えの価値の度合いで，たとえば3，2，1，0点を付与するという工夫を必要としよう。

　こうして選び出されたアイテムについての問題は，最初に分類した目標領域ごとに編集して，それぞれテスト1，テスト2，テスト3とか，あるいは第1部，第2部，第3部というような下位テストとしてテスト全体を構成し，実施する。

次に，これもすでに第5章で述べたことであるが，到達度テスト（CRT）は，本来たとえば相対的評価テスト（NRT）よりももっと多くのテスト・アイテムを必要とすると同時に，そのテスト時間もいっそうゆったり与えて，生徒のもっている能力を十分発揮させるのが望ましい。したがって，アイテム数を増し，テスト時間も2時間ぐらいかけて行うのが理想であるが，実際問題としてはそうもいかないかもしれない。そこで1時間でテストを実施するとしても，きびしく時間制限はしないで，もっと時間を必要としている生徒に対しては，10分程度延長してやるような配慮が望ましいであろう。

3 到達基準の設定

まず，この場合における到達度の区分あるいは段階の数の問題である。

授業過程における形成的評価は，目標に到達している生徒と到達していない生徒を発見して治療教授を施すことにその主たる目的があるのであるから，「到達」と「到達していない」の二つの区分法が適切であったが，ここでの到達度評価の目的は単に指導目的だけではなく，通信簿・指導要録等における観点別の成績評定（grading）の目的をも有しているので，3段階あるいは4段階による到達度の区分法をとるのが適当と考えられる。さらに，たとえば発展的目標についてなど特にそうであるが，メスコースカス（1976）の「到達の連続説」に立って，もっと細かに0％から100％までの正答率そのままでこれを示す方法も考えられよう（第1章図1，23ページ参照）。現にグロンランド（1973, p33）は，発展的目標については正答率による到達度と相対的なパーセンタイル得点とによってその結果を表示している。

さて，この場合到達度の段階を3段階とすれば2本の，もし4段階とすれば3本の到達基準すなわち分割点を設定する必要が生じる。それは，前述の代表として選び出されたテスト・アイテム中，何個正答すべきかという正答率の形で，教育学的・心理学的・経済効率的見地や経験的資料から，その到達度テストの実施前に設定されるものであった。また，その到達基準の設定は，発展的目標においてはその性格上かなり無理があったが，全く試み的に

これを設定することは可能であるし，現にわが国の指導要録の「観点別学習状況」には思考のような発展的目標や関心・態度をも包含していて，いやおうなく3区分の到達度判定を行うようにされている。

　こうして，学期末や学年末における教師の行う到達度テストによる生徒の到達度（3段階）の判定のためのおよその基準（分割点）として，第7章の表16から抜き出してもう一度下に掲げてみよう。

〔一般的基礎的目標〕　　　　　〔発展的目標〕
達　　　成　0.75〜0.85以上　　達　　　成　0.70〜0.75以上
おおむね達成　0.55〜0.65以上　　おおむね達成　0.50〜0.55以上
達成が不十分　0.55〜0.65未満　　達成が不十分　0.50〜0.55未満

　この到達基準は，これまでのこの問題に関するいろいろの研究や提案に基づいてまとめたものであるが，実際にはなおその学級・学校のいろいろの事情によって，ある程度この基準を上げたり下げたりすることはできよう。結局は，その学級・学校の決定に任されるべきものであるが，しかし，かといって，無原則に全く勝手にこれを決めてもよいというものではない。少なくとも，相対評価の場合における例の正規分布の比率程度にはこれを考えたほうがよいと思う。あるいは，たとえていえば，鉄筋建て家屋の柱や壁の中にある鉄骨程度にはこうした標準的な到達基準を考えておくべきである。さもないと，教師の行う到達度評価はグニャグニャになって，潰れてしまうかもしれない。

4　到達度判定の具体例

　今，小学校の算数で，その到達度評価のための目標領域として，①基礎的知識・理解，②計算技能，③思考・応用，④関心・態度，の四つをあげ，前の三つの領域における到達度は学期末の教師自作の到達度テストに基づいて判定するとする。

　そして，このうちの①②の領域は基礎的目標の領域として正答率0.80以上を「達成」，0.60以上を「おおむね達成」，0.59以下を「達成が不十分」と判

定し，③は発展的目標としてその3段階の到達度判定の基準を0.75，0.55としたとする。そして，④関心・態度の領域は，テストでは評価できないので，これについての主要な行動的目標として四つを選び，その一つ一つについて「達成」「おおむね達成」「達成が不十分」の3段階で観察評定し，それぞれ2，1，0の評定点を与える。そして個々の児童の得点の満点8点に対する達成率を算出し，これを上記発展的目標の基準（0.75，0.55）に準じてその達成度判定をするとしよう。関心・態度に関する目標の具体化については，教科別に第4章の（四）で例示したから参照されたい。

表23 算数科における学期末達成度判定の例

目標領域	アイテム数	本人の成績		到達度の判定
		正答数	正答率	
基礎的知識・理解	20	14	0.70	おおむね達成
計算等の技能	20	16	0.80	達成
思考・応用	15	10	0.67	おおむね達成
関心・態度*	(8)	(4)	(0.50)	達成が不十分

＊教師の観察評定に基づいて達成度を判定したもの

すると，ある児童の表23の正答数ならびに正答率の欄に示したような結果は，その表の最右欄に記したように判定されることになるわけである。関心・態度の領域は全く試案的な判定にすぎない。なお，関心・態度の評価技術としては，こうした教師の観察評定法のほかに，生徒の自己診断法（質問紙法），SD法（semantic differential method）およびゲス・フー・テストなどによっても，その評価資料を求めることができる。その方法は第6章の（二）で詳説した。

なお，こうした領域または観点別の達成度評価のほかに，さらに算数科全体としての5段階とか3段階とかの相対評価の資料をも求めたい場合は，どういう方法があるであろうか。その場合は，各領域のウエートを同等にしてそれを総合するとすれば，表23の正答率欄の四つのパーセントの平均を算出し，その平均正答率の学級分布に基づいて適宜3または5段階の相対評価を試みるとよいであろう。

第10章　標準化された到達度学力検査

(一)　到達度テストの標準化とその特異性

1　到達度テストの標準化は可能か

　伝統的な標準化学力検査は相対的評価テスト(NRT)であって，その標準化は，だいたいにおいて，①問題作成，②予備実験と項目分析，③基準集団での実験，④その実験結果に基づいての基準(norm)の設定，⑤妥当性・信頼性の検定，といった手続きによって行われた。その標準化の要点は，学力の個人差をなるべく鋭く弁別することのできるようなテスト問題によって，集団準拠の解釈基準をつくり出すことであり，多数の生徒集団の現実の成績(MとSD)に基づいた集団的・相対的基準(norm)を設定するという仕事である。従来，このような手続きで作成されたテストを 標準化検査(standardized test) と呼んだ。

　さて，到達度テストの標準化であるが，これと全く同じ手順と方法で標準化することはもちろんできない。なぜならば，到達度テスト(CRT)は，第1章で詳しくその定義をしたように，NRTのように，集団基準を設けて他人との比較で生徒の成績を解釈するテストではなくて，教育目標の到達程度を基準にして個々の生徒の成績を解釈しようとするテストであるからである。その性格が伝統的な集団準拠テストとは全く異なっている。したがって，こういう伝統的標準化検査と同一の方法と手続きでこれを標準化しようなどとは，頭から考えるべきではない。それは，CRTの特質に従って，独自の方法と手順によらなければならない。カーヴァー(1974)の表現を借りるならば，それは個人差測定を目的とする心理測定的原理によらないで，教育測定的(edumetric)な原理に立って行わねばならない。

ポファム（1978, p75-76）は，こういう伝統的な相対的標準化テストとは異なる意味において，到達度テストも標準化することができると考えている。元来，標準化テストというものの基本的な意味は，そのテスト問題から施行法，採点法，ならびに求めた得点の解釈法（解釈基準）に至るまで，事前に一定されていて，それを利用する者はすべてその決められたルールに従って実施するように指示されているテストのことである。こういう意味では，むろん CRT も標準化することができる。後にも述べるが，現にアメリカでは，かなり多くの CRT が標準化されて，テスト出版社から発売されている。ただ，到達度テストの技術的研究の歴史がまだ浅いので，長い歴史を有してすでに成人の域に達している伝統的な相対的標準化検査に比すれば，まだ未熟なところがあるというだけである。

CRT の標準化の可能性については，グロンランド（1973, p2）もこれに言及して，目標準拠測定の本質はその結果の解釈の方法にあるにすぎないので，この解釈法は教師自作の到達度テストにも標準化テストにもどちらにも適用できると述べている。メーレンスとエーベル（1979）も，また，CRT も標準化は可能と考えている。

2 到達度テストの標準化の特異点

伝統的な NRT の標準化と CRT の標準化とは，むろん共通点もあるが，多くの相違をもっている。以下に，CRT の標準化が NRT のそれと著しく異なる特異点をいくつかあげてみよう。

(1) 必ず目標領域別（観点別）のテストであること

すなわち，CRT の標準化は内容領域別ではなく，すべての指導内容にわたっての目標領域別に構成しなければならない。その理由は，これまで繰り返し強調してきたように，CRT の下位テストとなる領域（観点）は，できるだけ同質的な目標の集合体でなければならないからである。CRT は，同質の目標のテスト・アイテムよりなる単一次元の下位テストの複合よりなる多次元テストであり，その中のどの次元の目標は到達し，どの次元の目標は

到達していないかを判断することにその主眼があるからである。

　これに対し，NRT の標準化は必ずしも観点（目標領域）別に構成する必要はなく，内容領域別に構成してもよい。

　標準化された到達度学力検査の力点は，各観点別の到達度の評価にあるのであって，そのテストに含まれる全目標の総括的な到達度の評価は普通これを行わない。もし，テスト全体の成績を評価したいのであれば，それはやはり相対評価によるほうが適切である。

(2) **特定の教科書に対応する必要があると同時に，それに密着しすぎてもいけないこと**

　従来の相対的標準化検査は，ある特定のカリキュラムや教科書からは独立し，すべての教科書（カリキュラム）に共通に作成され，どこの学校でも共通に使用できるように作成された。この方法はテストを作成する側からはたいへん経済的な方法であり，また利用上も，単一尺度で全国的比較を可能にしたり，知能等との組み合わせ利用に都合がよいが，しかし「教えたこと」と「テストしたこと」が正しくマッチしていないという欠点を有していた。

　そこで，これまでの章でもしばしば述べたように，CRT の問題は実際に指導した内容・目標に対応している必要があった。したがって，この必要から，標準化された CRT は，第1に，学習指導要領ではなく，特定の教科書に準拠して作成される必要が生じることになる。

　しかしながら，かといって，それが特定の教科書の教材内容にあまりにも密着しすぎていて，もしもその標準化 CRT のアイテムで測定された能力が，その教科書の場面から離れて，広く他に転移することのできないようなものであってもならない。こうして，第2に，クラインとコゼコフ（Klein, S.P. and Kosecoff, J. 1973）がいうように，標準化 CRT は，それで測定された能力に転移性（transferability）がなければならないことになる。

　また，カリキュラムや教科書と CRT の一致と対応につき，コゼコフとフィンク（Kosecoff, J. and Fink, A. 1976）は次の三つの程度の違いを述べているが，これも注目に値する。

①　最大の対応と一致を有している CRT は，一つの特定カリキュラム（教科書）の内容・目標に準拠して作成されたものである。

②　数個のカリキュラム（教科書）の目標に準拠して作成されたところの，①より対応性の低い CRT もある。

③　正反対に，すべてのカリキュラム（教科書）に独立して，なんらの対応をもたない CRT もある。異なるカリキュラムの比較研究にはこの種の CRT が有用である。（以上の括弧は著者の付記）

すると，標準化 CRT では，この問題をどう考えて解決したらよいであろうか。この三つの類型中，①をとれば，現在，わが国の教科書は1教科について5～6種もあって，ほとんど実行不可能に近い。さらに，また，一つの教科書に1から10まで即したテストは，"教科書べったり"で転移性に欠けるとの批判も出る。こういう考察から，後に紹介するところの教研式 CRT では，②の方法が採用され，2～3種の教科書群に即して作成された。

(3) **結果の解釈基準が全く異なっていること**

ある意味では，この点こそが標準化された CRT の，NRT と異なっている最大の点であるといえよう。すなわち，NRT の基準は上に述べたように相対的解釈のための集団基準であり，実験した結果に基づいて事後設定（post-set）されるものであるのに対し，CRT のそれは目標準拠の絶対的な到達基準であり，教育学的・心理学的その他の視点から判断して本来事前設定（pre-set）される性質のものである，という点である。

(4) **結果の解釈と利用の補助手段としての参考資料を準備すること**

たとえばポファム（1978, p169-171, 183-185）がこのような参考資料の必要と価値を強調している。CRT で最も基本的で最も価値のある解釈は，いうまでもなく上記(3)の到達基準（performance standard）によって自校の生徒や学級全体の到達状況を解釈することであるが，さらに，その補助的手段として，自校の生徒および学級全体の到達状況が，他地区や全国と比べてどうであるかを知るための参考資料を，実験に基づいて作成し，ユーザーに提供することも意義がある。ポファムはこうした参考資料を集団基準的資料

(normative data)，あるいは比較資料（comparative data）と呼んでいる。そして，このような参考資料を付加したからといって，それは決して到達度検査の堕落でも変質でもなく，それがいろいろの場面において最大に有用であるためには，「他の被検者や学級・学校がこのテストでどのくらい到達できるか」ということを示すある種の実証的資料がどうしても必要である，と力説する。

このポファムの考え方は，きわめて冷静かつ現実的であって，絶対評価一辺倒の硬直した評価論者はともかくとして，多くのユーザーには満足を与えるであろう。利用価値の高い標準化された CRT では，全国的，あるいは地域別，性別の，実験によって求めた補助的参考資料を用意すべきである。

(5) **アイテムの選択と分析，妥当性・信頼性の検定等の方法が異なっていること**
　NRT では，得点分布が正規分布をなすことをねらって，各テスト・アイテムの困難度（通過率）に著しく気を遣うが，CRT では目標の母集団の困難度を素直に反映するものであればよく，特別の加工をしない。そして選ぶアイテム数は，一般に NRT の場合より多めに選ぶ必要がある。

　NRT では，そこに作成されているテスト項目の良否を弁別するために，いわゆる優劣分析法（G-P 分析法）を用いて分析するが，この方法は CRT には必ずしも適切ではない。その理由は，詳しくは第5章で述べたが，優劣分析法は得点の分散が大きいことを前提とした統計的技術であるが，CRT ではこうした得点の大きな分散を期待していないからである。CRT では，授業の前と後の通過率の差や，ジャッジの判断というような独自の方法で，その項目分析が行われる。

　妥当性・信頼性の検定は，当然，CRT では各観点（下位テスト）ごとに別々に行うべきであるが，その方法は，ここでも得点の正規分布に基礎をおいた相関係数法を利用するところの NRT とは，異なった別種の方法を使用しなければならない（第8章参照）。

　以上述べたようなことが，CRT の標準化手続きの特異な点である。これを，NRT の標準化の場合と比較対照表にして示せば，表24のようになる。

表24　NRTとCRTの標準化手続き上の相違

手　続　き	Ｎ　Ｒ　Ｔ	Ｃ　Ｒ　Ｔ
主体となる測定領域	内容領域別でも目標領域別でもよい	目標領域（観点）別に限る
教科書との対応	各教科書に共通	教科書または教科書群別
目標の具体化	ある程度でもよい	なるべく行動の目標にくだき，それを観点別にリスト・アップする
テスト・アイテムの選択	通過率50〜60％のものを選び，分散を広げる	原本の目標具体化表を見事に代表する質と量のアイテムを選ぶ。指導の成果を素直に反映するようなアイテムを選び，得点分散は考えない
テスト時間	きびしく制限する	きびしくは制限しない
基準の設定	実験後に，統計的操作によって集団基準（norm）を設定	事前に，総合的判断に基づいて目標の到達基準（standard）を設定
比較資料の準備	上記集団基準のほかは特別に必要ない	実験に基づき，全国・地域・性別の到達状況に関する資料を作成し，個々の生徒や学級・学校の到達度の解釈の補助に資する
妥当性・信頼性の検定	得点の分散に立脚した相関係数などによる	得点の分散に基づく方法は一般に用いられないので，ジャッジの判断その他独自の方法による

（二）　標準化された到達度学力検査作成の現状

1　アメリカの状況

　ポファム（1975, p160-161, 1978, p239-240），クラインおよびコゼコフ（Klein, S.P. and Kosecoff, J. 1973），コゼコフおよびフィンク（Kosecoff, J. and Fink, A. 1976）によれば，現在，アメリカでは標準化テストのデベ

ロッパーによって，標準化 CRT があちこちで開発されつつあるように見受けられる。

たとえば有名なテスト・メーカーである CTB/McGraw-Hill や Science Research Associates や American Guidance Service などの会社のカタログを見ると，どれも NRT のほか CRT を含んでいる。しかし，そこにはいろいろの問題があるようである。その問題は，これまで述べたように，明確で詳細な目標具体化表のレイアウトとそれを代表するアイテムの選び出しその他の，CRT 独特の困難性と，その標準化の歴史の浅さにもよるが，わが国などとは異なるアメリカの教育制度の独自性にもよっている。

アメリカの教育制度では，各地方地方がそのカリキュラムを自由に決定する自治権を有している。むろんカリキュラム作成についての州のガイドラインはあるが，大幅の自由が各地域の管理者と教師に残されている。そこで，アメリカ全体のカリキュラムは，読み・書き・言語や数学のような基礎教科においてさえも違いがあるし，まして社会や理科や人文に至っては全くばらばらである。

ここにアメリカにおける学力テストを全国というような広域に利用され得るように標準化することの困難さがある。特にこの事情は CRT の標準化に対してきびしい障害となるということは，これまで述べた CRT の特質から考えて直ちにうなづけよう。アメリカのテスト・デベロッパーは，すぐれた標準化 CRT をつくるためには，同じカリキュラムを用いている限られた地域で標準化しなければならないが，それではマーケットを狭めてしまうという矛盾に陥ることになる。これにどう対処するかが，アメリカにおける CRT 作成の目下の大問題のように見受けられる。

たぶん，こうした状況への対処の方策であろうと想像されるのであるが，アメリカの CRT の開発はいくつかの興味ある方向をとっている。読み・書き・言語・計算など基礎的目標に関する CRT の作成に集中して，社会，理科等に関してはほとんど開発されていないという方向がその一つである。それは，カリキュラムの多様性から，社会と理科は著しく困難であるが，読み

・書き・計算等の基礎的目標についてはまだ異なる地域の異なるカリキュラム間に共通点が多いという理由と，もう一つは，こうした基礎的目標こそが教育学的に最も到達度測定を必要とし，また測定学的にもよくなじむという理由からであろうと考えられる。

コゼコフとフィンク（1976）が，広域的教育計画の評価のための CRT の調査の意図から，各テスト出版社に依頼して，12社より28種の CRT を入手したが，そのうち15種は読みの技能の測定用であり，13種は数学技能に関するものであった。そして，その多くは幼稚園児から8年生までとか，9年生までとかにわたり，一部分ずつ相互にダブっている数個のレベルのテストよりなっていた。また，ナップ（Knapp, J. 1974）は，当時アメリカで発行されている CRT を20種類収集して分析しているが，そのうち11種は読みと言語技能に関するものであり，数学的技能に関するものが5種で，他は生物，ラテン語等に関するものであった。

2　わが国の状況

これから，わが国における到達度テストの標準化の現状と問題点について述べてみよう。わが国に現存する標準化到達度検査としては最近公表された橋本・平沼・金井・辰野著，教研式・観点別到達度学力検査（小学校用，学年別4教科）が目下のところ唯一のものであるが，それは長期にわたる理論的研究とアメリカの実情視察の結果に基づいて設計し，作成された。以下述べることは，これらの経験をふまえてのことである。

アメリカでは，カリキュラムが全国不統一であることが CRT 標準化の泣きどころとなっているが，わが国は学習指導要領が全国共通であるので，この点は都合がよい。しかしながら，前に述べたように，標準化 CRT ではもっと直接的に教科書の内容・目標を考慮し，これと即応する必要があると同時に，あまりにも一つの教科書に密着しすぎて測定の転移性をなくしてもいけないという，相反する原理にはさまれていた。この点を解決するために，上記の教研式の標準化 CRT では，共通性その他の見地から2あるいは3種

類の教科書を組みにし，教科書群別に作成することでこの問題を解決した。この方法で，測定目標に関しては各教科書全く共通に，教材内容に関しては各教科書に半々ずつ基づくことにして，教科書べったりの非難をまぬかれることもできると考えられた。

　次に，CRT はその特質上，目標領域（あるいは観点）別に作成されるべきことは前に述べたが，すると指導要録の「観点別学習状況」欄に掲げられた各教科の観点との関係をどうするかを決めなければならない。上記教研式 CRT では，結局，完全にこの指導要録の観点の分類に準拠し，その中の紙筆検査が妥当する観点について作成され，紙筆検査になじまない関心・態度と，国語の「話す」「聞く」「書写」の観点は，教師の観察票によって評定することにした。こうして，4教科とも CRT の観点は三つの領域となった。この中には，その多くは基礎的目標とみるべき「知識・理解」「技能」の領域と，発展的目標とみるべき「読解」「思考・判断」等の領域が含まれている。この基礎的と発展的の目標領域の違いによって，その領域での生徒の「十分達成」「おおむね達成」「達成が不十分」の判定のための到達基準を違えて適用することになっている。

　この到達基準をどう決めるかが，CRT の最も重要な問題の一つであるが，いろいろの学者によってこれまで提案されている意見や，わが国における教育評価専門家の意見調査（300人発送，180人回答）の結果——第7章（四）の4に詳述（148ページ）——に基づいて，基礎的目標領域と発展的目標領域とはその基準を異にして，「十分達成」はそれぞれ正答率80％，70％以上とし，「達成が不十分」はそれぞれ59％，49％以下というように設定された。

　もう一つの困難な問題は，この各観点領域に含ませるテスト・アイテムの数である。上記教研式 CRT の算数科を例にとって示せば，次ページ表25のようになっている。他の教科の場合もだいたい似たような項目数で，1観点では少なくとも14個以上，教科全体では低学年で50個，高学年で60個程度である。

　到達度テストのアイテム数は，第5章で詳説したように，一般に NRT の

表25　各観点に含まれるテスト・アイテムの数

（教研式・算数）

観　　点	適用する基準	1・2年	3・4年	5・6年
知識・理解	基礎の部	18	21	23
技　　能	基礎の部	22	21	23
数学的な考え方	発展の部	14	15	14
計		54	57	60

場合よりも多いほうがよかった。なぜならば，それが原本の目標具体化表全体を代表し，それについての成績が生徒の学習の達成状況を決定する指標となるものであるからである。そこで，理想をいえば，この CRT の問題数をもっと多くし，できれば観点領域ももっと同質的になるようにもう少し細分し，2部か3部のテストに編集し，テスト時間も1時間ずつ2～3回に分けて行うようにするのがよい。あるいは，また，学期別テストとか年2回のテストとして標準化するのも，CRT の精度を高める方法としてよい方法かもしれない。ただ，わが国の学校の実情から，こういう詳しい CRT が果して広く利用されるかどうかが問題である。

　以上のような問題が，わが国における今後の到達度学力テストを標準化する場合の問題として残されているように考えられる。

（三）　到達度学力検査の標準化の方法

1　標準化の手順と手続き

　標準化された CRT のつくり方は，その骨子においては，第3章で述べた到達度評価の一般的手続きや，また第9章で取り扱った学期末・学年末の教師自作の CRT の手続きと大部分同じである。ただそれに，たとえば比較資料の作成とか妥当性・信頼性の検定のような，標準化テストとしての必要条件の作業が加わるだけである。以下，参考までに教研式の観点別到達度学力検査の作成手続きを例として，ごく簡単にそれを述べてみよう。

(1) **測定しようとする目標を，比較的同質的な目標領域（観点）にグループ分けし，その各領域について具体的目標をリスト・アップする**

これが，最初の最も重要で，最もやっかいな仕事である。こうしてリスト・アップされたいわゆる目標具体化表（specification tables）こそが，後のそのテストのアイテムを選び出す母集団となるものであり，そのテスト結果の解釈のための基本的クライテリオンとなるべき性質のものである。

この場合，指導要録の観点を参考にしてその領域を分けるのはよいが，たとえば国語の「言語に関する知識・理解」などのように，その中にかなり異質の目標を一括してあるのでその中をさらに数個の小観点に分けて，いっそう同質的領域にリスト・アップしておくのが望ましいであろう。

(2) **その各観点領域別に，その全体を見事に代表する質と量のアイテムをサンプリングし，それをテスト問題や観察項目とする**

CRT の妥当性として最も大切なものは内容的妥当性であるが，それはこの全体を代表するアイテムをいかに見事に抽出したかによって大部分決定される。

この場合，選ぶアイテムの困難度については，これまでしばしば述べたように，本来は CRT ではそれを考える必要はない。しかしながら，現実問題として，わが国現行の学習指導要領や教科書の困難度が，わが国の生徒の能力の発達程度からみて十分マスターできる程度のものであるかどうかがわからないのであるから，ある程度はアイテムの困難度や生徒の正答率も考えてアイテムを選ばざるを得なくなる。そこで，基礎的目標領域では，全体として正答率がたとえば80％程度以上の生徒が，全国集団で少なくとも60％以上，あるいはもっと高く出現するような問題群とする。また真に重要な基礎事項は，100％の子どもがパスするような平易なものでもこれを選ぶようにする。また，思考・応用等の発展的目標の領域では，その領域全体でたとえば正答率60％程度以上のものが，全国的に少なくとも60％ぐらいは出現することをめどにそのアイテムを選ぶ，というような方針をとるのである。

そのアイテムの数量は，理想をいえば CRT では多いほどよいが，現実に

はいろいろの制約がある。しかし，1観点20前後はどうしても必要である。

(3) **ジャッジによる上記目標具体化表ならびにそれから抽出してつくられるテスト・アイテムの適切さの判断**

すでに第5章で述べたことであるが，CRT では，NRT の場合に採用される優劣分析法のようなアイテムの良否の吟味法はあまり適切とはいえない。そこで，CRT 独特の方法がとられるのであるが，その一つのよい方法は，カリキュラムと評価の専門家である良識ある数名のジャッジに依頼し，目標具体化表とその代表としてつくられたテスト・アイテムとを示して，その適切さを評定させ，その評定結果の総合によってこれを吟味し，改善する方法である。詳細は第8章の(一)で述べた。

(4) **各目標領域ごとにその到達度を判定するための基準を設定する**

標準化された CRT では，到達度の判定のための一定の基準（standard）を，正答率による分割点（cutting score）の形で設定しておかなければならない。それは，標準化された NRT でいえば偏差値等の形による基準（norm）に相当する。

しかし，その設定の仕方は全く異なっている。この到達基準は，決して一人や二人の意見で設定してはならない。到達基準設定に関する一応の理論と考えを有する多数の人々の意見によってこれを決めることが最も重要なことである。目下のところ，こうした方法以外にこれを権威化する方法はない。教研式 CRT では，到達基準の設定の方法に関するアメリカでの先行研究と，わが国でのアンケート調査による180人の見解を参考に設定され，さらに今後の実施結果でチェックすることにされている（詳細は第7章参照）。

アメリカでは，医師の資格試験における到達基準の設定法に関し，一人の専門家の意見に基づく設定は危険であること，ならびに専門家の意見にもかなり大きな幅があることが証明されている（トーシェン，1977，p 124）。こうした研究からも，標準化された CRT の到達基準の設定は，各学校・教師に任されるべきでなく，そのテストを標準化する側においてこれを設定すべきものと考えられる。この仕事も，CRT の標準化の一つの重要な部分をな

すと考えるべきであろう。

(5) **このテストで求めた個々の生徒または学級・学校の到達状況を，さらに全国水準に照らしても解釈することができるようにするための比較資料の作成**

CRTの第1の目的は，いうまでもなく，一定の到達基準に照らして，個々の生徒の到達度を判定し，それに基づいて一人ひとりを適切に処遇することにある。しかしこれだけでは，決して到達度評価法は多数の父母，生徒ならびに教師からさえも十分満足されることができない。

たとえば，ある学級は「十分達成」「おおむね達成」と判定された生徒が，それぞれ40%，「達成が不十分」と判定された生徒が20%出たとする。これはおよそ満足すべき成果かもしれない。そして，このこと自体が今後の指導上きわめて有力な絶対評価情報となり得るのであるが，さらに，これに加えて「この到達度状況は他の学校と比べても満足できる結果であろうか？」の疑問が生じ，これについての情報も欲しくなる。また生徒も父母も，ある観点の正答率が80%で「十分達成」との判定を受けたとしても，日本全体の生徒の平均正答率はどのくらいであるのかについての情報を知りたくなる。

こうした要求と必要に応えるものが，ここでいうところの比較資料（comparative data あるいは normative data）である。それは，そのCRTを全国的な集団に実施した結果によって求められる。

こうした，一種の相対解釈のための資料を付加することの必要は，ポファム（1978），トーシェン（1977, p187）タイラー（1970）たちのひとしく認めるところであって，前にも述べたようにこれで決して到達度評価の変質などと考える必要はない。繰り返し述べるが，もちろんそれは，標準化CRTの結果の解釈のための第1義的基準ではなく，第2義的な付録的な解釈基準である。しかし，現実的には，それは標準化されたCRTの具備すべききわめて重要な条件であろう。この比較資料として準備されるべきものは，以下に示すものの全部あるいは一部である。

① 各観点について，「十分達成」「おおむね達成」「達成が不十分」とそれぞれ判定される生徒の出現率（全国および地域別，性別に）

② 観点（下位テスト）別の全国あるいは地域別・性別の平均正答率
③ 一つ一つの各アイテムについての全国・地域別・性別の平均通過率
④ テスト全体における得点についての相対的5段階尺度またはパーセンタイル等

これらの比較資料を用意するための，全国的見本集団についての実験は，伝統的な標準化NRTにおける集団基準（norm）作成の手続きと類似するが，参考資料の程度であるからそれよりも小規模の実験でよいであろう。また，この実験は，単にこうした比較資料を作成する目的のみではなく，同時に事前に先験的に設定された正答率による到達基準（分割点）の適切さの吟味にも利用されてよい。

(6) 妥当性・信頼性の検定と手引書の作成

CRTにおける妥当性・信頼性の考え方と検定法については，第8章で詳説したからもうここでは述べない。

最後にそのテストの利用者のための手引書をつくって，一連のCRTの標準化の手続きは終了する。

2 標準化到達度学力検査の批判の視点

以上述べたことをまとめる意味で，標準化された到達度学力検査作成者ならびに利用者の留意すべき指針をクラインおよびコゼコフ（1973）によって掲げておこう。

① そのCRTはどんな教育的決定に役立つものであるか。
② そのCRTは，どんな内容領域と目標をカバーし，かつどのようにそれらの目標はグルーピングされたか。
③ その目標の限定と具体化はどの程度なされたか。
④ それらの目標を測定するために，そのテストのアイテムはどのようにして選び出されたか。
⑤ そのテスト・アイテムはどんな教育プログラム——わが国ではどんな教科書——に対応し，あるいは立脚しているか。また，それは他種の教

育プログラム（教科書）にも対応（適用）できるものか。すなわち測定の転移性をもっているか。
⑥ その CRT のアイテムの良否の判別と改善にはどんな方法がとられたか。
⑦ その CRT ではどんな種類のスコアを生み出し，特にその到達度判定のために設定された到達基準はどのようにして正当化されたか。
⑧ その CRT の妥当性・信頼性はどのようにして確保されたか。
⑨ その CRT は，それで求めた生徒や学級の結果を，他の全国・地域・性別の結果とも比較解釈することを可能にするような実験的資料を用意しているか，など。

たとえば，以上のような規準に立って批判されなければならない。そして，利用者は，こうした規準を無視したような到達度テストは採用しないようにしなければならない。いくらレッテルだけ"到達度テスト"とか"達成度検査"とかうたってあっても，それにだまされてはならない。たとえ到達度テストと銘打ってはあっても，目標領域の具体化表を用意していないもの，あいまいで不完全な目標しか示していないもの，そのアイテム数があまりに少ないもの，一つの観点領域内のアイテムが著しく異質的なもの，そこに設定された到達基準の根拠が不明確なもの，比較資料を欠如したものなどは，疑ってかかる必要がある。

（四） 標準化到達度学力検査の利用法

標準化された到達度学力検査は，生徒一人ひとりに対してと，学級・学校の立場においてとの2方面から，以下のような利用価値を有している。

1 一人ひとりの生徒についての利用

① このテストの最もユニークで最も基本的な利用法は，いうまでもなく，あらかじめ設定されている各観点別の到達基準によって，各生徒が，どの観点では目標を達成しどの観点では達成していないかとか，あるいは

どの程度の達成であるかその程度を診断して直ちに治療指導を行ったり，今後の指導計画の樹立に参考にしたり，あるいは習熟度に応ずる指導のための生徒の配置やグルーピングに利用したりすることである。

　また，その観点別達成状況が，指導要録の観点別学習状況欄の記載に利用できることはいうまでもない。

② また，全国的な実験に基づいて，観点別に全国のあるいは地域別や性別の平均正答率が用意されてあるならば，これに各生徒のその観点の正答率を比較解釈することにも利用される。

③ また，そのテストの総得点について，全国的な相対的尺度（5段階あるいは3段階）をも比較資料として付録的に用意しておけば，伝統的な相対的標準化検査とおよそ同様に，その教科の相対的な成績水準をも併せて知ることができる。概略ではあるが知能との組み合わせ利用にも用いられる。

　また，指導要録の「評定」の記録のための参考資料としても使える。

2　学級・学校等集団についての利用

① 第1の利用法は，前記①に対応して，各観点ごとに，「十分達成しているもの」「おおむね達成しているもの」および「達成が不十分なもの」それぞれの出現率を調べ，その出現率を観点相互に比べて，指導が成功している観点と失敗している観点を知り，これまでの指導計画の効果を反省し，必要ならば追指導を行い，また今後の指導計画の改善に資する。

② さらに，自分の学級における各観点の各達成段階の出現率を，比較資料として用意されている全国における出現率等と比べて，相対的に自分の学級の生徒の目標達成状況を理解することができる。たとえば，自分の学級の社会科の「知識・理解」の観点で，目標を「十分達成」したと判定されたものが全体の50%であったのに，全国でのその出現率が40%であったとすれば，この学級のこの観点は相対的にはすぐれていることがわかる。しかし決してこれで満足すべきではなく，むしろこの50%を

さらに60％，70％と高めるべきことを知るのが，到達度テスト本来の目的であることを忘れてはならない。

③ また，前記個人的利用の場合と同様，全国的実験に基づいて，観点別に全国あるいは地域別等の平均正答率が用意されているならば，これに自分の学級や学校の平均正答率を比べて，どの観点ではすぐれ，どの観点では劣っているかを知ることができる。

④ アイテムについての全国の通過率があれば，これと自分の学級の通過率と比較し，特に注意して今後指導すべき項目を見いだすことができる。

⑤ また，自分の学級や学校の教科の指導計画（カリキュラム）の効果を客観的に測定するには，学年末に行うように作成された標準化 CRT を，まず学年始めの4月に実施（pre-test）して資料をとり，学年末にもう一度それを実施（post-test）して，その得点の差に基づいて解釈することができる。こういう目的で利用する CRT は，当然その学級・学校で使用している指導計画や教科書の内容と目標に即してつくられたものでなければならない。

しかしながら，標準化 CRT ではないがたとえば全国学力調査に用いられる CRT の場合のように，広域的なカリキュラム評価の目的に使用される CRT とか，あるいは数個のカリキュラムの効果の比較研究のために用いられる CRT は，特定の1，2のカリキュラムや教科書にマッチしてつくられたものではいけない。この場合は，個人や学校の目標到達度の測定を主目的とする CRT とはその考え方を変えて，すべてのカリキュラム，すべての教科書に共通するような CRT によらなければならないことになるわけである。前に述べたコゼコフとフィンク（1976）が調査した28種の CRT のうち実に22種は，どの特定カリキュラムや教授プログラムとも特定の対応をもたないものであったと報告されている。

第11章　到達度評価と指導要録・通信簿

(一)　到達度評価と指導要録

　初めにことわっておくが，ここで述べることは，指導要録の全面的な問題についてではなく，特に，本書の主題であるところの到達度評価に関係が深い部分だけを取り上げるということである。こういう立場から，本節では，各教科の学習の記録の中の「観点別学習状況」のみを問題とする。他の部分は，到達度評価法に対してそれほど密接な関係がないからである。

1　観点別学習状況と到達度評価

　昭和55年における指導要録の改訂において，観点別学習状況という記録欄を新設して，これを達成状況をみる評価法——すなわち到達度評価法によって評価することになった。これは，わが国の小・中学校における評価システムに，公的に到達度評価法を導入した最初であって，全く画期的なことであり，その影響するところはきわめて大きいといわなければならない。

(1)　観点別学習状況の語義

　観点別学習状況という表現は，本書でこれまで述べてきた到達度評価の考え方からすれば，どんな意味をもつものとして理解したらよいであろうか。そのためには，まずその語義から始めなければならない。

　観点別学習状況の語は「観点別」と「学習状況」の2語よりなり，ともに重要な意味をもっている。なかでもその主語は「学習状況」であるが，この術語は，外国の文献でも "learning state" の用語でよく使用される重要な用語である。その意味は，学習の結果の児童・生徒の到達状況（mastery state）とか，あるいは達成状況（attainment state）という意味であり，どの部分は学習が達成・成就し，どの部分は学習が達成していないかというようなことを意味する。だから，わが国の指導要録の観点別学習状況は，そのものずばり観点別達成状況と銘打ったとしても，それでよかったわけである。

したがって，この学習状況という用語の意味から，すでにそれを評価する場合の方法としては絶対的評価法がなじむ方法であって，相対的評価法はそれほどなじまないことを含意している。

次にこの学習状況の上に冠してこれを限定している「観点別」の用語であるが，これはだれしも知っているように，知識・理解・技能・思考・態度といった，いわゆる教育目標の領域別とか分類別とかの意味である。

指導や評価の対象を分類する場合二様の分け方がある。それは内容と目標の二つの次元のうち，内容を中心に分けた内容領域（content area）と目標を中心に分けた目標領域（objective domain）の二様の分け方があるが，観点別という分け方はこの中の目標領域による分け方であって，わが国独特の呼称法である。

さて，本書でこれまで繰り返し強調してきたことであるが，到達度評価はなるべく同質的な観点領域について行わなければならなかった。そのために，知識なら知識，技能なら技能，思考なら思考というように同一目標領域別，すなわちわが国での観点別に，これを行わなければならなかった。内容領域別では，こうした同質性の確保ができなかったのである。

こうして，この両語をつらねた観点別学習状況という本欄の名称は，おのずからそこで利用される評価法は到達度評価法（CRM）でなければならない，ということを意味し，それと見事にマッチした名称であるということになる。

(2) **指導要録の観点とその到達度評価の特質**

指導要録の各教科の観点の示し方をみると，教科により，また小学校・中学校の別で多少異なっているが，だいたい共通して「知識・理解」，「能力」または「技能」，「思考」，「関心・態度」というように大きくくくって示してある。これは，平常の単元学習における到達度評価とはもちろんのこと，学

期末の通信簿での観点別到達度評価とも異なって，1教科にあまり多数の細かな観点を掲げるわけにもいかないのでいたしかたのないことと理解されるが，教師が日ごろ評価する場合は，これよりはもっと小さい観点で評価するように心がける必要がある。また，通信簿の観点評価も同様である。

たとえば，小学校の国語の「言語に関する知識・理解」という観点の中には，文字の読み，書取り，文法事項，表記法等のようないろいろの異質的な知識・理解や技能までが一括してあるので，平常の到達度評価や通信簿ではこれを分けて行い，指導要録ではそれを合わせるというようにするほかはないであろう。つまり，指導要録に示された観点の中に適宜小観点を立てるということである。

また，内容領域の見地からいえば，指導要録の観点は，1年間にわたって学習した多数の内容（単元）や広範な内容の全体にわたっての観点である。内容からみてもきわめて広範な観点であって，単元末や学期末における到達度評価における観点とはその幅が違うということである。

以上は，指導要録の観点の量的な大小・広狭上の特質であるが，これ以上にもっと重要な特質は，どんな教育目標を到達度あるいは達成度評価の観点としているかという点に関しての特質である。つまり，「知識・理解」「技能」といった基礎的目標だけでなく，「思考」といった発展的目標，さらには「関心・態度」といった情意的目標なども達成度評価の観点として指導要録に取り上げているという特色である。この点は，わが国の指導要録の絶対評価の特殊性を規定するところの特に注目しなければならない点である。

第2章以来本書で繰り返し述べてきたように，到達度評価の手続き——たとえば，目標の具体化と限定，それを代表する見事なテスト・アイテムのサンプリング，ならびに到達度を判定するための基準(standard)あるいは分割点 (cutting score) の設定などが，比較的うまく実行できるのは基礎的目標の領域だけであって，発展的目標になるとそれがかなり困難となってくる。これを到達度評価するといっても，だいたいのところで試み的 (tentative) に行う程度であった。これが「関心・態度」ということになると理論上いっ

そうその到達度評価は困難ということになるかもしれないのである。

つまり，わが国の観点別学習状況における達成度評価は，その観点すなわち目標が，到達度評価プロパーの目標である基礎的知識・理解・技能からもっと高次の発展的目標，さらに情意的目標にまで拡大されたところの独特の達成度評価であるということである。それは到達度評価の拡大解釈であり，広義の到達度評価であるということである。すでに第1章でも示唆したように，ここに，わが国の指導要録では到達（英語ではmastery）という表現を用いることを避けて，達成（英語ではattainment）の語を用いている理由があるのであった。

読み・書き・計算や基礎的概念の知識・理解は，到達目標としてはっきり限定することができ，かつ十分時間をかけて指導すれば大多数の生徒がこれをマスターできるから到達したとかしないとか評価できるが，思考や応用や態度はほとんど無限の深さを有していて，何人も容易にこれをマスター（到達）することはできないものであるから，「到達」の語を避けて「達成」の語を用いることにしたと解釈される。

したがって，やかましくいえば，「十分達成」「おおむね達成」「達成が不十分」といった指導要録の絶対的・断定的な達成度の表示法は，知識・理解，技能の基礎的目標には適切であっても，思考，応用のような発展的目標や関心・態度といった情意的目標に対しては，まだまだ行きすぎであるといえばいえよう。そして，こうした発展的目標や情意的目標では，ここでいう「十分達成」は実は「高い達成」，「おおむね達成」は「だいたいの達成」，「達成が不十分」は「低い達成」といった，いずれも達成の程度差であり，比較的意味である，とこのように解釈してもさしつかえがない。むしろこう理解するほうが理論的であるかもしれない。

こうして到達度評価を厳密に考える者にとっては，わが国の今回の指導要録のそれは少し放漫でルーズな到達度評価であるとして目に映ずるであろう。

(3) **三つの達成段階の意味の解釈法**

わが国の指導要録の「十分達成」「おおむね達成」および「達成が不十分」

の3段階をどのような意味をもつものとして理解したらよいかについては，上述したことのほか，さらに，次のような解釈法が成り立つように考えられる。

一つは「十分達成」も「おおむね達成」もともに達成あるいは合格（pass）であって，他の「達成が不十分」のみが不合格（unpass）であるとする解釈である。「十分達成」と「おおむね達成」はどちらも達成であり合格であるものを，その程度によって二分したまでであるとしての解釈である。

このように考えると「おおむね達成」——その達成基準は一般に基礎的目標で正答率60％ぐらいと考えられる——は，今日アメリカの学校の卒業資格の問題として論議されているところの最小必要能力（minimum competency or minimum proficiency）に該当し，きわめて重要な意味をもっているといえよう。今後の教育と評価のあり方としては，個人的にはともかくとして社会的には，できる限り多数の生徒を少なくともこの「おおむね達成」の域に到達させることがより重要であるとも考えられよう。

しかしながら，「おおむね達成」について，これとは正反対の解釈法もまた成り立つように思われる。それは，これまで著者は再々基礎的目標の到達基準として，今日一般に正答率80～85％の線が提案されていることを述べたが（特に第7章（四）参照），こうした考え方からは「十分達成」のみが到達であり合格であって，正答率60％程度を基準とする「おおむね達成」は，合格とはいえなくて，むしろ不合格や未到達の範ちゅうに入れるのが適切であるという解釈である。一見おかしな解釈のようにも見えるが，基礎的な目標領域（観点）では，こうした解釈もまた認めざるを得ないであろう。

2　観点別学習状況の評価の方法

次に，指導要録の観点別の3段階による達成度評価は，どんな資料に基づいて判定すればよいであろうか。

第1の資料は，いうまでもなく，平常の各単元指導の終了時に行った到達度評価法による単元末総括的評価の結果の積み上げられたものである。

次節の通信簿のところで詳説する予定であるが，今回指導要録に「観点別学習状況」が新設されたことに刺激されて，これからわが国の小・中学校の通信簿にもこれと類似の記録欄を設けて，これを達成度評価で行う学校がますます増加するであろうと予想される。そういう学校では，各学期の到達度評価による単元末総括的評価は，それぞれの学期末における通信簿の評価にまとめられるであろうから，1, 2, 3学期の通信簿における観点別達成度評価が，この指導要録の観点別の基礎資料として利用できよう。

なお，ついでに付言するが，単元学習の途中における形成的評価の結果まで下がって通信簿や指導要録の資料とする必要はないし，またそれは理論上もまずい。なぜなら，形成的評価の結果，目標を達成していなかった生徒は，その後の治療指導などによってそれは改善されている場合が多いと考えられるからである(髙木一郎，1980，p9)。

第2の資料は，学期の中間や学期末における到達度テストの結果である。

しかしこれはすでに上述した通信簿の観点別達成度評価に吸収されているかもしれない。学期の中間および学期末における教師の到達度テストの行い方については，第9章で詳述したからその部分を参照されたい。

第3の資料は，学年末における指導要録の評価・記録に対して，時間的に最も接近しているところの，学年末における——実際は1月末ごろから3月までにおける——教師自作の学年末到達度テストか，あるいは標準化された観点別到達度検査を実施して求めた資料である。

これについても，すでに教師自作テストについては第9章で，標準化された到達度検査については第10章で詳述したからそれらの部分を参照されたい。この場合の観点は，主として指導要録の観点に準拠してそのテストを構成して実施するほうが便利であろう。現に教研式の観点別到達度学力検査はそのように構成されている。

観点別学習状況を達成度の概念で「十分達成」とか「おおむね達成」とか評価する場合，いろいろ注意すべきことが多いが，それは本書のこれまでの記述に任せて，一つだけ改めて注意して終わろう。それは第7章の(六)で論

じたところの，到達基準の低すぎや甘すぎ等の理由で，実際は「十分達成」とか「おおむね達成」とか評定することはとうていできない生徒をそう評定してしまう偽到達判定の過誤（false-pass error）に陥らないように自戒するということである。

もし，今後わが国の指導要録や通信簿の観点別達成度評価が，こうした過誤にどんどん陥っていくということになれば，その弊害は大きく，残念ながらせっかくの達成度評価の導入も失敗に帰するであろう。

（二） 到達度評価と通信簿

ここでも通信簿の全面の問題について述べるのではなく，到達度評価法が関連すると考えられる問題だけについて述べる。

1 到達度評価は通信簿のどこに利用されるか

通信簿には，各教科の成績の総合評定，その観点別の評価，行動や生活の評価，特別活動の評価，出欠席等いろいろの内容についての情報が含まれるのが普通であるが，いわゆる到達度評価法はこれらの中のどの部分に最もよく妥当し，利用価値が大きいであろうか。それはなんといっても各教科の観点別の評価についてである。他の行動や生活態度の評価や特別活動の評価にも利用できないことはないが，到達度評価本来の論理と方法に従って，比較的組織的にそれを行うことにはやはり無理がある。

到達度評価は，近年わが国においては，これまでも通信簿改善の最も有力な工夫として次第に広がりつつあったが，今回指導要録にも「観点別学習状況」として新しく導入されたので，これに刺激されてこうした通信簿がこれからますます増加するものと予想される。

通信簿の役割は，指導要録とは異なり，その指導的役割にいっそう重点をおいている。むろん通信簿は，父母や本人に対する客観的な成績程度の情報の伝達という役割を有してはいるが，しかしもっと重要な目的は家庭における今後の指導と本人の今後の学習への参考資料としての役割である。そのた

めの情報は，できるならば「○○ができる」「○○を理解している」「○○を考えることができる」というように具体的に目標を分析し，それについて目標を達成しているかいないかとか，その達成の程度などを表示するところのいわゆる到達度評価が最も効果的であって，この分析目標（観点）についての他人との比較による相対的評価法はそれほど適切ではないことになる。

　これに対し，教科をこのように観点に分けないで，5段階や3段階による教科1本で総合評定する方法としてはこのような到達度評価法は利用できないものかといえば，それは明らかに不適切である。なぜ不適切であるかといえば，一つにはその目的からであって，仮にこれを到達度評価してその教科全体が達成したとかしないとかわかったとしてもこれからどこをどう注意すればよいかの分析的・診断的情報を有しないので，指導に役立たないことになり，あまり意味がないからである。また教科1本の5段階評定などには，上にも少し触れたように父母や生徒本人に対する成績情報の伝達という目的もあるが，これを到達度による評点でつけても，果たして父母や本人が満足する情報となり得るかどうかも疑問である。

　教科1本の評定を到達度評価法で処理することの困難な第2の，いっそう大きな理由は，評価の信頼性・客観性からの理由である。これまで再三再四述べてきたように，到達度評価はなるべく同質的な目標（観点）別に分けて行ってこそ信頼的に行えるので，基礎的目標から発展的目標，さらに情意的目標までの異質的目標を全部総括し，しかも1学期という長期にわたる広範な内容についての総括的評価にこの方法を適用したとしても，とうていその信頼性を確保することができない。あえて行えば，おそらくその結果は教師の主観に陥り，独善的到達度評価に堕すであろう。やはりここでは相対評価によるほかはない。なかには，相対的評価法による教科1本の評定を回避しようとの一念から，「評価は信頼性・客観性ばかりが能ではない」として，ここにまで到達度評価を取り入れようと考える学校もあるかもしれないが，しかし信頼性・客観性を欠いた通信簿情報は，父母や本人の誤った解釈を許し，その後の方針を誤らせる危険がある。やはりここの部分では相対評価の

精神を忘れてはならないであろう。この点は後に改めて取り上げることにする。

あるいは,また,観点別に達成度評価をして,そこから同時に教科1本の到達度評定をも導き出す方法として,各観点の達成の有無・程度を示す＋(○)や－(△)の数をかぞえ,それから適当に教科全体の到達度を定めるといった方法を考える向きもあるかもしれないが,これはあまりにも粗雑な方法である。

さらに,また,グロンランド (1978, p50) は,通信簿における総合評定 (5段階) の方法として,下域の1,2,3は到達度評価法による基礎的目標の到達度により,上域の4,5は,基礎的目標を到達して3と評価されたもののみについてさらに発展的目標の達成の程度を加味して,下記のように評定することを提案した。

　　5――基礎的目標の十分な到達 ＋ 発展的目標の高い達成
　　4――基礎的目標の十分な到達 ＋ 発展的目標の低い達成
　　3――基礎的目標の十分な到達
　　2――基礎的目標のおおむね到達
　　1――基礎的目標の到達の不十分

この総合評定のやり方は,確かに合理的な一面もあるが,しかし疑問もある。それは,基礎的目標で足切りされてしまって,いくら思考力や創造力や表現力が高くても4や5の総合評定は受けられないではないかという疑問である。そういうことは絶対に起きないといえるならそれでもよいわけだが,果たしてそういいきれるであろうか。図画や音楽などで,基礎的目標の部分は2ぐらいで不十分であるが,表現力や創造力は抜群といった生徒も存在するのではなかろうか,との疑問である。

だから私見では,この場合も,基礎と発展を通した総合得点に基づく相対的評価法によって,教科1本の総合評定をするほかはないと考える。

これを要するに,そうまでして教科1本の総合評定を到達度評価法で行う必要はないということである。到達度評価は,通信簿では観点別評価の部分

だけにこれを利用するというようにして，教科1本としての総括評定は相対評価原則で行えばよいであろう。

2 観点別到達度評価の問題と方法
(1) 通信簿における観点の分け方と選び方

通信簿における観点別の到達度評価で，まず第1に問題になることは，その各教科における観点（すなわち目標領域）をどのように分析するかという問題であろう。

ここで第1に考えるべきことは，指導要録における各教科の観点との関連である。それと無関係に分けても，学年末における指導要録の観点別学習状況の評価の資料としてそれを利用することが困難になるし，かといってそのままを通信簿の観点に転用したのでは，あまりにも一般的で具体性やその学校や地域の独自性がなくなる。

そこで，結論として，大筋としては指導要録の各教科の観点を念頭におき，学年別あるいは低・中・高学年といった学年程度の発達と，地域の特性とを勘案して，これをもっと具体的にくだいて掲げるのがよいであろう。すると，自然とそこに掲げる観点の数も，指導要録のそれよりも多くなるかもしれないが，かといってあまり具体的かつ細かに分けて，1教科に9個も10個もの観点を設けるということになると，繁瑣になって実行不可能になろう。

現在到達度評価を行っているという通信簿の観点を見ると，こうした細分しすぎではないかと思われる通信簿にもまれにはお目にかかるが，しかし大多数は指導要録のそれと変わらない程度の数で，したがって抽象的すぎるのではないかと感じる。もう少し観点数を増したりあるいは基礎的・基本的観点を精選して，父母にもわかるように具体的に観点を示す必要があるであろう。そういう具体的観点について，たとえば「到達」「もう少し」といった2段階か，あるいは「十分達成」「だいたい達成」「もう少し」といった3段階で，到達度評価情報を伝達するのが望ましいであろう。

観点の分け方が少なすぎて抽象的では，父母に対する意味ある情報として

の役割を果たさないし，具体化されたあまりにも多数の観点では，教師にとって実行不能となるというように，この問題はまことに難しい問題である。このジレンマは，ヒルズ（1976, p79）もいうように，まだ解決されていない。

観点設定についての第2の問題は，それを単に学校の教育計画や指導要録の観点と調和するように選ぶだけでなく，さらに，父母にもよくその意味がわかり，家庭における指導の参考になるようにするにはどのように選ぶかという問題である。

結局，それは，学校や教師の側の意見だけで最終決定はしないで，つくった原案を父母——その代表者よりなる通信簿検討委員会——に示し，その意見を取り入れてこれを修正するといった方法をとるほかはない。こうして観点目標の叙述のわかりにくい点，複雑すぎる教科，あまり必要でない観点等を見いだすのである。さらに，また，こうして暫定的に決めた通信簿を1～2年間試行期間として使用し，作成する教師側と利用する父母・生徒側の双方からの実施経験に基づく意見や批判を求め，さらにこれを改善して最終決定をするとよいであろう。到達度の表記法についても，こうして改善したほうがよい。

このような通信簿の観点の選び方の改善法は，グロンランド（1970, p48-50）の意見を紹介したものであるが，わが国でも大いに参考になることではないかと思う。

以上を要するに，通信簿において，観点目標別に生徒の学習の達成状況を通知するということは，教育の全システムの要（かなめ）であるところの教育目標（educational objectives）が，教授—評価—結果の通知というように，そのすべてを貫く背骨となるということを意味するであろう。

(2) **観点としての基礎的目標と発展的目標**

これまで繰り返し指摘してきたように，到達度測定（CRM）のテクノロジーの見地からいって，それが最も信頼的に行えるのは基礎的目標だけであり，高次の発展的目標や情意的目標はこれを信頼的に到達度評価することに

はかなり無理があった。このことはグロンランド，アイズナー，エーベルその他多くの学者のおよそ意見の一致するところであった。

にもかかわらず今回わが国の指導要録の観点別学習状況では，これらすべての層の教育目標に，"達成度評価"の名称のもとに一種の到達度評価法が導入された。これは，前節の指導要録の部で述べたように，いわば到達度評価の拡大解釈であり，広義での到達度評価である。

ちょうどよい機会であるから，ここで著者の到達度評価の通信簿への利用に関しての，これまでの考え方と今後について釈明しておきたい。

従来，私は，到達度評価は通信簿の観点についても基礎的目標だけに限ってこれを利用したほうがよいと主張し続けてきた。それは主として到達度評価の技術的理由からであった。

たとえば，1977年に書いた「通信簿と到達度評価」(「指導と評価」23巻12号）では，「教科内の複数の分析評定は，全生徒にマスターさすべき基礎的内容・目標についてこれを第1に考え，2〜3段の到達度評価による。高次の内容・目標についての到達度評価は，その信頼性・客観性の確保の上から困難であるから，強いて取上げることはあるまい。…………」と述べた。また，1979年の他の著書（橋本・石田，1979, p109）でも，これと全く同じ意見を述べた。

この考え方に，基本的には現在も少しも変わりはないのであるが，しかしその後わが国の教育評価に，現実問題として，むしろ制度上ともいうべき変化が起き，その方向に動きつつある。いうまでもなく，それは指導要録の改変であって，その観点別評価に単に基礎的目標だけではなく発展的目標，情意的目標までも含めて一律にこれを達成度評価することにしたという事実である。その影響はきわめて大きく，当然通信簿の観点別到達度評価も，これに従わざるを得ないことになる。

したがって，今後，指導要録におけると同様通信簿の観点についても，基礎的目標の観点についてのみでなく発展的目標の観点についても，できる範囲で，到達度評価を行わなければならない。厳密な意味での到達度評価ではな

く，広義での到達度評価でもよいのである。とにかく目標に準拠して，その目標をどの程度達成しているかを，到達（pass）・失敗（fail）というようにはっきり決めつけるような到達度評価ではなく，「高い達成」「だいたいの達成」「低い達成」といったいわば相対評価的な達成度評価でもよいのである。これまでの章で述べたように，発展的目標では，いろいろの困難度の問題を提出してテストするようにし，また到達基準（standard）もいくらか低く設定して，その概略の達成度を決定するとよいであろう。とにかく，初めから他と比べる相対的評価法にはよらないで，まず目標達成度を基準にして評定してみることであると，このように考えておけばよいであろう。

このような幅のある到達度評価法の考え方に立って，今後は通信簿等における発展的目標の観点をも到達度評価しなければならなくなった。そして，また，これはこれである程度の意味はあると考えられる。

(3) 通信簿の観点別到達度評価の資料のとり方

通信簿の各教科の観点別の到達度評価はどんな証拠に基づいて行うかであるが，その一つは，その学期で指導した各単元の終了時に行った総括的な到達度評価——その方法についてはすでに第9章で詳説した——の結果による方法である。このためには，その単元末の到達度による総括的評価の観点を，なるべくその学校の通信簿の観点に即応するようにしておくと利用に便利であろう。

前節の指導要録の観点別学習状況の評価のための資料収集のところですでに述べたことであるが，通信簿の観点別の評価でも，いわゆる形成的評価の結果を参考にすることは合理的ではない。なぜなら，形成的評価で達成が不十分であった生徒は，その後治療指導を受けて，現在ではすでにそれは達成しているはずであるからである。

第2の，いっそう直接的な資料の収集法は，これもすでに第9章の教師自作の学期末における到達度テストの部で詳述したような方法で収集する方法である。ここでも，できるだけ自校の通信簿の各教科の観点の分け方に準じて，その教師自作テストの各下位テストを構成して実施するとよい。

3 教科の総合評定の必要性とその方法

(1) 観点別達成度だけで総合評定は必要ないか

　まず，通信簿の教科学習の評価では，観点別の達成度評価だけを表示すれば，もう教科1本のたとえば5（または3）段階評定のごときものは必要はないのか，という問題である。

　今日のわが国における通信簿を見ると，特に小学校の場合がそうであるが，このような通信簿は相当に多いように見受けられる。おそらく，これは，1教科1本の5段階評定，それも相対的評価法による5段階評定は，差別選別につながるとか，成績の劣る1，2の評定段階の子どもに劣等感を与えるとかいった発想に基づいたり，あるいは，1教科の総合評定は診断機能や指導機能をもつことができないからといった考え方からであろうと推察される。そして確かにこうした考え方自体（動機論）には一理があるのであるが，その結果論や現実論として，果たしてこれを廃止することができるであろうかという問題である。

　著者の意見では，小学校低学年ならともかく，中・高学年から中学校になると，観点別のほかに全体の総合評価も必要であって，安易に廃止すべきものではないと思う。

　その理由は，通信簿の主要機能は，確かに子どもの学習状況の診断とその指導に役立てるということにあるが，しかしもう一つ各教科の全体的・要約的な成績水準をも知らせるという目的も無視することはできない。父母も本人も，教科の中の数個の具体的観点の「よい」「普通」「もう少し」といった分析的な達成度に関する情報を受けとっても，それだけでは満足できないで，それら全観点をまとめての教科1本の成績がどの程度であるかを知りたいと思う。

　たとえば，国語なら国語，算数なら算数のどれどれの観点は「よい」とか「普通」とか知らされても，さらに親は「それではうちの子どもは国語はどのくらいできるのか」「算数はどのくらいの成績になるのだろうか」と聞き

たいのである。これを聞かないと、各論だけを聞いて、要約や結論を聞かないで終わったようなもので、落ち着かないのである。それが、受けとる側からみた場合の完全情報の特質である。

結論や要約だけで具体的内容を伴わない成績情報も不完全であるが、逆の具体的内容（details）だけあって結論や要約（summary）のない成績情報もまた同様に不完全といわなければならない。教科の全体評定は、すでに触れたように、確かに診断と学習指導の目的からは意味がうすいが、それとは別種の人間の知りたい欲望や理解したい欲求に応えるといういわば社会的有用性をもっているし、また、現実的にもなにがしかの学習指導上や動機づけの機能をも有している。

今日の世相をおもんぱかりすぎて、これを故意にネグレクトするような考え方には、私は軽々しくは賛成できない。もし、これに欠点や弊害があるからということならば、それは別途に対策を講ずるべきであろう。

(2) **各教科の総合評定にはどんな評価法が適切か**

各教科の総合評定を到達度（達成度）評価で行うことの困難性と不適切性については、すでに上記1で述べた。そして、結局、それは相対的評価法によるのが一番よいであろうということもすでにそこで示唆した。

前項で、父母や本人は、観点別による分析的な成績情報だけでなく全体的・要約的情報と双方合わせなければ、通信簿情報として満足しないであろうと述べたが、同様のことが到達度評価情報と相対評価情報についてもいえるであろう。どちらも有意義であるが、しかしどちらか一方だけでは十分とはいえない。

エーベル（メーレンスとレーマン 1973, p63）がいっているように、生徒の成績を十分理解するには、到達度評価法によってその目標達成度を知ると同時に、他人との比較（相対的評価法）によってどの程度の成績であるかを知る必要がある。ここにおいても、また、父母は、一つの教科の中の各観点の目標達成度を知るだけでは満足できないで、その教科全体についての成績情報――それも相対評価情報を欲するであろう。これを知ってこそ、その結

果の良否にかかわらず，最後の納得がいくであろうし，また，実際問題としてもそれは進路指導や動機づけのための効力を有している。

著者は，かつて1977～1978年に，全国9都県の合計518人の小・中・高校の教師や教育委員会や教育研究所関係者に対し，通信簿の5段階等による総合評定は到達度評価によるのがよいかそれとも相対評価によるのがよいか，について判断するための間接的な質問紙調査を行った（橋本・石田，1979，p95-98）。その結果は，表26のようであって，到達度評価を考えていると判断される教師——これは上に述べたように実際は実行が困難であるが——約28％に対し，相対評価が適切と考えていると思われる教師は，その2倍以上の63％に達した。この63％もの人がそう考えた主な理由は，到達度評価をここに用いることはその客観性・信頼性の確保の上から困難であるということであった。

表26 教科の総合評定の方法に関する教師の意見(％)

	小学校教師	中学校教師	研究所教委等	計
調査人数	251人	196人	71人	518人
到達度評価支持	30.7	32.1	9.9	28.4
相対評価支持	60.5	62.2	74.6	63.1
どちらともいえない	8.8	5.6	15.6	8.5

こうして，わが国の教師のこの問題に対する考え方からいっても，通信簿の各教科の総合評定の方法として相対評価を支持するものが圧倒的に多数であると考えられるのである。

さて，通信簿の3－5段階による教科一本の総合評定は相対的評価法によるのがよいとしても，なお問題は残されている。それは，相対評価が特に成績の悪い生徒に及ぼす弊害や悪影響——たとえばその学習態度や自己概念（自尊心）に及ぼす消極的影響をどうするかという問題である。

成績の悪い生徒といっても，1，2の少数の教科だけが評定1とか2とか

であって，他は普通または普通以上の成績の生徒は別に問題とはならないであろう。また，全体的には1とか2とか3とかの評定が多かったとしても，なにか1，2の教科に特色があっていつも5の評定をとるような生徒は，大いにその特色を認めてやることで，まだ救われよう。一番考えねばならないのは，こうした特色もなく，総体的に1や2の評定ばかりが通信簿に並ぶような生徒である。こういう生徒はおそらくごく少数であろうが，これに対しては，学校はその生徒の激励のためになんらかの特別措置を講じてもよいのではなかろうか。

たとえば，こういう生徒については，全教科が1や2相当であったとしても，その生徒としては比較的すぐれている数個の教科については，その生徒に限り特別配慮としてこれを3に引き上げて評定してやるのである。あるいは，また，学校全体の方策として，形式上は5段階相対評価の評定システムを採用していても，現実には1の評定を与えることをやめて，2・3・4・5の4段階で処理するというような思いきった方策も，場合によっては考えてもよいのではなかろうか。この場合，その2・3・4・5の各評定段階を与える生徒の割合は，適宜に按配して処理すればよい。1校だけの経験であるが，著者はかつて岡山県の中学校で，こうした方法をとっている学校に接したことがある。

しかし，こういう特別配慮は全く通信簿の評定に関してだけのことであって，指導要録の各教科の評定や内申書では許されないことはいうまでもない。

また，こうした特別措置とは別に，その各学級や学校の生徒の成績が一般に高く，たとえば標準化学力検査で全生徒が2以上とか3以上というような場合に，その学級や学校のその教科の評定を，上述したような2，3，4，5とか，あるいは3，4，5とかの少数段階で処理するのは，これは従来も認められている。いわゆる，相対評価に絶対評価を加味するという考え方である。

第12章 到達度評価の発展の歴史と問題点

　これまで，到達度評価の主として方法と技術の問題を中心に，いろいろ考察してきたが，最後に，もっと広い視野からそれをながめて結びとしよう。その一つは，この評価法の発展の跡をながめることであり，もう一つは，その問題点やこれに対する批判もながめておくことであり，さらにまた，到達度評価法のコントラストとしていつも引き合いに出される相対的評価法との友好関係を結ばせておくことである。相対的評価法と到達度評価法との間には相違はあるが，対立（敵対）関係はない。

（一）　到達度評価の発展の歴史

1　20世紀初期における到達度評価

　到達度測定や絶対評価への関心は，1960年代以降急速に高まったといわれるが，しかし，このような評価の考え方が昔は全然存在しなくて，この時期になって初めて突然あらわれたとはとうてい考えられない。たとえば，英国のフィッシャー（Fisher, G.）は，1864年に，生徒たちの答案や作品をなるべく客観的に採点する工夫として，価値の程度によって採点基準を示した尺度簿（scale book）というものを考案したとして，教育評価史上名高いが，これなどはまさしく今日いうところの到達度評価法の一工夫であったといえよう。

　ヒルズ（1976, p76），トーシェン（Torshen, K. P. 1977, p11-12）によると到達度評価のアイデアはアメリカでは決して新しいものではなく，20世紀の初期のころは，それは普通一般の考え方であった。それが次第に相対評価

の方向に傾斜していったのは，たぶんに，義務教育が普及して，新移民層をも含めていろいろの社会的・経済的背景をもった雑多な児童が大量に学校に流入し，そのために，それまでエリートのために打ち立てられていた成績基準が，学校における児童層の変化につれて維持できなくなり，これにつれてカリキュラムの改変とともに成績評価の基準の再検討の必要に迫られたからである。その結果，後に改めて取り上げるボストン市の公立学校のように，目標準拠基準を採用したところも一部にはあったが，しかし大部分の校区は相対評価的な集団基準の採用に移行したというのである。集団基準は，学校の課業を達成するだけの能力をもたない生徒に，ぜひそれをマスターせよとはいわなくてもすむので，まことに好都合なスタンダードであるとして広く採用された。

　通信簿の評点法などで相対的評価法が採用され出したといっても，それは決して全部ではなく，到達度評価的な評点法もそのまま残されていたと考えられる。近年，わが国には，到達度評価のキャンペーンの目的から，欧米の通信簿は到達度評価法がほとんどであるかのような説をなすものをときおり見かけるが，それには疑問を抱かざるを得ない。しかし通信簿の評価を到達度評価式に行うという古くからの伝統が，その後もそのまま残されていたであろうということは，想像するにかたくない。

　通信簿や成績物の評価が，古くは，主観的ではあったが一種の絶対的評価法で行われていたということは，わが国も同じであった。戦前のわが国の通信簿は，たとえば甲乙丙とか，上中下とか，優良可・不可とかの評語で評定されていたが，これらは——はっきりと意識されてはいなかったかもしれないが——教育目標がどの程度達成しているかということを念頭においての評価法であったと考えられる。

　そして，授業中における教師の平常の評価は，むろん到達度評価であった。授業中における観察評価，問答による評価，小テストなど，今日のいわゆる形成的評価に当たる評価は，昔も今もその指導目標の達成の有無を基準としての到達度評価であったのである。

2 教育測定学の発生と到達度評価

このように，古くから絶対評価は行われてきたし，また，実際，絶対評価が客観的・信頼的に行われ得るならこの方法が一番すぐれているので，だれが相対評価など回りくどい方法を用いる者がいよう。それは物理的測定を考えてみるとすぐわかる。物理的測定では，長さの測定にはメートル尺，速度には分・秒による時計なる万国共通の測定の尺度すなわち基準が決まっているから，これを用いて100ｍ疾走の速度を絶対評価することができる。こうして，全国各地での競技大会の記録だけを持ち寄って日本一を決めることができる。もしこの場合，時計というものがなく絶対評価ができないとなると，福岡大会での相対評価の１番，大阪大会での相対評価の１番，東京大会での相対評価の１番というように表現することしかできなくて，もう一度それをいっしょに集めて走らせてみるほかに日本一の決めようはないことになる。こういうわけで，もし人間の学力等についても，その評価・測定のための絶対的基準を設定することができるならば，絶対評価がすぐれていることは論をまたないことである。

このような事情から絶対評価と相対評価の歴史は考えられねばならない。測定運動の父と呼ばれるソーンダイク（Thorndike, E.L.）は，その歴史的な1918年の論文「教育成果の測定の性質・目標および一般的方法」の中で，すでに次のように述べているが，これにわれわれは注意しなければならない。「教育測定には二つの異なったグループがある。その一つは，……主として生徒が何かの均質の課題をどれだけよく成しとげるかを問うものであり，他は……主として生徒がどのくらい困難な課題を完全に，あるいはどの程度の成功度でなしとげうるかを問うものである。前者は心理学者のいわゆる平均誤差法（methods of average error）の種類であり〔Norm-Referenced〕，後者は正誤のケース（right and wrong cases）と呼ばれているものに類する〔Criterion-Referenced〕。このどちらもその利点を有し，測定の発展と精密化に役立つが，しかし，もし教育が物理科学の発展の道筋を追うならば，後

者が支配的になるタイプであると考えられる」

この引用文の〔Norm-Referenced〕と〔Criterion-Referenced〕の挿入の部分はエーラシアン (1974) らがその論文中で注釈したものである。思うに，この当時，心理学や教育学の領域に測定学が導入されたのは，当時物理学・医学・天文学・化学等の自然科学が測定法と観察法を用いて長足の進歩を遂げていたことに刺激されてのことであったが，その自然科学での測定は前述したごとく，客観的な一定の測定の尺度をもっての直接的・絶対的測定によっていたので，ソーンダイクもそれに影響されていたのであろう。だから，すでに70年も前に，彼は「もしも教育が物理科学の発展の道順を追うならば，絶対評価が支配的になるタイプであると思う」と述べたのであろう。

ところが，残念ながら，学力・知能・性格・興味等の行動科学の対象では，物理測定におけるメートル尺，秤り，時計，温度計のような信頼おける絶対尺度を設定することができなかったので，なかなか物理科学の発展の道順を追うことができなかったのである。そこには物理的測定とは本質的に異なるものがある。物理学におけるような絶対的・直接的な評価基準や尺度を一般的に設定することができなかったので，代わりに，個人差心理学に立脚したところの心理学的モデルを採用し，統計理論を利用して，いわゆる集団的基準 (norm) に準拠したところの相対的測定法 (Norm-Referenced Measurement) を発展させて，今日に至ったのである。できることなら，物理的測定と同様，絶対的基準を用いての絶対評価・測定がすぐれていたのであるが，そのような絶対的尺度が発見できなかったので，個人差心理学と統計法に基づくいわゆる相対的評価法を発展させたのであった。教育測定の花形であるところのいわゆる標準化検査はすべてこの方法で作成されたのであった。

3 図画，書字等作品の到達度評価の試み

しかしながら，過去において，到達度評価や完全習得テストのような絶対評価の試みが，いくつか試みられた歴史はある。ところが，そのいずれもがそれだけに終わってしまった。たとえば，1912年，エアーズ (Ayres, L. P.)

第12章　到達度評価の発展の歴史と問題点　239

図9　図画尺度の例

が考案した例の有名な書字スケール，1913年のソーンダイクの考えた図画尺度，1922年のクライン（Kline, L. W.）とケイリー（Karey, G. L.）のつくった同じ図画尺度（その一部を図9に示す），その他裁縫の縫い方，綴り方等に関して，いろいろの人により，それらの作品の評価のための一種の絶対評価的尺度の作成が試みられた時代がある（田中寛一，1928）。その方法は，あたかも鉱物の硬度の測定が一系列の硬度の見本物質を基準にこれといちいち比較して決められるごとく，あらかじめ多数の専門家の所見によってその数量的価値の程度が定められている一系列の見本を設定し，これを基準として一人ひとりの生徒の図画や書字等の作品を評価するのであって，まさに絶対評価である。昭和の初め，わが国においても田中寛一，丸山良二が，図画・習字について，このような絶対評価的尺度をつくったことがある。どうしてこれが到達度評価法になるかというと，この方法が，これらの作品の含む価値の連続体にそって，見本という形でこれをいくつかの達成段階に区分し，その区分を一種の到達基準として一つ一つの作品を評定するからである。

以上は，図画，書字等の作品の評価においての到達度評価の試みの歴史であるが，それがアメリカでもわが国でも，ただ研究者の研究に終わって，教

育界に普及し実践されるに至らなかった。そのまま立ち消えとなっている。

4 ボストン市およびモリソンの試み

　他の教科についての到達度測定の工夫の好例は，ボストン市の試みにある（エーラシアンとメーダス，1974）。ボストンでは，1916年ごろ，スペリングと英語についての到達度評価を実施した。スペリングでは，8年生までの各学年の児童・生徒が，正しく綴るべき単語のリストをつくり，英語では，卒業までに達成すべき行動的目標を分析設定してこれで生徒のスペリングの能力や英語の能力の到達度を測定した。

　初めは，それは一人ひとりの生徒の学習の絶対的な到達度を判定するためのクライテリオンであったが，だんだん実施している間に各問についてのボストン市全体の平均合格率（通過率）がわかってきて，それがクラスや学校の業績評価のスタンダードとなり，重点が個々の生徒の絶対評価から集団としての学級や学校の教育成果の比較評価に変わってしまい，教師たちのいやがるところとなって長続きはしなかった。

　今から50年も前，シカゴ大学の名高い教授であったモリソン（Morrison, H. C.）の単元教授の試みも，また到達度評価のよい例である。それは，一つの単元の指導に際してまず予備テストをし，それに基づいて指導し，続いてテストし，その結果達成していないところについて補充指導をし，その結果について再びテストをし，必ずマスターさせてから次に進むという，今日のいわゆるマスタリー・ラーニングとマスタリー・テストを提唱した。この方法は，一時はたいへんな評判であったが，次第に人気が低下していって，ついに消滅した。たとえば，1930年ごろは，この教授システムに関する論文が1年に約14編もあらわれたが，1950年ごろには年に5編ぐらいに減じ，やがて1編も出現しなくなったといわれる（エーベル，1971，1972）。

5 1950年ごろよりの相対評価への疑問と到達度評価思想の台頭

　1940～1950年代では，教師たちは，一般に，テストは生徒をその能力・適

第12章 到達度評価の発展の歴史と問題点

性等において分類するための工夫であると考えていた。そして，教育成果の良否は，主として生徒に教育を受け入れるだけの能力があるかないかにかかわり，生徒側の責任であると考えられていた。少数の高い成績の生徒と，大多数の中くらいの成績の生徒と，少数の低い成績の生徒が出現するのは全く当然のことと考えられていた。こうして，今世紀の前半までは，教師も測定学者たちも，教授の質とか効果とかいう視点はほとんど考慮しなかったし，また，相対評価のやり方についても，さほど疑問を抱かなかった。

しかし，このような風潮に対して疑問を投げる学者もあらわれ出した。フラナガン（Flanagan, J.C. 1951, p519）は，相対的測定法の欠陥を指摘して，素点（粗点）のもつ評価上の意味を再発見すべきことを主張した。元来，素点は問題の難易や数量で変わるので，その欠点をなくすために順位，段階評点，偏差値等の相対的得点に換算して示すようにしたものである。しかし，こうすればこうしたで，今度は，「問題や仕事の何パーセントを正答（達成）した」というような素点のもっている到達度評価的な意味を失ってしまった。たとえば，偏差値60というと，平均以上の成績の子どもであることはわかるが，初め測定しようとした目標行動との直接の有意味な関係が脱落してしまって，何がどのくらいできたかを全く示さなくなる，と指摘した。

こうして，フラナガンは「テスト得点は，それが生徒の成就や能力の概念でどのくらいうまく解釈され得るかその程度に応じて有意味であり，かつ，価値がある」と述べ，さらに「素点はきわめて基本的な情報であって，十分な理由なしには何か他のタイプの得点のために放棄すべきではない」と付け加えている。到達度評価におけるいわゆる正答率基準は，この考え方の延長線上にあると考えてもよいであろう。

1950年代の終わりになると，いわゆるプログラム学習といわれる教授法が叫ばれ，これで，指導のしようしだいでは，ほとんどの生徒たちに必要な事項を完全習得させることができる，ということを教師たちに信じさせた。そして，こういう完全習得学習の結果の測定には，従来の相対的評価テスト（NRT）は適切ではないことに気づいた。

教育目標をなるべく多数の生徒に達成させることをねらった教育の場に，伝統的な NRT の測定の考え方を適用することの不適切な点に関して，教師と心理学者たちの注意を喚起したのはピッツバーグ大学のグレーサーであった。彼は，初期のプログラム学習運動に熱心に参加していた一人であった。彼の1963年の論文が，伝統的な測定法は少なくとも完全習得をねらう教育の場では不適切であるということを，関係者にはっきりと認識させる起爆剤となった（ポファム，1975，p129）。

この歴史的論文の中で，グレーサーは，それまでの学力テストが予測を目的とした適性テストの理論に強く支配されていたことに疑問を投げ，「われわれの多くは，アチーブメントの評価は従来とは違った別の考え方を必要としていることを認識しつつある」といいきった。そして，生徒の業績を，目標の到達基準に照合して解釈する方法を重視し，こうして求めた情報こそが，生徒の学習の真の成功と失敗を明らかにし，治療指導を必要とするかどうかを決めることを可能にし，またカリキュラムの効果の評価も可能にしてくれるとした。そしてこのような解釈を可能にするテストや測定を，従来の集団準拠テスト（測定）と区別して，目標準拠テスト（測定）と呼んだ。

このグレーサーの考え方は，これと前後して発表されたエーベル（1962）の論文中にも見ることができるのである。彼は，この論文で，上にフラナガンの意見として述べた素点重視の考え方と結び，一定の教材領域から選び出されたサンプルとしてのテスト・アイテムのうち，その何パーセントが達成（正答）されたかそのパーセントを内容標準点（content standard score）と称し，これを学習結果の評価のための指標とすることを提唱した。まさに目標や行動に準拠した解釈法であって，集団準拠標準点（normative standard score）に対する解釈法の提唱である。

6 近年の到達度評価重視の背景

これは単にアメリカだけではなく，わが国も含めて世界の先進国におよそ共通の傾向と考えられるが，1960年代以降，次第に到達度評価を重視せざ

第12章　到達度評価の発展の歴史と問題点　*243*

を得ないようなエネルギーが，社会的・教育的・経済的な広い背景から出始めたと考えられる。この到達度評価重視の背景については，ある程度はすでに第1章でも述べたので重複も生じるが，やはりここでもっと総括的に分析しておこう（タイラー，1974, p1-10, R.L. ソーンダイク，1971, p3-14, エーラシアンおよびメーダス，1974, p74-75）。

① 最も重大な背景は，第2次世界大戦後の人間尊重思想の台頭から，人間尊重の教育思想が高まり，さらにそれがすべての生徒の学習権を保障し一人ひとりを伸ばすような評価法を求めてきたことである。そのような評価法としては，他の生徒との比較による相対的評価法よりも，少なくとも基本的学習事項については，それをマスターしたかどうかを調べるところの到達度評価法がより適切であると考えられるに至った。たとえ，このような到達度評価が，その目標の具体化や到達基準の設定上困難があって，評価の信頼性・客観性上に多少の問題はあっても，それとは別にもっと基本的な次元において，このような到達度評価が要求されてきた。

② 先進諸国にあっては，今日，その社会生活が高度化し，また産業も高度の科学技術を導入してきた。今日，非熟練や半熟練ですむような職業は僅少になった。国民全体に高度の知識・技能を必要とすることになった。したがってすべての青少年に高度の教育を施す必要が生じてきた。また生涯教育の必要性も高まってきた。そこで，教育評価においても，一部少数のエリートの選別のためというのではなく，少なくとも義務教育においては全部の生徒に基本的事項をマスターさせることをねらって，教育目標に到達したか否かを評価し，もし到達していない生徒については，これを改善する治療教授の計画を立てなければならない。これが，今日の到達度評価が要求される一つの大きな理由である。

③ 第3の背景は，教育成果に対する社会や市民の知る権利の主張に基づくもので，わが国の現状ではまだあまり考えられないことである。アメリカ市民は，納税者として，教育当事者にその成果の報告を要求し，もし入力に見合うだけの成果をあげていないということであれば，カリキュラムの

改善や欠陥学力の補償を求めるという動向にある。こういう教育責任をアカウンタビリティー（accountability）という。

このような社会や市民の要求から，アメリカ全国の青少年の学力到達度調査が現在大規模に行われている。いわゆるナショナル・アセスメント（NAEP）がこれである。また多数の州や学校区においても，こうした広域的な学力評価のプロジェクトが実施されている。このような広域学力検査がまた，目標到達度による絶対的評価法を必要としたのである。

たとえば，カリフォルニア州では，1976年に"The Pupil Proficiency Law"という生徒の基礎能力到達度に関する法律を制定し，小学校児童から高等学校生徒に至るまで，読み・書き・計算に関する最小必要能力（minimum competency or proficiency）に関する到達基準を設定して，生徒の進歩を評価し，その遅れた生徒を救済する責任を学校に負わせている。そして，1980年からはこの州の高等学校生徒は，その地区で設定された最低到達基準に到達しなければ，その卒業資格を与えないことにされている（カリフォルニア州教育局，1979）。

④　さらにまた，アメリカにおける到達度評価の実践の今日の普及は，ひとり学校教育の場だけではなく，医師その他の技術者の最低資格の確保と認定，専門的職業訓練の域にまで及んでいる。たとえば，国防言語施設（The Defense Language Institute）の英語部門は，航空管制や言語能力の訓練のために，教材とテスト開発のプロジェクト研究を行ったが，ここでも目標分析から到達基準の設定など到達度テストの研究が行われた（フレマーその他，1974）。

⑤　第4に，今日社会の変革期に当たり，輝しい未来社会の創造を教育に期待するという立場から，世界的にカリキュラムの改善と開発研究が進められ，そのためにカリキュラム評価の必要性が高まっている。この点の認識もわが国では低いように見受けられる。そのカリキュラム評価法であるが，一つの学校や地域でのカリキュラムの効果の評価には伝統的な標準化学力検査も利用できるけれども，多くの資金と研究スタッフをもった広域的な

第12章 到達度評価の発展の歴史と問題点 245

カリキュラム評価プロジェクトでは，やはり到達度による絶対的評価法が用いられている。到達度評価のテストは，ほとんど全部の生徒に到達を要求する問題（内容・目標），普通の生徒にできることを期待する問題（内容・目標），さらに一部少数の優秀な生徒に到達を期待する問題（内容・目標）というように，その程度により，内容と目標によって，適切・妥当な問題と評価のスタンダードを，しかも標準化検査よりも2倍も3倍もの多数の問題を用意する必要があるので，安易には取り組めないのである。

⑥ 教育工学の進歩がその重要な一つの背景といわれる。しかもそれは二重の意味において絶対評価を刺激した。一つは，ティーチング・マシン，テレビ，プログラム学習等が近年教育方法に利用されたが，これらは果たしてどれだけの教育効果をあげ得ているのか，それを評価するのに絶対評価が用いられたということである。もう一つは，コンピューターを利用した教授法（CAI）等は，それ自体が教授目標を行動的目標の形で具体化して，それを生徒がマスターするまでの全過程を制御しているので，そのこと自体が絶対的評価法を採用しているからである。コンピューターの利用が複雑な到達度評価の実施と結果の分析を容易にしてくれた。

⑦ 最後に，これは上に1940～1950年来の傾向として述べたところの，伝統的な相対的評価法への批判があるということである。たとえば，他人と比べての位置はわかるが，その生徒が何ができて，何ができないかという絶対的な学習状況を示さないから指導に役立たないとか，競争をあおるとか，他人と比較していつも低評価される子どもの自己概念をこわし，その積極的態度を害するとかの批判である。むろん，これらの批判に対しては反論もなされている。

以上列挙したようなことが，今日，到達度評価が重視されるに至っている背景である。

わが国における近年の到達度評価思想の台頭の背景も，むろんこれと共通するものもあるが，またわが国独特のものもある。歴史的に培われた日本人の性向は，ボーゲル（Vogel, E.F.）やライシャワー（Reischauer, E.Q.）な

ど日本学者のいうように欧米人の個人主義的，合理主義的性格とは違って，個が確立しないで集団帰属的性格が強い。加えてものの考え方が心情的でありムード的である。また，ベネディクト (Benedict, R.) が指摘したように自他の体面を重んじ，恥の意識が強い。たぶんこうした日本人のメンタリティーに起因したものであろうと考えるが，わが国における戦後の人間（人権）尊重思想は，個性尊重の方向はとらないで，「悪」の字を冠したくなるほどの平等思想にはしり，「差別・選別」のことばがなんらその内容を吟味することもなく絶対的悪としてまかり通った。と思うと，その反面，日本人のメンタリティーには根強い競争意識が潜んでいるように思われるが，根は平等思想と同じく，われわれ日本人のメンタリティーの特性にあるであろう。

こういう傾向が，わが国における近年の相対評価の極端な排撃と到達度評価への傾斜の一つの大きな背景であったと考えられる。昭和47年ごろからの例の「通信簿オール3」や一律評価の思想の発生もまた，その行きすぎたあらわれであったとみることができよう。

しかし，これからは，到達度評価の長所は長所，短所は短所として，客観的に正しくこれを理解し，その健全な発展を図らなければならない。

(二) 到達度評価の問題点と批判

測定学上と教育学上の二面から，到達度評価の問題点や困難点として指摘されているところを述べる。

1 測定学上の問題点と批判

(1) 目標の分析とリスト・アップの作業の困難さ

到達度評価ではまず最初の仕事として，そのクライテリオン（評価規準）となるところの教育目標をいわゆる行動的目標の形で書き上げなければならないが，これが非常に骨の折れる困難な仕事となる。すべての教材のすべての目標を行動的目標化するとすれば，教師は毎週毎週たいへんな数の行動的目標を書き上げなければならなくなって，果たして実行ができるだろうかと

いった批判も出る。それも系統的・層序的構造をもった基礎的知識や技能の目標ならばまだよいが，高度の理解・思考・応用等の発展的目標になると，どの範囲までを指導するのかその範囲の決定とその分析が著しく困難である。

そこで，到達目標としての分析と具体化が比較的容易で実行可能な目標と，それが困難で方向目標として取り扱うほかはない目標の2層に分けて考えたほうがよいとの批判が出る。これまでしばしば引用したグロンランド（1973）がそうであり，またアイズナー（1969, p1-18）がそうである。

アイズナーは，目標を，文化の習得のための用具的な基礎的知識・技能のごときを教授的目標（instructional objectives）とし，それに基づいて各生徒が自由に拡大深化し，発展させ，創造する目標を表現的目標（expressive objectives）として，前者は行動的目標として具体化することができるが，後者は個人個人自由に伸ばすべきもので，事前にこれを行動的目標の形で生徒に割り付けることはできない，という。

このことについてメーレンスとレーマン（Mehrens, W.A. and Lehmann, I.J. 1973, p34-35）もほぼ同じ意見をもち，教育目標には，表27に示すように，常に予測もできなければ測定もできない目標や成果があるという。表のAの部は行動的目標として事前に立て得るし，測定もできるが，BやDは予測できないから，事前に行動化することはできない目標であるとしている。

また，もしも行動的目標に具体化できるものが教育目標であるという操作主義の考え方を徹底させると，行動化され得ないものが軽視されたり，指導と評価の視野から消し去られる危険はないかとの危惧や，枝葉の目標が操作的に定義されやすいので，操作的，行動的定義になじまない重要目標が指導

表27　予測と測定の可能性からみた教育目標の分類

	予測できる目標	予測できない目標
測定できる目標	A	B
測定できない目標	C	D

と評価からこぼれ落ちはしないかとの批判も出されることになる（森川久雄, 1975）。

(2) **具体化表を代表するテスト・アイテムの選択の困難性**

CRTでは，原本の目標具体化表全体を見事に代表するような行動を選び出し，これをテスト・アイテムとして作問しなければならないが，すでに第3，第5章等で述べたように，この仕事も細心の注意を必要としていた。目標領域が同質的であればよいがその異質性が高いほどこの仕事は誤りを犯しやすくなる。

また，特に困る問題は応用・思考・創造など発展的目標についてのアイテム・サンプリングである。その目標領域の範囲が基礎的知識・技能の領域におけるほどはっきりしていないために，たとえばどの程度の困難度や複雑度の問題を選べばよいか，はっきりした指針が存在しない。結局，生徒の能力に応じて選ぶほかはないことになる。

さらに，また，到達度評価テストでは，相対的評価テスト以上に，そのテスト・アイテムの数の問題に注意を要した。

(3) **到達基準の設定が教師の主観に陥りやすいこと**

到達度評価における基準（分割点）の設定には，第7章で述べたように，いろいろ勘案すべき条件はすでに明らかにされているが，しかし終局的には教師の任意に任されるので，どうしても主観的になりやすい危険が潜んでいる。

相対評価では，とやかくの批判はあるにしても，正常分配という確固とした基準に準じてこれを考えるのでたいへん安定しているが，到達度評価ではこうした安定的基準がなくてふやふやしている。だから主観的になって，偽到達の過誤や偽未到達の過誤といった判定誤りが発生するおそれが生じる。この点も，読み・書き・計算・事実知識等についてはまだよいが，複雑な理解・応用・思考や，表現・作品や，態度・鑑賞等の目標になるといっそう主観的になりやすい。このように到達基準が主観に陥りやすいならば，これに立脚した到達度判定そのものも主観的になりやすいことになる。

到達度評価法の最大の困難点は，実にこの点に横たわっている。評価基準を客観的に定める方法がないことが，この方法の最大の弱点である。

スタンリーとホプキンス (Stanley, J.C. and Hopkins, K.D. 1972, p186-187) は，この点について，到達度評価はたいへん魅力はもっているが，その到達基準を設定するための論理的で決定的な方法が存在しないので，多くの教育目標についてその現実的可能性は著しく制限されている，と批判している。なんとか克服すべき問題ではあるが，確かに困難ではある。

(4) **多量のテストや採点の時間を必要としていること**

たとえば形成的テストのごとく，3〜4時間ごとにテストを行わなければならないので，多くの時間を要するし，また作問と採点・整理にも時間を必要とする。アイテム・バンクやコンピューターの助けが望まれることになる。このような補助がないとうまくいかないという人もあるぐらいである（ヒルズ，1976, p80）。

2 教育学上の問題点と批判

(1) **すべての目標の完全習得はできないことと基礎的目標の偏重のきらい**

完全習得学習論とそれと結んでいる到達度評価は，マスタリー (mastery) ということが教育のゴールであるかのようにいうが，果たしてそうであろうか。なるほど，万人の生活に必須な基礎的な知識・技能についてならばこういうこともいえるが，しかし，そういう目標は今日，学校が教えるものの一小部分にすぎない。われわれの身辺を見渡してみると，人々の身につけている能力や才能や興味はいろいろで著しく個人差があり，それが互いに補い合って社会の機能を果たしている。すべての生徒に対して何でも同一レベルの到達度を期待する必要がどこにあろう。「マスタリー」ということを，教育のゴールとする必要はないのではなかろうか，とエーベル (1971) は批判する。特に高次の発展的目標は，達成の度合いの問題であって，何人からもマスターされることのできない性格の目標であって個人個人の能力に応じて伸びるだけ伸ばせば，それでよいのではないか。あまり完全習得ばかりを重視

すると，元来それが困難である高次の目標を無視する結果になる危険があるという。

むろんこれに対する反論もある。ブロック (1971) は，このエーベルの「到達度評価に最も適する基礎的知識・技能は今日の学校教育の目標の一小部分であるにすぎない」との意見に反論して，それらは生徒の在学期間中のあらゆる学習における成功の基礎であり，もしこれが習得されないと長く学習不適応を起こし，その自我意識と自尊心まで破壊し，成長した後々まで影響する。もしこれらの子どもに自己発展の機会と素地を与えようとするならば，読み・書き・計算等の基礎的学習で成功させなければならない。基礎的目標の達成は決して教育の一小部分ではない，と主張する。

トーシェン (1977) も，また，(基礎的技能の完全習得を考えない) 学校は，生徒を失敗させる場所であり，子どもたちに自分がのろまであるということを信じ込ませる場所であり，また勉強することをきらいにさせる所である，と述べている。

これらは基礎的目標の到達をねらった教授法や評価法の強力な援軍ではあるが，しかし到達度評価の問題点がこれで全部解消したとはいえない。

(2) 授業を形式的なものにし，生徒の自由な伸びを束縛するおそれ

事前に教育目標を分析し，具体化し，リスト・アップして，それに従って指導と到達度テストを繰り返すのは，ちょうどティーチング・マシンによる指導法と同様，授業を形式的で堅苦しく怠惰なものにし，自由と温かみがなくなる。また，生徒の自由な発達を縛るおそれもある，との批判もある。特に発展的目標においてそうだというのである。

メーレンスおよびレーマン (1973, p67) によると，クロンバックは「ブルームたちの唱えるマスタリーの概念は著しく制限されている。その難点は，生徒の教育的発達は継続していて開かれていると思うのに，それが閉じられてしまっている」と述べているという。いうまでもなく，完全学習は到達度評価と不離一体の関係にあるので，これはそのまま到達度評価法についての批判とみてよい。すなわち，到達度評価は，前もって教育目標を具体化し，

その到達目標を決め，それを評価基準として生徒たちに臨むので，落ちこぼれを防いだり，できない生徒をその基準まで引き上げる作用はもつであろうが，逆に**優秀な生徒はもっと伸びるものを伸ばさないで**，教師があらかじめ定めた到達目標で縛ったり，とめたりするように作用するかもしれない。いってしまえば，教育上の弱者救済法としてはよいが，すぐれた生徒の自由な伸びを拘束し，固定的な目標に縛りつける評価法であるともいえるのである。

(3) **到達していないと判定された者への治療法がはっきりしていないこと**

到達度評価は，それで求めた目標の到達度や未到達の実情に関する情報をフィードバックして，これに最適な処遇法をとるということにその目的があるが，残念ながらその処遇法についての知見が目下まだ不十分である。なかでも最も大切なことは目標を達成していない生徒への治療指導法がはっきりしない。治療指導のためのいろいろな選択可能な技術や治療教材の準備も，また目標を達成している生徒のための深化教材の準備も不足しているし，その到達の程度に応じて複数のグループ指導を計画しても，それは容易なことではない。

また，完全習得学習論者のいうように，学業不振児や遅進児には，十分の学習時間を与えて指導すればよいといっても，現在の学校の日課表や年間授業計画ではそれに対応できるようなシステムにはなっていない。反対に，優秀児にその学習速度に応じて，学習をどんどん先に進めることができるような組織にもなっていない。こうした問題をもっている。

(4) **教師の負担上の問題**

最後に，到達度評価の実施に関する一連の作業の，教師に及ぼす負担や影響も考えておく必要がある。

目標を具体化してこれを書き出し，事前テスト，形成的テスト，終末テストの問題をつくり，これをいちいち実施し，採点し処理し，適切な到達基準を設定してこれで判定し，その結果に基づいて治療指導を行ったりなど，これらの仕事を教師に任せたとすれば，教師はその負担に堪えられなくなって，かえって教育的でなくなる危険もあろう。そこで，できるだけ地域の共同作

業により行うことになろうが，そうすればそうしたで，教師の教育観の相違，地域差，学校差があるがこれを画一化し，自由を縛る危険も生じよう。

　以上，測定学上および教育学上考えられる困難点，問題点を列挙してみた。しかし，もちろんこれは到達度評価の頭の痛い一面であって，他方，第1章や本章の前半でこの評価法が台頭せざるを得なかった背景で述べたように，この方法にはきわめて明るい，希望に満ちた一面があるのである。問題点や困難点だけを過大評価してはならない。

　しかしながら，人間は骨の折れる仕事や自分に不利な仕事からはえてして逃げたがるものである。前述したボストン市の到達度評価の試みや，モリソン方式がいつのまにか消滅してしまったという歴史の事実がある。これを支えるよほどの後押しがないと，到達度評価は栄えないかもしれない。幸い，ボストン市やモリソンの時代と今では時代と社会状勢が異なり，今は人間尊重や学習権の保障やアカウンタビリティーの要求やその他，一人ひとりを伸ばすための到達度評価の実践を強くプッシュする社会的ニーズと圧力が高まっている。これが安易を求める人間の心を抑えるだろう。

　しかし，こういう社会的ニーズや圧力だけでもいけない。方法が必要である。ちょうどいつも歩く道がはっきりわかっていれば，気楽に目的地に歩いて行けるように，そのやり方や方法がはっきりしていれば実行しやすい。この上は到達度評価の方法と技術の研究と周知徹底が急がれる。

（三）　到達度評価と相対評価の併用の必要性

1　二つの評価法の独自性

　到達度評価法は，今日の人間尊重の教育精神にも合致した方法である。それは教育測定的（edumetric）な考え方に立ち，その方法論上は難点もあるが，目的論上は生徒の学習改善や学級・学校のカリキュラムの改善のための教育決定にきわめて有用な情報を提供する，というような幾多の長所を有している。

第12章 到達度評価の発展の歴史と問題点 253

　これに対し，相対的評価法は，心理測定的（psychometric）な立場から個人差の測定に焦点をおき，その方法論上高度の信頼性と操作容易性とを有している上に，目的論上にも選抜目的ならびに進路・進学指導に適している。また，すべての子どもの業績の解釈は，目標と関連させての解釈だけではなく，さらに他人と並べ比べての解釈をも併せ用いてこそ，父母も本人も最後の合点がゆくというような，社会的・現実的な有用性も無視はできない。

　このような，絶対評価の有用性（実用性）と相対評価の有用性（実用性）の特長は，少し大担すぎるいい方かもしれないが，絶対評価の教育的有用性に対する相対評価の社会的有用性であるといってもよいかもしれない。

　学者もまた，この二つの評価・解釈法の独自の目的と有用性を認め，さらに両者共存してこそ評価の全体機能を果たすことができると考えている。

　たとえばグレーサー（1963）は，学力テストの二つの目的として，①生徒の現在の行動の特質についての情報を求めること，②その行動を高める条件や処遇法についての情報を求めること，の二つをあげ，前の目的には相対的評価テストが適切であり，後の目的のためには到達度テストの利用が適切であるとしている。

　エーベル（メーレンスとレーマン，1973，p63）は，テストは，その結果が有意味であるようにするには，それを他の生徒たちの得点と関連づけると同時に，テスト内容とも関連づけて解釈されなければならないとして，両評価法の協力の必要を述べた。

　ヒルズ（1976，p85-86）は，二つの評価法はどちらも長い歴史と熱心な信者をもっている。二つとも意義があり，互いに異なる目的に役立つものである。それぞれ長所もあれば短所もある，といっている。ガードナー（Gardner, E.F. 1962）も，また，この二つ評価法は互いにベター・ハーフであって，両者相まって評価は完結すると述べている。

　日本教職員組合（1974，p13）も，評価を具体的に行うにあたって，相対評価と絶対評価のための方向目標と到達目標の設定の仕方を，それぞれ区別しながら，積極的な意義とそれぞれの限界とを明確にしなければならない。

結論的にいえば，教育評価をする場合には，すべての子どもをできるようにするための到達目標を具体的に設定して，それに応じて絶対的な評価をし，さらに，子どもを励まし，子どもの意欲を伸ばすという目標において，習得した知識・技能や態度などについての個人の進歩や集団の中の位置を評価すべきであると述べているが，これも妥当な意見である。

2 相対的評価法による到達評価の補完

到達度評価法は，大きな長所をもつと同時に，反面困難点と限界も有している。したがって，この方法を今後広く活用するには，フランクにその弱点と限界を認めて，その不足を他の方法で補足しなければならない。他の評価法といっても相対評価と個人内評価法の二つしかないが，なかでも特に到達度評価の弱点とする信頼性をその長所としている相対的評価法こそが，これを補足する評価法としてすぐれている。

到達度評価法の弱点と限界を補足するのに，特に相対的評価法が適切であるというのは，次のようなことである。

(1) 到達度判定の信頼性のチェックに

到達基準の設定は，第3，7章で詳述したように，一人ひとりの教師の恣意に任すことなく，一定の考え方や方針に従ってオープンに決めるべきものであるが，しかし最終的には担任教師に一任される。そこで教師は，自分が行った到達度判定の信頼性を欠くという危険を常に警戒し，それをチェックしてみる必要がある。

そのチェックの方法には，到達度テストを実施した場合には第8章で述べたような信頼性の検定法も用いられるし，また，学年末の到達度評価の場合には標準化された観点別到達度検査のごときものも利用できるが，標準化されたNRTその他の相対的評価法が依然として有力な方法となる。なぜならば，このような相対的評価法は，日本全国の多数の学校と生徒についてその相対的評価基準（norm）が作成され，共通性・公共性をもっているからである。

逆説めくが，今後の到達度評価が普及すればするほど，公共性と信頼性の高い相対的評価テストがますます必要とされるともいえよう。

(2) **発展的目標についてその利用が限定されていることの救済**

基礎的な知識・技能の絶対評価はよいとしても，高度の理解・思考・態度・鑑賞・表現等の目標で，主観的に到達目標や到達基準を設定したのでは，絶対評価は甘すぎたり辛すぎたりして，正しく生徒の能力を評価できないのみか，かえって生徒の自由の伸長を拘束したり，萎縮させたりするおそれがある。したがって，実際問題としては，このような目標に関しては，絶対評価の利用は限定され，実施するとしてもこれまでしばしば注意してきたように全く試み的であって，同時に相対評価を行ってみる必要があった。このような高次の発展的目標については，むしろ相対的評価法が安全適切であるというのは，グロンランド（1973），ヒルズ（1976）らの強い主張であった。

(3) **地域のカリキュラム評価や学力調査への相対評価の利用**

全国的な大規模の学力調査やカリキュラム評価の中央企画は別として，一つの学校，一つの地区，一つの市・県で学力調査やカリキュラム評価を到達度評価法で行おうとする場合，その目標の分析と具体化からアイテムの選択と作問まで理論どおりに到達度テストをつくることは，そのスタッフの確保や労力や経費からいって容易なことではない。

また，これまでしばしば述べたように，到達度テストは教えたこととそのテストの対応の必要から，1，2の特定の教科書に即して作成されているので，いろいろ異なった教科書を使用している広域でのカリキュラム評価には必ずしも適切であるとはいえない。

そこでこういう場合は，相対的評価法であるところの標準化学力検査を用いるのが便利である。サリバン（Sullivan, H.J. 1969, p86）によると，アメリカにおいてもこのような利用は普通のようである。ただし，今後一定の教科書に準拠して全国的に標準化されたりっぱな到達度検査が作成されれば，その教科書を使っている学校や地区では，むろんそれを用いるのもよい。

(4) **知能・適性・性格等の個人差の測定のために**

学力でなく，学習における重要な入力条件であるところの生徒の知能・適性・性格等の測定には，到達度評価は全然なじまない。ここでは能力の個人差を明らかにすることに焦点づけた相対的評価法が必須となる。

(5) **質を異にした能力や目標間の比較診断のために**

さらに，たとえば国語の能力と算数の能力，知能や適性と学力，性格と学力というように互いに性質を異にした対象間の横断的な優劣の比較診断をすることも，生徒の指導や個性の発見上必要となるが，この目的も到達度評価では達成することが不可能あるいは不適切であって，どうしても相対評価を必要としている。

(6) **総括的評価の方法としても**

学期末，学年末の評価は，もちろん到達度評価の意義もあるが，さらに生徒の成績評定上や通信簿・指導要録の資料収集上，相対評価をする必要が残されている。単元終了時における総括的評価でさえも，到達度評価の視点のみではなく，相対評価の視点からの評価も必要とする場合があろう。

こうして，到達度評価と相対評価は，互いに排斥し合うべき間柄ではなく，互いに助け合うべき関係にあるとして，これを理解しなければならない。

参考文献

【洋書】

Airasian, P.W. and Madaus, G.F. (1974) Criterion-Referenced Testing in the Classroom, in Tyler, R.W. and Wolf, R.M. *Crucial Issues in Testing.* McCutchan Publishing Corporation.

Anderson, R.C. (1972) How to Construct Achievement Tests to assess Comprehension. *Review of educational Research.* 42, 145-170.

Andrew, B.J. and Hecht, J.T. (1976) A preliminary Investigation of Two Procedures for Setting Examination Standards. *Educational and Psychological Measurement.* 36, 1, 45-50.

Berk, R. A. (1976) Determination of Optimal Cutting Scores in Criterion-Referenced Measurement. *Journal of Experimental Education.* 45, 4-9.

Block, J.H. (1971) Criterion-Referenced Measurement: Potential. *School Review.* 76, 289-298.

Bloom, B.S., Engelhart, M.D. and others (1956) *Taxonomy of Educational Objectives, Cognitive Domain.* David Mckay.

Bloom, B.S., Hastings, J.I. and Madaus, G.F. (1971) *Handbook on Formative and Summative Evaluation of Student Learning.* McGraw-Hill.

Carver, R.P. (1974) Two Dimensions of Tests: Psychometric and Edumetric. *American Psychologist.* 29, 512-518.

California State Department of Education (1979) *Handbook for Proficiency Assessment*, Section Ⅳ Passing Score. Educational Testing Service.

Crehan, K.D. (1974) Item Analysis for Teacher-made Mastery Tests. *Journal of Educational Measurement.* 11, 255-262.

Cronbach, L. J. and Gleser, G. C. (1965) *Psychological Tests and Personnel Decision.* University of Illinois Press.

Dave, R. H. (1969) Taxonomy of Educational Objectives and Achievement Testing, in Ingenkamp, K. (ed.) *Development in Educational Testing* Ⅰ. University of London Press.

Ebel, R.L. (1962) Content Standard Test Scores. *Educational and Psychological Measurement.* 22, 1, 15-25.

Ebel, R.L. (1971) Criterion-Referenced Measurement: Limitation. *School Re-*

view. 79, 282-288.

Ebel, R.L. (1972) Some Limitations of Criterion-Referenced Measurement, in Bracht, G.H., Hopkins, K.D. and Stanley, J.C. (ed.) *Perspectives in Educational and Psychological Measurement.* Prentice-Hall.

Eisner, E.W. (1969) Instructional and Expressive Educational Objectives: Their Formulation and Use in Curriculum, in Popham, Eisner, Sullivan and Tyler. *Educational Objectives (AERA Monograph Series on curriculum Evaluation 3).* Rand McNally.

Emrick, J.A. (1971) An Evaluation Model for Mastery Testing. *Journal of Educational Measurement.* 8, 4, 321-326.

Flanagan, J.C. (1951) Units, Scores and Norms, in Lindquist, E.F. (ed.) *Educational Measurement.* American Council on Education.

Fremer, J., Zieky, M., Marco, G. and Valentine, S. (1974) *Development of Handbook for Conducting Task Analysis and Developing Criterion-Referenced Tests of Language skills.* Educational Testing Service.

Gardner, E.F. (1962) Normative Standard Score. *Educational and Psychological Measurement.* 22, 1, 7-14.

Glaser, R. (1963) Instructional Technology and the Measurement of Learning Outcomes: Some Questions. *American Psychologist.* 18, 519-521.

Glaser, R. and Nitko, A.J. (1971) Measurement in Learning and Instruction, in Thorndike, R.L. (ed.) *Educational Measurement.* American Council on Education.

Gronlund, N.E. (1970) *Stating Behavioral Objectives for Classroom Instruction.* Macmillan.

Gronlund, N.E. (1973) *Preparing Criterion-Referenced Tests for Classroom Instruction.* Macmillan.

Hambleton, R.K. and Novick, M.R. (1973) Toward an Integration of Theory and Method for Criterion-Referenced Tests. *Journal of Educational Measurement.* 10, 3, 159-170.

Hambleton, R.K. (1974) Testing and Decision-making Procedures for Selected Individualized Instructional Program. *Review of Educational Research.* 44, 371-400.

Hambleton,, R.K. Swaminathan, H. Algina, J. and Coulson, D.B. (1978) Criterion-Referenced Testing and Measurement; A Review of Technical

Issues and Developments. *Review of Educational Research.* 48, 1, 1-47.
Hills, J.R. (1976) *Measurement and Evaluation in the Classroom.* Charles, E. Merrill, Bell and Howell.
Klein, S.P. and Kosecoff, J. (1973) Issues and Procedures in Development of Criterion-Referenced Tests. *ERIC Report 26.* Educational Testing Service.
Knapp, J. (1974) A Collection of Criterion-Referenced Tests. *ERIC Report 31.* Educational Testing Service.
Kosecoff, J. and Fink, A. (1976) The Appropriateness of Criterion-Referenced Tests for Evaluation Studies. *ERIC Report 60.* Educational Testing Service.
Krathwohl, D.R., Bloom, B.S. and Mesia, B.B. (1964) *Taxonomy of Educational Objectives, Affective Domain.* David Mckay.
Landsheer, V.D. (1977) On Defining Educational Objectives in Evaluation in Education; *Instructional Progress.* 1, 2, 77-182.
Lovett, H.T. (1977) Criterion-Referenced Reliability estimated by ANOVA. *Educational and Psychological Measurement.* 37, 1.
Mehrens, W.A. and Lehmann, I.J. (1973) *Measurement and Evaluation in Education and Psychology.* Holt, Rinehart and Winston.
Mehrens, W.A. and Ebel, R.L. (1979) Some Comments on Criterion-Referenced and Norm-Referenced Achievement Tests. *NCME.* 10, 1. The National Council on Measurement in Education.
Meskauskas, J.A. (1976) Evaluation Models for Criterion-Referenced Testing: Views regarding Mastery and Standard-Setting. *Review of Educational Research.* 46, 1, 133-158.
Messick, S.A. (1975) The Standard Problem-Meaning and Values in Measurement and Evaluation. *American Psychologist.* 30, 955-966.
Millman, J. (1973) Passing Score and Length for Domain-Referenced Measures. *Review of Educational Research.* 43, 205-216.
Nedelsky, L. (1954) Absolute Grading Standards for Objective Tests. *Educational and Psychological Measurement.* 14, 1, 3-19.
Popham, W.J. and Husek, T.R. (1969) Implication of Criterion-Referenced Measurement. *Journal of Educationl Measurement.* 6, 1-9.
Popham, W.J. (ed.) (1974) *Evaluation in Education.* McCutchan Publishing

Corporation.

Popham, W.J. (1975) *Educational Evaluation.* Prentice-Hall.

Popham, W.J. (1978) *Criterion-Referenced Measurement.* Prentice-Hall.

Popham, W.J. (1978) *Setting Performance Standards, Instructional Objectives Exchange.*

Spineti, J.P. and Hambleton, R.K. (1977) A Computer Simulation Study of Tailored Testing Strategies for Objective-based Instructional Programs. *Educational and Psychological Measurement.* 37, 1, 139–158.

Stanley, J.C. and Hopkins, K.D. (1972) *Educational and Psychological Measurement and Evaluation.* Prentice-Hall.

Subkoviak, M.J. (1976) Estimating Reliability from A single Administration of A Criterion-Referenced Test. *Journal of Educational Measurement.* 13, 265–275.

Sullivan, H.J. (1969) Objectives, Evaluation and Improved Learner Achievement, in Popham, Eisner and Others, *Educational Objectives (AERA Monograph Series on Curriculum Evaluation 3).* Rand McNally.

Swaminathan, H., Hambleton, R.K. and Algina, J. (1974) Reliability of Criterion-Referenced Tests: A Decision-theoretic Formulation. *Journal of Educational Measurement.* 11, 4, 263–267.

Thorndike, E.L. (1918) The Nature, Purpose, and General Methods of Measurement of Educational products, in *the NSSE, Seventeen Yearbook,* part II. 16–42.

Thorndike, R.L. (1971) Educational Measurement for The Seventies, in Thorndike, R.L. (ed.) *Educational Measurement.* American Council on Education.

Torshen, K.P. (1977) *The Mastery Approach to Competency-based Evaluation.* Academic Press.

Tyler, R.W. (1970) Testing for Accountability. *Nation's Shools.* 86, 37–39.

Tyler, R.W. (1974) A Perspective on the Issues, in Tyler, R.W. and Wolf, R.M. *Crucial Issues in Testing.* McCutchan Publishing Corporation.

Wilcox, R.R. and Harris, C.W. (1977) On Emrick's "An Evaluation Model for Mastery Testing". *Journal of Educational Measurement.* 14, 3.

Wilcox, R.R. (1979) Applying Ranking and Selection Techniques to determine the Length of a Mastery Test. *Educational and Psychological Measure-*

ment. 39, 1.
Wittrock, M.C. and Wiley, D.E. (1970) *The Evaluation of Instruction: Values and Problems.* Holt, Rinehart and Winston.

【和 書】

赤木愛和（1980） 観点別到達度評価の方法　指導と評価　26巻8号
熱海則夫・橋本重治・金井達蔵（編著）（1980） 新指導要録の記入例と用語例（小学校用および中学校用）図書文化
岡本奎六（1977） 到達度評価の意義と問題点　指導と評価　23巻10号
梶田叡一（1975） 教育における評価の理論　金子書房
梶田叡一（編著）（1979） 到達度評価の理論と教育革新　明治図書
梶田叡一（1980） 到達度とは何か　指導と評価　26巻12号
金井達蔵（1975） 絶対的テストと相対的テスト　指導と評価　21巻1号
金井達蔵（1977） 絶対評価と相対評価（橋本重治・肥田野直監修　最新教育評価法全書Ⅰ　教育評価の考え方　第4章）図書文化
京都府教育委員会（1975） 研究討議の資料　到達度評価への改善を進めるために
金豪権著　梶田叡一監訳（1976） 完全習得学習の原理　文化開発社
渋谷憲一（1980） 教師自作の到達度テストの作り方　指導と評価　26巻12号
高木一郎・植田稔・牧田章・横山完雄（1977） わが国における到達度評価の研究の現状（橋本・肥田野監修　最新教育評価法全書Ⅰ　第5章）図書文化
高木一郎（1980） 診断的評価とその生かし方　指導と評価　26巻8号
高木一郎（1980） 形成的評価とその生かし方　指導と評価　26巻9号
高木一郎（1980） 総括的評価とその生かし方　指導と評価　26巻10-12号
田中寛一（1928） 教育測定学　松邑三松堂
中内敏夫・村越邦男（1979） 発達とその評価をめぐる教育理論（岩波講座　子どもの発達と教育3）岩波書店
日本教職員組合（1974） 評価とテスト
橋本重治（1971） 学習評価の研究　図書文化
橋本重治（1976） 新・教育評価法総説上下　金子書房
橋本重治（1976） 絶対評価の概念・方法・背景および困難点について　応用教育研究所紀要第4集
橋本重治（1977） 通信簿と到達度評価　指導と評価　23巻12号
橋本重治（1978） 指導と評価の今日の問題解決のための学力の二層構造論　指導と評価　24巻8号

橋本重治・石田恒好（1979）　通信簿の改善と生かし方　図書文化
橋本重治・平沼良・金井達蔵・辰野千寿（1981）　教研式観点別到達度学力検査　小学校用国語（A, B）社会（A, B, C）算数（A, B, C）理科（A, B, C）　図書文化
肥田野直（1978）　学習における形成的評価と総括的評価の意義と役割　指導と評価　24巻8号
森川久雄（1972）　行動目標の設定と評価―生物教育を中心に―　明治図書
森川久雄（1975）　絶対評価の前提としての目標分析　指導と評価　21巻5号

事 項 索 引

あ アイテム・サンプリング
　　　　57, 86, 161, 194, 248
　アイテムの数
　　　　58, 94, 99, 155, 181, 185, 194
　アイテムの困難度
　　　　58, 88, 194, 209
　アイテム・エラー(アイテムの測定
　　　誤差)　141, 155, 181
　アイテムの妥当化　　90, 161
　IPI(個別処方教授)
　　　　141, 174, 175, 180
　アカウンタビリティー　34, 244
　安定度係数　167
い 一律評価　246
　一致度係数(判定の)　168, 169
う 運動的技能　111
え NRM　20
　NRT　33, 100, 166, 204
　SD法　198
か 下位テスト(sub-test)
　　　　54, 94, 131, 159, 166
　学業不振児　251
　拡散的思考　113
　学習指導要領　138
　学習状況(learning state)　217
　学習権　33, 243
　学力調査　215, 244, 255
　確率推定法　145
　カリキュラム妥当性　165

　カリキュラム内蔵テスト　180
　カリキュラム評価
　　　　36, 138, 215, 244, 255
　観察された到達状況　56, 154
　完全習得学習……マスタリー・ラー
　　　ニングと同じ
　観点(目標領域)　201, 218, 226
　観点別　133, 200, 218
　観点別学習状況
　　　　22, 42, 117, 145, 214, 217
　関心・態度　64, 80, 117
き 記述的妥当性(目標具体化表の)
　　　　161
　規準関連的妥当性　29, 159, 163
　基準集団　20
　基礎的目標
　　　　22, 45, 53, 73, 149, 197, 227, 250
　偽到達の誤り(false-pass error)
　　　　38, 95, 134, 141, 153, 156, 223
　機能的妥当性　163
　偽未到達の誤り(false-fail error)
　　　　38, 95, 134, 141, 153, 156
　教育学的前提(CRMの)　36
　教育工学　245
　教育測定学　237
　教育測定的考え方(測定の)
　　　　24, 26, 31, 199, 252
　教育目標分類学　67
　教授目標(アイズナーの)

　　　　　　　　　　　　　　44, 247
　教研式観点別到達度検査
　　　　　　　　　　140, 206, 208
　教師自作テスト　　　49, 173, 195
く　クライテリオン(到達規準)
　　　　15, 16, 55, 58, 123, 129, 246
け　経済効率　　　　　134, 137, 178
　形成的テスト　　　41, 132, 135, 180
　形成的評価　　40, 72, 75, 180, 189
　ゲス・フー・テスト　　　120, 198
　決定理論　　　　27
　現実の正答率　　　95
　現実の分割点　　　154
　合格点(passing score)　　129
こ　構成的妥当性　　　164
　行動的目標　　　54, 71
　項目選択……アイテム・サンプリン
　　グと同じ
　項目分析(CRTの)　　　91, 160
　個人差　　　26, 88, 256
　個人差心理学　　25, 238
　個別化教授　　　25, 174
　困難度……アイテムの困難度を見よ
　コンピューター　　245
さ　最小必要能力　　　221
　最低到達基準
　　　　　　　146, 147, 188, 244
し　CRM　　14, 15
　CRT　　14, 15, 100, 166, 204
　CAI　　245
　時間制限法　　　116
　自作の到達度テスト　　173
　自己診断法　　　119
　事後設定(基準の)　　61, 130

事前設定(基準の)　　61, 130
事前テスト(単元の)　　178
質的規準(CRMの)　　123, 128
指導要録　　　124, 218
ジャッジ(judge)
　　93, 139, 144, 147, 160, 164, 203, 210
尺度簿(scale book)　　235
情意的領域　　　68
資料解釈力　　　113
集団基準(norm)
　　　　　　　61, 199, 202, 212
集団基準的資料(normative data)
　　　　　　　　　　　　202
集団準拠測定(NRM)　　20, 25
集団準拠標準点　　　242
集団準拠テスト(NRT)
　　　　　　　　　　33, 242
習　得　　　27, 163
診断的評価　　　40, 175
診断的テスト　　　136
真の正答率　　　95
真の到達状況　　56, 98, 154
真の分割点　　　130, 154
信頼性　　　30, 166
信頼度係数　　　170
心理測定的考え方(測定の)
　　　　24, 26, 31, 199, 253
す　推定(真の到達度の)　　57
推定正答確率　　　146
スタンダード(到達基準)
　　　　　　　　　　59, 128
せ　正規分布　　　88, 91
精神運動的領域　　68, 111
精神的技能　　　111

成績評定　　　21, 196
正答率　　　42, 61, 88
正答率得点
　　　60, 128, 129, 143, 177
絶対的基準　　20
絶対評価　　13
折半相関係数　　162, 170
前提条件　　40, 175
前提条件テスト　　175
そ　総括的評価　　41, 72, 184
　総括的テスト　　184, 192
　相関係数(法)　　160, 167, 170
　総合評定(教科の)　　230
　相互評価法　　120
　相対的基準……集団基準と同じ
　相対的評価テスト(NRT)
　　　　89, 102, 138, 199
　相対評価　　13, 20, 131
　創造的思考　　113, 115
　測定学的前提(CRM の)　　37
　測定誤差……アイテム・エラーを見よ
　素(粗)点　　241
た　対照群法　　144
　達成(attainment)　　21, 22
　達成度(level of attainment)　　23
　達成状況(attainment state)
　　　　22, 124, 218
　達成の状態モデル　　23
　達成(到達)の連続体
　　　　23, 124, 196
　達成の連続モデル　　23
　妥当性　　29, 159
　妥当性指数　　164

単元総括的評価　　41, 76
単元目標具体化表　　77
ち　治療教授(指導)
　　　34, 36, 155, 180, 187, 214, 243, 251
つ　通過率　　28, 88, 91, 177
　通信簿　　156, 223
　図画尺度　　239
て　適性検査　　27, 28
　テスト・アイテム　　28, 86, 90
　テスト項目……テスト・アイテムと同じ
　テスト時間　　116
　テストの長さ(test length)
　　　　94, 100
　テストの頻度　　191
　転移性(測定の)　　201
と　到達(mastery)　　21, 22, 249
　到達規準(criterion)　　58
　到達基準(standard)
　　　　36, 55, 59, 60, 127
　　　128, 147, 177, 183, 196, 207, 248
　到達度尺度……到達基準と同じ
　到達状況　　24, 35, 133, 217
　到達段階　　43, 125, 148
　到達度　　23, 59, 61, 124, 177
　到達度測定(CRM)
　　　　15, 17, 59, 123
　到達度測定時代　　31
　到達度テスト(CRT)
　　　　14, 89, 101, 143, 154, 199
　到達度の区分　　62, 124, 186
　到達度判定　　63, 167, 186, 197
　到達度の判定誤り
　　　　38, 95, 97, 141, 153

265

到達度の表示法　　127
到達度評価　　13, 15, 25, 27
到達目標　　253
得点の分布（分散）
　　　28, 30, 88, 90, 166
な　内部均一性　　170
内容（教育の）　　43, 67
内容的妥当性　　29, 93, 160, 164
内容標準点　　242
内容・目標2次元表　　71
内容・目標マトリックス……上と同じ
内容領域　　201, 218
ナショナル・アセスメント（NAEP）
　　　244
に　二項分布モデル　　94
人間尊重思想　　243, 246
認知的領域　　68
は　配置テスト　　175
発展的目標
　　　22, 46, 53, 74, 149, 197, 227
発展的目標領域　　90, 132
判断モデル（基準設定の）　　140
判定誤り……到達度の判定誤りと同じ
判定の一致度　　167
ひ　比較資料（comparative data）
　　　52, 203, 211
表現的目標　　44, 247
標準化到達テスト
　　　48, 65, 199, 205
標準化CRT……上と同じ
標準的到達基準　　150
評定尺度（法）　　93, 117

平等思想　　132, 156, 246
ふ　物理的測定　　237
フィードバック　　189
プログラム学習　　33, 242, 245
分割点（cutting score）
　　　25, 61, 95, 129, 142
へ　平均正答率　　212, 215
平均通過率　　178, 212
平行テスト　　147, 169
弁別力　　91
ほ　方向目標　　253
補充指導　　125, 178
ま　マスタリー・テスト　　72, 180
マスタリー・ラーニング
　　　174, 188
み　見本取りの誤り　　86, 93
も　目標（教育の）　　23, 43, 67
目標の具体化　　71, 79
目標具体化表
　　　55, 75, 79, 161, 209
目標細目表……上と同じ
目標準拠測定　　14, 24
目標準拠テスト　　14, 242
目標の母集団　　56, 86, 162
目標領域（観点）
　　　46, 53, 73, 193, 207, 218
問題場面テスト　　103, 114
ゆ　優劣分析（G-P分析）　　91, 203
よ　予測的妥当性　　29, 159
り　量的基準（CRMの）
　　　59, 123, 128, 133
領域準拠測定　　14
ら　ランダム・サンプリング　　86

橋本 重治
<small>はし もと じゅう じ</small>

1938年，東京文理科大学心理学科卒業
山口大学・横浜国立大学・東京教育大学教授を経て，
財団法人応用教育研究所所長，教育学博士

主　著　教育評価法（金子書房）
　　　　新・教育評価法総説上・下（金子書房）
　　　　学習評価の研究（図書文化）
　　　　教師自作テストのつくり方（図書文化）
　　　　最新教育評価法全書（編著，図書文化）
　　　　続・到達度評価の研究（図書文化）など

到達度評価の研究──その方法と技術──

1981年2月9日　初版第1刷発行
2005年9月30日　初版第18刷発行［新装版］

検印廃止	著者　橋本重治
	発行人　工藤展平

発行所　株式会社　図書文化社
〒112-0012　東京都文京区大塚1-4-5
　　　　TEL　03-3943-2511
　　　　FAX　03-3943-2519
　　　　振替　00160-7-67697
　　http://www.toshobunka.co.jp/
印刷所　株式会社　厚　徳　社
製本所　株式会社　駒崎製本所

乱丁・落丁はお取り替えいたします。　ISBN4-8100-0318-3
定価はカバーに表示してあります。

「基礎・基本の確実な定着」の評価に

教研式標準学力検査 CRT
Criterion Referenced Test

学習指導要領準拠
小学用　中学用

3学期実施版
新学期実施版

目標基準準拠検査　「観点別学習状況」「評定」到達度診断

著者　応用教育研究所所長　筑波大学名誉教授　辰野千壽　京都女子大学教授　北尾倫彦

① 学習指導要領に示された基礎的・基本的な内容を中心とした到達状況を、適切に把握できるように作成されています。その際、具体化された目標の一つ一つを、学年の目標としての重要さによって、必須なものと重要なものとに分類し、必須なものについては、重要なものに比べて厳しい基準をあてはめており、指導の実際に適合する検査になっています。

② 観点別学習状況の評価と、総合評定の算出には最も合理的な手法を採りいれました。上記①に基づき「観点別学習状況」の記入の参考となる観点ごとの評定値（「十分満足」「おおむね満足」「努力を要する」）が算出されます。「評定」欄への記入の参考になる総合評定値は観点別の評定値（A・B・C）を合理的に総括する方法としての指数換算による、よりきめ細かな手法を用いています。

CRT検査は、学校以外には見本発送も含め一切販売しておりません。
お問い合わせは、小社営業部（03-3943-2511）までご連絡ください。

観点別学習状況の 新 評価基準表

編集代表　北尾倫彦　●単元の評価規準とABC判定基準●

① 国立教育政策研究所の「評価規準」に基づく「単元レベルの評価規準」と、授業場面での「具体的評価目標」。
② 観点別評価の判定に客観的な根

[小学校]　国語・算数●本体各2,200円
　　　　　　社会・理科●本体各1,800円
　　　　　　生活科・家庭●本体各1,400円
　　　　　　音楽・図工・体育●本体各2,000円

[中学校]　国語・社会・数学・理科・英語
　　　　　　音楽・美術・技術家庭・保健体育
　　　　　　各教科●本体各2,200円

図書文化

※本体には別途消費税がかかります